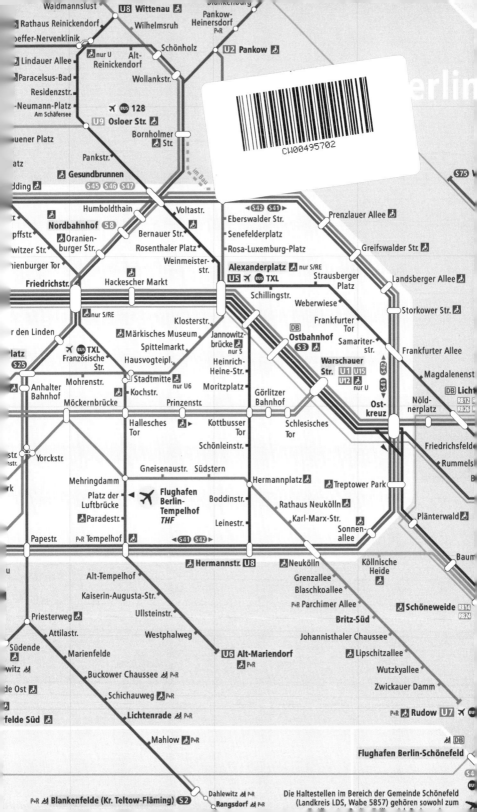

DER
MECHANISCHE PRINZ

Andreas Steinhöfel

DER
MECHANISCHE PRINZ

CARLSEN

Für James Matthew Barrie, der trotzdem erwachsen wurde
Für Roald Dahl, der trotzdem Kind blieb
Für Michael Moorcock, dem ich zwei Herzfinster stahl
Und für Werner Siemens, der die erste elektrische Straßenbahn baute
und 1881 in Lichterfelde bei Berlin aufs Gleis setzte

PROLOG: EINE ABMACHUNG

Dies ist die Geschichte eines Jungen namens Max.

Max … Unter uns gesagt, konnte ich diesen Namen noch nie leiden, weder in seiner kurzen noch in der langen Fassung: Maximilian. Für mich gibt es keinen schlimmeren Namen. Ich erkläre euch auch gern, warum: Ich kannte mal einen Max, der aus schierer Bosheit jedes Kind zusammenschlug, das nicht schnell genug auf den Bäumen war, sobald er um die Ecke bog. Dieser Max war ein Albtraum auf zwei langen, dünnen Beinen. Spinnenmax nannten ihn die Kinder.

Mit siebenundzwanzig Jahren wurde der Spinnenmax von einer Straßenbahn erfasst und überrollt. Als ich davon erfuhr, freute ich mich kein bisschen, obwohl ich jedes Recht dazu gehabt hätte. Ich selbst möchte in einem kuscheligen Bett sterben, nach einem erfüllten Leben, im Kreise meiner Lieben, und das sollte man jedem Menschen gönnen. Trotzdem kann ich nicht behaupten, um den Spinnenmax getrauert zu haben. Als sein Schicksal ihn ereilte, besaß er zwar ein Bett, aber er hatte weder Frau noch Kind. Er hatte nicht mal einen Hund – Kampfhunde klemmten den Schwanz ein und fegten winselnd die Straße herunter, wenn sie ihn anrücken sahen – und nur wenige Tage nach dem Unfall stiftete ein unbekannter Spender der Straßenbahn eine goldene Stoßstange.

Nein, absolut keine Trauer. Wer sich sein ganzes unerfülltes Leben lang blöd benimmt, der muss sich nicht wundern, wenn ihm am Ende keiner nachweint.

Dass trotz meiner Abneigung gegen diesen Namen der Junge, den ihr gleich kennen lernen werdet, Max heißt, hat einen einfachen Grund: Seine Geschichte ist nicht erfunden, sondern tatsächlich passiert. Max persönlich bat mich bei unserem dritten Treffen darum, sie aufzuschreiben, und ich willigte ein, denn es ist eine großartige Geschichte, die es wert ist, erzählt zu werden. Aber ich stellte eine Bedingung.

»Der Junge darf auf keinen Fall Max heißen«, forderte ich.

»Hey, ich heiße aber nun mal so!«

»Na und? Glaub bloß nicht, dass ich dich deshalb bemitleide. Beschwer dich bei deinen Eltern. Ich hasse diesen Namen, also werde ich den Jungen anders nennen … was hältst du von Florin?«

»Nee.« Max schüttelte heftig den Kopf. »Aber was hältst du davon, wenn ich die Geschichte einem anderen Schriftsteller schenke?«

»Pass mal bloß auf«, knurrte ich, »dass du als Erwachsener nicht unter eine Straßenbahn gerätst.«

Die meisten Kinder, das dürfte sich inzwischen herumgesprochen haben, sind hinterhältige kleine Erpresser und Max bildet da keine Ausnahme. Er grinste mich frech an und wischte mit einer Schuhspitze durch den Sand. Wir saßen nebeneinander auf einer Bank, nahe dem schönen Spielplatz im südwestlichen Teil des Berliner Tiergartens. Ein wunderbar warmer Wind fuhr in das Laub der Bäume und brachte es zum Rascheln. *Wenn alles schief geht,* hatte Max vor einer Minute seine Geschichte beendet, *bleibt mir immer noch Tanelorn.* Ich dachte über seine Worte nach und lauschte dabei dem Geschrei der herumtobenden Kinder, die sich auf die Rutsche schwangen, das Karussell belagerten oder ihren Müttern und Vätern freundlich erklärten, dass sie sich gleich ein bisschen in die Hosen machen würden – und zwar groß –, wenn sie nicht *sofort* ein Überraschungsei bekämen.

»Einverstanden«, sagte ich schließlich. »Aber dafür darf ich eine Sache in die Geschichte einbauen, die ich mir ausdenken werde. Eine einzige.«

Jetzt überlegte Max. Er brauchte dazu eine geschlagene Minute; er kann schrecklich lange nachdenken. Im Sandkasten begann ein kleiner Junge zu plärren, weil er sein Überraschungsei nicht bekam, und dann brüllte auch schon seine Mutter los, die genau wusste, wo *ihr* Überraschungsei soeben gelandet war. Als wäre sie nicht gewarnt gewesen.

»Solange du nichts weglässt«, sagte Max endlich neben mir. »Nicht das kleinste bisschen. Versprochen?«

Ich lachte kurz auf. »Bist du verrückt geworden? Das wäre mein Untergang als Kinderbuchautor! Die Kritiker würden mir das Buch um die Ohren schlagen.«

Keine Antwort.

Vogelgezwitscher.

Die Schuhspitze wischte geduldig durch den Sand.

»Versteh doch, Max, ich kann das einfach nicht machen!

Die Geschichte ist so erschreckend, sie ist so grauenvoll, dass man sie Kindern nicht zumuten kann.«

»Ich hab sie auch überlebt.«

»Außerdem würde sie mir sowieso keiner abnehmen«, überging ich den trotzigen Einwand. »Sie ist zu phantastisch, das wirst du doch wohl zugeben?«

Er zuckte gleichgültig mit den Achseln. »Ist mir so schnurz wie piepe.«

Ich gab auf. Was blieb mir auch anderes übrig? Wenn Max auf stur schaltete, war nichts zu machen. Und es *war* eine gute Geschichte. Die beste, die ich je gehört hatte.

»Also gut«, seufzte ich.

»Es bleibt also alles drin?«

»Alles.«

»Versprochen?«

»Versprochen.«

Wir gaben uns die Hand. Es war ein feierlicher Moment.

»Wann fängst du mit dem Schreiben an?«, sagte Max.

»Heute Abend noch.«

»Gut, dann geh ich jetzt.« Er blickte mit gerümpfter Nase in Richtung des kleinen Jungen, der das Plärren aufgegeben hatte und jetzt mit einer Hand an seinem Hosenhintern herumzupfte. »Hier stinkt's nämlich.«

Von draußen fallen die letzten goldenen Strahlen der Abendsonne durch das Fenster meines Arbeitszimmers. Auf dem abgewetzten roten Teppichläufer vor dem Kamin liegt

Nana und schläft. Nana ist die älteste Hündin der Welt und schon ein bisschen blind auf den Augen. Nebenbei bemerkt, ist sie auch die hässlichste Hündin der Welt. Ich kenne sogar Leute, die bezweifeln, dass sie *überhaupt* ein Hund ist. Früher hatte sie andere Besitzer, aber weil deren Kinder, diese undankbaren Bälger, von Nanas Anblick Albträume bekamen, wurde sie in ein Tierheim abgeschoben, aus dem ich sie wieder herausholte.

Nun, wie auch immer …

Abendsonne.

Ein schlafender, hässlicher Hund.

Im Tiergarten, viele Kilometer von meinem klobigen alten Schreibtisch entfernt, packen die Mütter und Väter ihre Siebensachen und setzen ihren Erpressernachwuchs in die Fahrradsitze. Und ich … ich schreibe die ersten Worte einer unglaublichen Geschichte auf und löse damit ein Versprechen ein.

Max, ausgerechnet.

Da kommt mir wirklich die Galle hoch.

DAS GOLDENE TICKET

Es gibt Ereignisse, die ein ganzes Leben verändern. Manche Menschen warten Jahrzehnte auf ein solches Ereignis, ohne dass es eintrifft. Sie werden darüber alt und grau und verbittert, und wenn sie sterben, glauben sie immer noch fest daran, das alles besser gekommen wäre, wenn doch bloß damals, irgendwann, wenigstens ein bisschen …

Max hingegen musste nicht lange warten. Sein Leben änderte sich an einem Samstag, und da wurde es auch allerhöchste Zeit. Ich wage sogar zu behaupten, dass es dafür am Sonntag bereits zu spät gewesen wäre.

Warum?

Max erklärte es einem Mädchen, das er an jenem Samstag traf. Das Elend hätte schon damit angefangen, sagte er zu dem Mädchen, dass seine Mutter nicht dabei gewesen wäre, als er geboren wurde. Er wusste natürlich, wie absolut blödsinnig sich das anhören musste. Doch im Wesentlichen meinte Max damit genau das Richtige: Er war seiner Mutter vom Tag seiner Geburt an egal gewesen. Wie er auch, seit er sich erinnern konnte, seinem Vater schon immer egal gewesen war. Tatsächlich war Max mit dem schrecklichen Gefühl aufgewachsen, eines der egalsten Kinder auf der Welt zu sein. Meistens wurde er von seinen Eltern einfach übersehen. Manchmal versäumten sie, ihm zu essen zu geben. Wenn sein Vater ihn mit gerunzelter Stirn ansah, wusste Max, dass er gerade überlegte, wie wohl der Junge hieß, der da vor ihm stand. Dieser Junge trug zu kurze Hosen und seine Jacke war zu eng, weil seine Mutter nie daran dachte, ihm neue Klamotten zu kaufen. Sein Geburtstag wurde regelmäßig vergessen, und Weihnachtsgeschenke bekam er nur, damit er die Klappe hielt. Schön war das alles nicht. Manchmal fragte sich Max, wie es ihm überhaupt gelungen war, das zarte Alter von elf Jahren zu erreichen. Und er fragte sich, ob es einen Zeitpunkt gab, an dem ein Mensch so egal geworden war, dass er verschwand. Sich in Luft auflöste wie ein Nebelstreif, weil er es einfach nicht mehr aushielt. Sich aus lauter Traurigkeit ganz tief in sich selbst versteckte, so dass er unerreichbar wurde für die Welt und alles Schöne. Oder einfach vor Kummer starb. An einem Sonntag zum Beispiel.

Das Mädchen verstand ihn sofort.

»Meine Mutter war auch nicht dabei, als ich geboren wurde«, sagte sie, »deshalb habe ich diesen blöden Namen. Es war meinen Eltern völlig wurst, wie ich heiße. Also hab ich ein T davor gesetzt, jetzt ist er hübscher.«

Max bewegte die Lippen und ließ seinen Mund mehrfach leise den Namen ausprobieren. »Ich finde, er klingt sehr hübsch«, sagte er dann.

Das Mädchen ließ zufrieden eine große, rosafarbene Kaugummiblase vor ihrem Mund zerplatzen. »Sag ich doch.«

Gemeinsam gingen sie alle Buchstaben des Alphabets durch, aber es fand sich kein passender, den man vor *Max* hätte setzen können. Und das, entschied Max, war nun eigentlich *wirklich* egal. Er lächelte und hielt dem Mädchen die rechte Hand entgegen.

»Hallo, Tanita. Schön, dich kennen zu lernen.«

»Freut mich auch, Max ohne was davor.« Eine weitere Kaugummiblase zerplatzte. »Und jetzt komm mit, ich muss dir was zeigen.«

Tanita ergriff ihn bei der ausgestreckten Hand und zog ihn hinter sich her. Max' Blick fiel dabei auf die Anzeige seiner Armbanduhr. Es war zehn Uhr dreiundzwanzig.

Als um sieben Uhr dreißig, also etwa drei Stunden zuvor an diesem Samstagmorgen, der Wecker geklingelt hatte, hatte Max längst wach im Bett gelegen. Aus der Küche ertönten laute Stimmen. Seine Eltern hatten sich in den Haaren. Er lauschte ihrem Geschrei schon seit einer ganzen Weile. Er stellte den piepsenden Wecker ab, dann stöhnte er leise auf und zog sich die Decke über den Kopf. Traurigkeit schwappte über ihn hinweg wie eine mächtige, schäumende Welle. Wann immer seine Eltern sich anbrüllten, was etwa alle zwei bis drei Tage der Fall war, stieg ein Bild vor seinen Augen auf: Es war das Bild eines Schwarms angriffslustiger Insekten. Die Worte seiner Eltern waren wie Wespen, die einander wütend umsurrten, immer auf der Suche nach einem Ziel, in das sie ihre Stacheln senken konnten. An solchen Tagen, das hatte Max gelernt, musste man sich in Acht nehmen. Wenn man Pech hatte, geriet man sonst unvermutet selbst in die Schussbahn dieser schwarzgelben Torpedos. Besser, man trat die Flucht an.

Er schob die Decke zurück und schwang die Beine über die Bettkante. Ihm war schwindelig.

»... *und du hast es wieder nicht getan, obwohl du es inzwischen wirklich besser wissen solltest, tust du es nicht, aber dir* ...«

Er öffnete die Vorhänge. Sonnenstrahlen fielen in den Vorgarten, der Himmel leuchtete blau. Schien ein schöner Tag zu werden. Er schlappte durch den Flur ins Badezimmer. Die Küchentür stand einen Spalt offen. Dahinter bewegten sich die Schatten seiner Eltern an den Wänden. Sie glitten aufeinander zu und wieder voneinander fort, wurden mal kleiner, mal größer, verschmolzen miteinander und trennten sich wieder, zwei rabenschwarze Gespenster bei einem unglücklichen Tanz.

»... *weil es davon nicht besser wird, ganz bestimmt nicht, auch wenn du hundertmal behauptest* ...«

Im Badezimmer pinkelte er, putzte sich die Zähne, wusch sich Gesicht und Hände und fuhr sich mit der Bürste durch die Haare. Etwas stimmte nicht mit ihm. Er fühlte sich schrecklich benommen, das konnte unmöglich nur daran liegen, dass er so traurig war. Vielleicht wurde er krank. Er ging in sein Zimmer zurück, zog sich hastig an und schulterte seinen Rucksack. Vor der Garderobe im Flur überlegte er, ob er an einem so warmen Tag eine zu enge Jacke brauchte, und entschied sich dagegen. Er schlüpfte in seine gerade noch passenden Turnschuhe, dann steckte er den Kopf in die Küche.

»Ich gehe später zu Jan. Nach der Schule.«

Keine Antwort. Kein guten Morgen, keine Aufforderung, etwas zu frühstücken. Das Einzige, was aus der Küche laut und deutlich zu vernehmen war, war das giftige Summen und Sirren der Wespen.

»… aber du gehst einfach darüber hinweg, wie immer, und ich sehe verdammt noch mal nicht ein …«

Jan war der beste Freund und Kumpel, den man sich vorstellen konnte. Okay, vielleicht kam er manchmal auf Ideen – auf *fiese* Ideen –, die Max selber nie gehabt hätte. Außerdem waren sie nicht immer einer Meinung, was hin und wieder zu Streitereien führte. Aber dafür hatte Jan andere Qualitäten. Er hatte jede Menge Witze auf Lager, er war groß und er war verdammt stark. Mit Jan an seiner Seite musste man keine Schlägertypen fürchten. Noch besser war, dass man ihm alles erzählen konnte. Alles, was einem das Herz schwer machte. Zum Beispiel, dass es den eigenen Eltern egal war, ob man morgens ein Butterbrot aß, ob man sich gewaschen hatte oder ob einem die Klamotten passten. Und dass man deshalb wütend wurde, so unsagbar wütend, dass man am liebsten …

»Wir wollen Fußball spielen. Heute Nachmittag.«

Endlich wurde jemand auf ihn aufmerksam.

»Ist gut.«

»Kann ich auch zum Abendessen bei ihm bleiben?«

Stille und Schweigen.

Prima. Keine Antwort war auch eine Antwort.

Und jetzt nichts wie raus hier.

Als die Haustür hinter ihm zugefallen war, hielt Max inne

und atmete ein paar Mal tief durch, um das Schwindelgefühl zu vertreiben. Ein und aus. Ein … und aus.

Schon besser.

Langsam ging er durch den kleinen Vorgarten. Im Frühjahr hatte seine Mutter eine Rabatte unterhalb des Küchenfensters bepflanzt, dort leuchtete es gelb und rot im Sonnenlicht. Gestern Abend hatten die Blumen die Köpfe hängen lassen, wie immer nach einem heißen Sommertag. Also hatte Max sie gegossen. Wenn er es nicht tat, tat es keiner. Dann mussten die Blumen verwelken. Andererseits waren sie nicht besonders hübsch und würden sowieso bald verblühen, da konnte man sich die Arbeit eigentlich sparen, oder?

Oder?

Sein rechter Fuß machte sich selbständig und kickte nach einer Dahlie. Der Kopf der Pflanze nickte vorwurfsvoll nach links, nach rechts, nach links … hässliches Ding. Genau. Diesen Kackpflanzen hatte er das letzte Mal Wasser gegeben.

Er holte noch einmal tief Luft und trat auf den Gehsteig. So früh war in diesem Teil der Straße noch nicht besonders viel los. Ein paar Autos fuhren vorbei, aber man sah kaum Menschen. Das änderte sich auf dem Weg zur U-Bahn-Station, vorn an der Hauptstraße. Bis man dort ankam, sah man immer mehr Leute, die aus allen Richtungen zielstrebig den bogenförmigen Eingang zur Station ansteuerten. Die meisten von ihnen wollten zur Arbeit. Samstags herrschte weniger Andrang in der U-Bahn als unter der Woche.

Andere Kinder sah Max weit und breit nicht.

Samstags hatte er keine Schule.

Niemand hatte am Samstag Schule.

Max stand vor dem Fahrscheinautomaten. Das war doch echt das Letzte! Er hatte sein Portemonnaie vergessen, weil ihm so schwindelig gewesen war. Seine Monatskarte für die öffentlichen Verkehrsmittel steckte darin. Die Monatskarte und sein ganzes Geld. Und alles zusammen steckte, natürlich, in der verdammten zu engen Jacke. Aber er würde auf keinen Fall zurück nach Hause gehen, um sie zu holen. Das Summen der Wespen und dieses Schwindelgefühl hatten ihm ganz und gar nicht gefallen.

Er überlegte. Wenn man beim Schwarzfahren erwischt wurde, zahlte man eine saftige Geldstrafe. Natürlich würde er behaupten, seine Monatskarte vergessen zu haben. Er konnte wunderbar unschuldig gucken, wenn er die Mundwinkel ein bisschen nach unten zog und dabei mit den Augen klimperte. Vielleicht machten die Kontrolleure, falls sie ihn erwischten, eine Ausnahme.

Vielleicht aber auch nicht.

Drauf gepfiffen, er würde das Risiko trotzdem eingehen. Sollten doch seine Eltern zusehen, wie sie mit dem Ärger fertig wurden, falls die Sache schief ging. Dann hatten sie endlich mal was anderes zu tun, als sich gegenseitig schon am frühen Morgen das Leben zur Hölle zu machen und ihre blödsinnigen Schattenspiele zu veranstalten.

»Lass es bleiben«, sagte eine Stimme in seinem Rücken.

Max drehte sich langsam um. Auf dem grauen Betonboden, unmittelbar vor einer der altrosa getünchten Wände der

Station, hockte im Schneidersitz ein Mann auf einer zerschlissenen Decke. Seine grauen Haare glänzten fettig, um sein Kinn lag der dunkle Schatten eines Dreitagebarts. Der Mann grinste ihn an. Er hatte ein Gebiss zum Davonlaufen, ihm fehlten ein paar Zähne. Es fehlte auch noch etwas anderes. Der linke Arm des Mannes steckte in einem karierten Hemd und sah völlig normal aus. Doch der rechte Hemdsärmel war aufgerollt, so dass man den kurzen rosigen Stumpen sehen konnte, der unnütz vom Schultergelenk herabbaumelte und dessen Farbe Max an die Marzipanschweine erinnerte, die vor Weihnachten im Bäckerladen auslagen. Im Gegensatz zu den Marzipanschweinen war dieser Stumpen allerdings nicht besonders appetitlich. Er sah aus wie achtlos abgeschnitten und verknotet. Wenn man ihn zu lange betrachtete, zog sich einem im Bauch alles zusammen und man war heilfroh, dass an einem selbst noch alles dran war.

Max kannte den Einarmigen vom Sehen. Der Mann saß nicht jeden Tag hier, nur einmal, höchstens zweimal pro Woche. Alle Bettler in der Stadt hielten das so. Sie wechselten regelmäßig die Standorte, damit den Leuten von ihrem Anblick nicht langweilig wurde und sie ihnen etwas Geld gaben. Der Einarmige sammelte das Geld in einer alten Tabaksdose. Max spähte in die Büchse. Viel war nicht drin, nur ein paar kleine Münzen, aber es war ja auch noch früh am Morgen.

»Was soll ich bleiben lassen?«, sagte er. Er war sich nicht sicher, ob der Ausruf tatsächlich ihm gegolten hatte. Er war sich auch nicht sicher, ob es schlau war, überhaupt darauf reagiert zu haben, aber jetzt war es zu spät. Der Mann winkte ihn mit seinem gesunden Arm zu sich herüber.

»Komm mal her! Nun komm schon, ich beiß dich nicht!«
Zögernd näherte er sich dem Einarmigen.

»Heute sind die Kontrollettis unterwegs. Du kannst nicht
ohne Ticket fahren. Die sehen dir auf einen Kilometer an,
dass du keins hast.«

Max warf einen verlegenen Blick nach rechts und links.
Ein paar der vorbeilaufenden Leute grinsten. Es war ihm
peinlich, dass alle den Einarmigen hören konnten.

»Ich hab meine Monatskarte zu Hause vergessen«, sagte
er, als er vor dem Mann stand.

»Ach, Kokolores, hör doch damit auf! So 'ne Kontrollet-
ti-Typen, die sind hart wie Granit, an denen beißt du dir die
Zähne aus. Weißt du, was die mit dir machen, wenn sie dich
ohne Ticket erwischen?«

Was sollten sie schon machen, außer ihn aufzuschreiben
und seine Eltern zu informieren?

Der Mann beugte den Oberkörper so weit vor, dass Max
befürchtete, er würde ihm gleich entgegenkippen. »Die reißen dir den rechten Arm ab, wenn sie dich erwischen, das
machen die! So haben sie mich damals auch gekriegt.«

Er brach in lautes Kichern aus, amüsiert über seinen
eigenen Witz. Der rosige Stumpen wedelte auf und ab. Das
Gelächter des Mannes schien die Wände rauf- und wieder runterzukullern. Es war unmöglich zu überhören, und
doch sahen die meisten vorbeigehenden Leute immer noch
weg.

Das Lachen erstarb. »Hab was für dich«, sagte der Einarmige nüchtern. »Ein passendes Ticket für kleine Jungs, die
von zu Hause weglaufen. Darf's selber nicht mehr benutzen,

es bringt mich nirgendwo mehr hin. Ich geb's dir für 'n bisschen Kleingeld.«

»Ich habe kein Kleingeld.«

»Doch, hast du. Rechte Hosentasche.«

Max schob die rechte Hand in die Hosentasche. Seine Finger schlossen sich um drei, vier Münzen. Kleingeld eines davonlaufenden Jungen. Wie konnte der Mann das wissen?

»Nun guck nicht so, als wärst du vor den Bus gelaufen! Meinst du, ich erkenn einen Ausreißer nicht, wenn ich ihn sehe? Meinst du, ich wüsste nicht, dass in jeder Hosentasche ein bisschen Kleingeld schlummert?«

»Warum sollte ich Ihnen das Geld geben?«, sagte Max.

Alle Zahnlücken des Mannes wurden gleichzeitig sichtbar. »Weil du sonst das hier nicht kriegst.«

Als hätte er es aus der Luft gegriffen, hielt er Max plötzlich ein Ticket entgegen. Der Fahrschein war völlig abgegriffen, er musste uralt sein, durch hundert, nein, durch tausend Hände gegangen. Außergewöhnlich daran war lediglich, dass er matt schimmerte. Wie mit Goldfarbe bestrichen. Einem Ticket für die U-Bahn sah er nicht im Entferntesten ähnlich.

»Das soll wohl ein Witz sein«, murmelte Max.

»Kein Witz«, erwiderte der Einarmige ernst. »Ich geb zu, es ist ein bisschen verknittert und hat seine besten Tage schon lange hinter sich … genau wie ich. Aber es ist immer noch gültig, o ja, das ist es! Ich darf's nicht mehr benutzen, darf ich nicht, aber es ist immer noch gültig.«

»So sieht es aber nicht aus«, sagte Max misstrauisch.

»Drauf geschissen, wie es aussieht! Aussehen bedeutet

gar nichts. Das Äußere ist nur eine Hülle, ein Versteck für erbärmliche Feiglinge.«

Der Mann wedelte ihn noch näher heran. Max machte einen letzten Schritt auf ihn zu, befahl seinem zusammengezogenen Bauch sich endlich zu entspannen und beugte sich nach vorn. Er hörte etwas klimpern. Seine rechte Faust war irgendwie aus der Hosentasche geschlüpft, hatte sich geöffnet und die Münzen in die alte Tabaksbüchse fallen lassen.

»Mit dem Ticket kommst du überallhin«, flüsterte der Einarmige eindringlich. »Aber viel wichtiger ist, dass du auch überall damit *aussteigen* kannst.«

Max verzog abschätzig den Mund. Toll, hatte man so was schon gehört, ein Ticket, mit dem man sogar aussteigen konnte, wo man wollte! Für wie blöd hielt ihn dieser Kerl? Aber da er nun mal sein Kleingeld dafür geopfert hatte …

Er griff nach dem Ticket. »Tja, also – danke. Und tschüs. Ich geh dann jetzt mal. Ich muss noch wohin.«

»Und ob du das musst, und ob.« Der Einarmige sah zu ihm auf. »Aber erst gibst du mir die Hand.«

»Was?«

»Die Hand sollst du mir geben! Wenn man sich für etwas bedankt oder wenn man sich verabschiedet, gibt man sich die Hand. Oder sind gute Manieren aus der Mode gekommen?«

Nein, das waren sie nicht. Beschämt streckte Max die linke Hand aus.

»Die nicht. Die andere.« Der Mann vollzog eine kleine Drehung mit seinem Oberkörper. Der rosige Armstumpf schob sich Max auffordernd entgegen. »Das gute Händchen.«

O nein, dachte Max, *bitte nicht!*

Im nächsten Moment umfassten seine Finger wie von selbst den Stumpf. Er war warm und weich, er fühlte sich lebendig an und kein bisschen eklig. Es war einfach nur ein Stumpf, an dem sich früher der Rest eines Arms und eine Hand befunden hatten, und irgendwie, fand Max, irgendwie waren auch beide noch da, Arm und Hand, nur eben nicht sichtbar. Aber das Äußere war nur eine Hülle, nicht wahr? Ein Versteck für Feiglinge.

»Ehm, dann also nochmals vielen Dank für das Ticket«, sagte er, während er den Stumpf auf und ab schüttelte. »Ich werde es gleich ausprobieren. Und wenn es nicht funktioniert, bringe ich –«

»Keine Sorge, es hat immer funktioniert«, unterbrach ihn der Mann. »Seit man sich erinnern kann. Immer und immer und immer.«

»Bestimmt, das hat es sicher«, sagte Max und dachte: *Nur für dich nicht mehr, oder was? Deine Lügengeschichten kannst du sonst wem erzählen.* Er ließ den Armstumpf los. Der Mann war ohne Zweifel nicht ganz dicht im Kopf. »Auf Wiedersehen.«

»Gute Fahrt, Junge«, antwortete der Mann. Er zwinkerte Max mit einem Auge zu. »Und hüte dich vor dem mechanischen Prinzen.«

»Klar, ehm … auf jeden Fall. Tu ich doch immer!«

Wenn ich schon schwarzfahre, überlegte Max, als er auf die Treppe zuging, die zum Bahnsteig hinunterführte, *dann habe ich mit einem falschen Ticket wenigstens ein besseres Gefühl dabei.* Er stellte sich das Gesicht der Kontrolleure vor, wenn er ihnen diesen schäbigen Papierschnipsel unter die Nase hielt. Sie würden ihn auslachen. Sie würden sich dermaßen ausschütten vor Lachen, dass er sich in dieser Zeit unbemerkt aus dem Staub machen konnte. Genau. Wenigstens etwas. Im Weiterschlendern betrachtete er das Ticket genauer. Das Papier glänzte nicht mehr mattgolden wie noch vor einer Minute, sondern es schien aus sich selbst heraus zu leuchten. Das musste am Lichteinfall liegen. Buchstaben und kleine Zahlen waren darauf gedruckt, alle verschwommen oder verschmiert, kein Mensch würde das entziffern können.

Außer natürlich, dachte Max, *der mechanische Prinz.*

O Mann! Mann, o Mann … Er schüttelte den Kopf. Der Einarmige hatte ihn angeschmiert, um an sein Kleingeld zu kommen. Verärgert drehte er sich zu ihm um. Er sah den grauen Boden und die rosa getünchte Wand. Über den Sommerhimmel hinter dem Eingang zur Station flatterte ein Taubenschwarm.

Der Mann war verschwunden.

Seit er denken konnte, liebte Max die U-Bahn. Hier draußen, in den äußeren Bezirken, wo sie oberirdisch fuhr, war es noch ein bisschen langweilig. Hier stand man auf dem Bahnsteig wie, na ja, wie in einem stinknormalen Bahnhof. Aber in der Innenstadt lagen die Stationen unterirdisch, und das war etwas ganz anderes. Er liebte es, über Steinstufen oder Rolltreppen den Weg unter die Erdoberfläche zu nehmen, wo im Sommer erstickend warme, im Winter eiskalte Luft einen Weg aus den Tunnelschächten nach oben suchte. Er liebte es, auf dem Bahnsteig zu stehen, das Auftauchen der Scheinwerfer aus dem undurchdringlichen Dunkel der Tunnel abzuwarten, die gelben Züge polternd einfahren zu hören. Er liebte die Mäuse, die zwischen den Gleisen herumhuschten. Das Netzwerk der U-Bahn besaß an die einhundertundfünfzig Stationen, und jede von ihnen sah anders aus. Es gab zugige, eintönig gekachelte Haltestellen, wo ausgedrückte Zigarettenkippen und Spuckeflecken den dunkelgrauen Boden bedeckten; Haltestellen, die man gern verließ, weil es dort nichts zu versäumen gab. Es gab unterirdische Kathedralen, von Säulen getragen und mit Mosaiken geschmückt, an deren vielen Farben und liebevollen Einzelheiten man sich nicht satt sehen konnte. Es gab ultramoderne Stationen, wo der Blick an allgegenwärtigen Plexiglaswänden abrutschte, weil er nichts Schönes fand, woran er sich festhalten konnte, und es gab Stationen, die schon vor dem letzten Weltkrieg so ausgesehen hatten wie jetzt, aus gemütlichem rotem Backstein und gelbem Sandstein gemauert, deren Namen in Frakturschrift riesige Emaille-Schilder zierten, Blau auf Weiß.

Ja, und dann das Fahren selbst. Am besten war der Moment, wenn die Bahn langsam anfuhr und sich von einem der Tunnel verschlucken ließ. Auf den ersten, noch von der Stationsbeleuchtung erhellten Metern konnte man an den Mauerwänden ablesen, wie weit irgendwelche Jugendlichen sich hier hineingewagt hatten, um ihre krakeligen Graffiti anzubringen. Jan hatte sich natürlich auch längst irgendwo verewigt ...

Von Süden kommend, näherte sich rumpelnd die U1. Max stieg in einen der vorderen Wagen. Hinter ihm schloss die Tür sich mit einem hydraulischen Zischen. Er suchte sich einen Platz im Mittelteil des Wagens, zwischen einem jungen Mann mit zerlöcherten Hosen und unzähligen silbernen Ringen an den Fingern und einer alten Dame, die einen Hut und einen Pelzmantel trug, völlig bescheuert, bei diesem Wetter! Es würde warm werden heute, womöglich richtig heiß. Aber in der U-Bahn stieß man immer wieder auf die seltsamsten Leute.

Der Zug setzte sich in Bewegung. Max sah aus dem gegenüberliegenden Fenster. Ein aufgeschütteter Bahndamm, Gras, abgeblühte Büsche und blauer Himmel. Hier draußen rollten die Wagen leise dahin, aber auf manchen Strecken erklang ein Kreischen wie vom Wiehern elektrischer Pferde. Im nächsten Moment glitt man wieder wie auf Wolken oder Wasser über die Schienen, dann war plötzlich kein Laut mehr zu hören und man konnte sich vorstellen, in alle Ewigkeit weiterzufahren … weiter und immer weiter.

Inzwischen fragt ihr euch möglicherweise, goldenes Ticket hin oder her, wohin Max überhaupt damit fahren will.

Gute Frage.

Manchmal fährt Max in den Westteil der City, zum Ku'damm und auf den Tauentzien, wo er so lange durch die teuren Geschäfte bummelt, bis irgendein breitschultriger Türsteher ihn rausschmeißt. Manchmal schlendert er einfach nur herum, überlässt sich dem Sog der Menschenmengen und beobachtet irgendwelche Leute dabei, wie sie sich auf offener Straße in der Nase bohren oder am Hintern kratzen. Meistens aber fährt Max einfach blind drauflos und sucht Orte auf, die er bisher gar nicht oder nur wenig kennt. Man schafft es in hundert Jahren nicht, jede Straße und jeden Winkel zu durchforsten. Die Stadt ist immer um einen herum, von allen Seiten, sie dröhnt und pulsiert, als hätte sie irgendwo ein geheimes, in seinem ganz eigenen Takt schlagendes Herz, und es ist diese Lebendigkeit, die Max anzieht.

Bei einem seiner Ausflüge, das ist schon eine Weile her, verschlug es ihn nach Neukölln. Neukölln liegt im Ostteil Berlins und dort sind die Leute *verdammt herbe drauf,* wie Jan es auszudrücken pflegt. Es gibt dort viele Menschen, die keine Arbeit haben. Sie tragen bunte Jogginganzüge aus billigem Stoff, weil sie sich teure Klamotten nicht leisten können oder weil sie sich fragen, für wen oder was sie sich schick machen sollen, wenn sie auf die Straße gehen; es kommt ja sowieso nicht darauf an. Mütter brüllen mit ihren Kindern hier ein bisschen lauter als die Mütter in anderen Stadtteilen, und die Kinder brüllen lauter zurück. Manche Männer führen Kampfhunde an der Leine spazieren und rotzen bei jeder Gelegenheit auf den Gehsteig. In einer solchen Gegend wird einem schnell mulmig zumute.

Aber genau hier, in einer abgelegenen Seitenstraße Neuköllns, stießen Max bei jenem zurückliegenden Ausflug zwei schöne Dinge zu. Es war einer dieser seltenen Tage, an denen es in Strömen regnete, während gleichzeitig die Sonne schien. Die Stadt sah aus, als würden Diamanten über ihr ausgegossen. Max war nicht nur in sehr bedrückter Stimmung, sondern auch schon ziemlich durchnässt, und er überlegte gerade, ob er sich nicht besser irgendwo unterstellen sollte, als er den kleinen Jungen bemerkte. Der Knirps war höchstens fünf Jahre alt und ganz allein unterwegs. Er trug kurze Hosen und ein T-Shirt, und der tropfende, klopfende Regen störte ihn nicht im Geringsten. Er hatte ein Papierschiffchen in den überlaufenden Rinnstein gesetzt, das dort schnell Fahrt aufnahm, und rannte nun, lachend und schreiend vor Begeisterung, über den Gehsteig nebenher. Ein kleiner Kapitän.

Max lauschte dem Jauchzen des Jungen und aus irgendeinem unerklärlichen Grund verwandelte seine gewohnte Niedergeschlagenheit sich plötzlich in helle Freude und machte ihn eins mit der Welt. Sein Herz schlug so frei, wie es noch nie geschlagen hatte. Die Sonne schien warm auf sein Gesicht, Regentropfen perlten ihm über die Wangen, das Wasser im Rinnstein funkelte golden und das Schiffchen tipperte munter voran. Es geriet ins Trudeln, neigte sich bedrohlich zur Seite, fing sich wieder. Natürlich würde der nächste Gully es verschlucken, doch mit etwas Glück ging es dabei nicht unter, sondern fuhr weiter. Erst durch die dunklen Abwasserkanäle der Stadt, die es in einen Bach schwemmten. Weiter auf dem Bach, der außerhalb der Stadt in einen Fluss mündete. In einen Fluss, der sich wiederum in ein Meer ergoss. Und weiter fuhr das Schiffchen, jetzt auf einem endlosen blauen Ozean, und trug dabei das verzauberte Lachen und die pure Seligkeit eines kleinen Jungen in die Welt hinaus.

Das Meer, dachte Max.

Eines Tages werde ich das Meer sehen.

Das blaue Meer.

Wind kam auf. Schiffchen und Kapitän verschwanden um die nächste Straßenbiegung. Die Sonne verzog sich hinter eine graue Wolke, der Regen wurde heftiger. Max fröstelte. Höchste Zeit, endlich ein trockenes Plätzchen zu finden. Er blickte sich suchend um. Und so entdeckte er, auf der gegenüberliegenden Straßenseite, den Kiosk, zu dem es ihn in den nächsten Wochen immer wieder hinziehen sollte – bis zwei oder drei Monate später ein handgeschriebenes Schild an der Ladentür hing, auf dem *Der Kiosk bleibt geschlossen* stand und er sich neue Ziele in der Stadt suchen musste.

Das Erste, was er beim Betreten des Ladens bemerkte, war dessen Besitzerin, eine unglaublich dicke, bunt geschminkte Frau. Schwer über den Tresen gebeugt, vom Gewicht ihrer immensen Oberweite unweigerlich nach vorn gezogen, glich sie einem gestrandeten Wal. Das Zweite, was er sah, war das Regal mit den Comics sowie den etwas älteren Jungen, der davor auf dem Boden hockte, als gehörte er zur Einrichtung. Der Junge war völlig in eines der bunten Heftchen versunken, nichts und niemand auf der Welt würde ihn aus der Ruhe bringen.

In den folgenden Wochen tat Max genau dasselbe: Jeden Samstag besuchte er den Kiosk, um dort Comics zu lesen. Der dicken Frau schien es nichts auszumachen, im Gegenteil. Sie lächelte nur und nickte ihm aufmunternd zu. Wann immer er eintrat, war ihr winziger runder Mund mit einem neuen, knallbunten Lippenstift bemalt, glänzte auf ihren Fingernägeln ein neuer, exotischer Nagellack. Mal war der ältere Junge bei diesen Gelegenheiten da, dann wieder nicht. Einmal nahm Max allen Mut zusammen und sprach ihn an. Er sprach ihn, genauer gesagt, zweimal an, bevor der Junge von seinem Comic aufblickte, so unwillig, dass Max es schon bedauerte, überhaupt den Mund aufgemacht zu haben. Plötzlich war er sich ganz sicher, dass dieser Junge ebenfalls ein Egalkind war. Ein etwas älteres Egalkind als er selbst, aber das spielte keine Rolle.

»Kommst du öfters hierher?«, fragte Max.

»Dauernd.«

»Hast du keine Eltern?«

»Nicht richtig.« Der Junge senkte die Stimme zu einem Flüstern, als wollte er verhindern, dass die dicke Kioskbesitzerin ihn hörte. »Meinen Vater kenn ich nicht und meine Mutter hab ich seit Jahren nicht gesehen. Ich bin sozusagen eine Halbvollwaise.«

Na bitte, dachte Max triumphierend, *hab ich's doch gewusst!*

»Und«, fragte er und zeigte auf das Regal, »hast du 'nen Lieblingscomic?«

»Klar.«

Ihm fiel ein Stein vom Herzen, als der ältere Junge endlich lächelte. Das Lächeln wirkte ungeübt in dem kantigen Gesicht – in dem kantigen und dennoch seltsam *verträumten* Gesicht.

»Weißt du, was das Geile an Comics ist?«, sagte der Junge. »Du liest sie und denkst dir dabei, dass du jemand anders wärst. Einer aus den Comics. Danach tust du so, als wärst du er. Und dann pisst dir kein Schwein mehr ans Bein, Kleiner, verstehst du?«

Zuerst verstand Max nur, dass sein Schatz an Schimpfworten soeben um eine sehr hübsche Variante bereichert worden war. Aber später, auf dem Nachhauseweg, dachte er über die Worte des Jungen nach und kam zu dem Schluss, dass es *gut* klang und *richtig* klang, ein anderer zu sein. Noch später an diesem Tag unterhielt er sich darüber sehr lang und ausführlich mit Jan.

Ob Max sich heute mit Jan treffen wird, wie er das zu Hause angekündigt hat, steht allerdings noch in den Sternen. Heute, beschließt er beim Einsteigen in die U-Bahn, wird er nämlich auf jeden Fall zuerst nach Kreuzberg fahren. Es gibt dort einen Platz, wo es von Tauben nur so wimmelt. Ihr Gurren ist beruhigend und Beruhigung ist genau das, was er sucht.

Doch bevor er in Kreuzberg ankommt, wird Max etwas Merkwürdiges erleben. Tatsächlich ist der nächste Teil dieser Geschichte so merkwürdig, dass Max in wenigen Minuten vor lauter Verwirrung eine Station zu früh aussteigen wird, nicht an der Gneisenaustraße, sondern am Mehringdamm, und dann ein gutes Stück Weg zu Fuß zurücklegen muss. Dabei wird er nachdenken. Die Sache mit dem Einarmigen zum Beispiel war schon ungewöhnlich genug – was sollte der Firlefanz mit dem goldenen Ticket und die überflüssige Bemerkung, man könne mit diesem Ticket überall *aussteigen*? Ganz zu schweigen von der rätselhaften Erwähnung des mechanischen Prinzen.

Tja, dazu nur so viel: Wer sich an solchen Fragen stört, der liest am besten gar nicht erst weiter. Es kommt nämlich alles noch viel merkwürdiger und absurder. Es kommt so weit, dass ihr denken werdet, ich wäre womöglich ein bisschen übergeschnappt und würde euch am laufenden Meter Quatsch erzählen. Kokolores. Wenn ihr das denkt, dann kann ich nur sagen: Gebt das Buch bitte an jemanden weiter, der es zu schätzen weiß. Ihr habt erst ein paar Seiten darin gelesen, es ist also noch so gut wie neu. Außer natürlich, ihr habt während des Lesens irgendwas gegessen und die Seiten bekleckert. Wundern würde mich das nicht. Kinder sind die letzten Ferkel. Sie nehmen sich kein bisschen mit irgendwas in Acht, schon gar nicht mit Büchern. Jahrelang lassen sie sich von uns Erwachsenen den Dreck hinterherräumen und stecken uns dafür später zur Belohnung in ein Altersheim mit zu kleinen Zimmern und pampigem Essen. So ist das mit Kindern. Kleckerferkel und hosenschissernde Erpresser.

Wo war ich?

Genau: Was auch immer ihr denkt, ich erzähle euch keinen Kokolores. Ganz bestimmt nicht. Vertraut mir. Hätte Max nicht genug Vertrauen aufgebracht an jenem Tag, dann wäre er heute noch unglücklich und würde dem giftigen Summen der Wespen lauschen. Oder er wäre am folgenden Sonntag gestorben. Also gebt dem Buch noch eine Chance. Dies ist, ich kann es euch nur noch einmal versichern, eine wahre Geschichte. Auch wenn sie manchen Leuten zu weit gehen wird … weiter und immer weiter.

TAUBENFEDERN

Ein leises Knacken ertönte im Inneren des Wagens, gefolgt von der automatischen weiblichen Lautsprecherstimme:

Nächste Station: Breitenbachplatz.

Ausstieg: Links.

Hinter der Station Podbielskiallee grub sich die U-Bahn wie ein dicker gelber Regenwurm in die Erde. Max fieberte diesem Moment jedes Mal aufs Neue entgegen. Eben noch sah man den Himmel, war alles hell und grün, und dann – war plötzlich die Welt wie abgeschnitten, ging es sacht hinunter in eine Finsternis, die sich um Tag und Nacht nicht scherte. Hier lebten Tiere, bildete Max sich gern ein, die nie das Licht der Sonne erblickt oder im Silberschein des Mondes gebadet hatten. Nur die stechenden Scheinwerferstrahlen und das laute Rumpeln der U-Bahnen schreckten sie aus ihrer gewohnten Dunkelheit und Stille auf. Dann drückten Ratten und Mäuse sich in kleine Wandvorsprünge, um von draußen in die honiggelb beleuchteten Waggons zu lugen, und zartbeinige Spinnen und Asseln mit fast durchsichtigen Panzern krochen hastig zwischen Mauerritzen und unter rauchschwarze Kieselsteine. Irgendwo rieselte Wasser von den mit Kalk verschlierten Wänden, ganz bestimmt, und

es gab Kilometer um Kilometer von Leitungen und Kabel-
strängen und rostigen Rohren …

Breitenbachplatz, Rüdesheimer Platz, Heidelberger Platz,
Fehrbelliner Platz, Hohenzollernplatz … Die wie an einem
schwarzen Tau aufgereihten Stationen bildeten von Neon-
licht erhellte, unterirdische Inseln. Die Türen der U-Bahn
zischten auf und wieder zu, Menschen stiegen ein und aus,
der junge Mann mit den vielen Ringen und die Dame im
Pelzmantel wurden abgelöst von einem freundlich in die Gegend grinsenden Türken mit klobigen Händen und einer
blassen, rothaarigen Frau, die nervös auf das Display ihres
stummen Handys starrte. Undeutlich drangen Lautsprecher-
ansagen ins Innere des Waggons. Noch fünf Stationen, dann
würde die U1 sich wieder aus der Erde kämpfen, und kurz
danach wollte Max umsteigen, U7 bis Gneisenaustraße.

Zurückbleiben, bitte.

Der Zug fuhr an. Max kuschelte sich in seinen Sitz und
ergab sich dem beruhigenden Ruckeln. Er wendete das Ticket des Einarmigen achtlos zwischen den Fingern hin und
her. *Nächste Station: Spichernstraße,* kam es aus den Laut-
sprechern. *Ausstieg: Links.*

Das goldene Ticket begann schwach zu leuchten.

So lernte ich Max kennen:

Im Café am Neuen See im Tiergarten gibt es unverschämt
teuren, aber hervorragenden Zwetschgenkuchen. Teelöffel
rührten in gemütlich dampfenden Tassen, Kuchengabeln

kratzten über kleine Teller, Geschirr und Gläser klapperten und klirrten. Die Luft war erfüllt von Lachen und Stimmengewirr. Ich hatte einen der begehrten Tische auf der Holzterrasse ergattert, direkt am Wasser. Über den See trieben bunte Ruderboote voller gut gelaunter Menschen, begleitet von paddelnden Enten. Seit fünfzehn Minuten genoss ich den Sonnenschein, hocherfreut, dass die nächsten Eltern mit Erpresserkind weit von mir entfernt saßen. Und plötzlich fiel ein Schatten auf mich.

»He, du bist doch dieser Kinderbuchautor, oder? Ich hab dich erkannt, weil in einem Buch ein Foto von dir drin ist.« Der Knirps blinzelte. »Da siehst du aber besser drauf aus. Jünger.«

»Danke.«

Ich musterte ihn. Jeans, ein weites weißes T-Shirt, Turnschuhe. Zehn oder elf Jahre alt, durchschnittlich groß. Keine Besonderheiten. Ein ganz normaler, typisch aufdringlicher Junge.

»Also, ich hätte eine ziemlich gute Geschichte für dich.«

»Danke, aber ich habe ein eigenes Gehirn. Ich denk mir meine Geschichten selber aus.«

Was bildeten solche Gören sich eigentlich ein? Jede Woche erhalte ich Post von ihnen, todlangweiliges Zeugs, in dem es von sprechenden Pferden, Laserschwertern und – selbstverständlich liebenswerten – Vampiren nur so wimmelt. Ganz zu schweigen von dem kurzsichtigen englischen Zauberfritzen mit dem Zackendings auf der Stirn.

»Aber ich hab mir die Geschichte nicht ausgedacht.« Der Junge blieb hartnäckig. »Ich hab sie selber erlebt.«

»Noch schlimmer.«

Er sah mich von oben bis unten an. *Laaaang*-sam. Dann sagte er: »Bist du eigentlich immer so doof?«

»Ich geb mir Mühe«, knurrte ich zurück.

»Du musst gar nicht so tun, als fändest du Kinder bescheuert, weißt du. Ich hab deine Bücher gelesen. Du magst Kinder.«

»Wenn du meinst.« Ich warf einen suchenden Blick in die Runde. »Hast du keine Eltern, die du nerven kannst?«

»Nee.« Er setzte sich unaufgefordert auf den freien Stuhl mir gegenüber und legte beide Hände auf die Tischplatte. »Ich heiße Max und hätte gern eine Bananenmilch.«

»Dann bestell dir eine. Aber glaub bloß nicht, ich würde für dich bezahlen.«

»Bist wohl geizig, was?«

»Was erwartest du, hm? Ich bin stinkreich. Natürlich bin ich geizig.«

Max winkte nach der Bedienung und gab freundlich seine Bestellung auf. Dann wandte er sich wieder mir zu. »Also, die Geschichte fängt so an: Ich hatte kein Ticket für die U-Bahn –«

»Ein toller Anfang.«

»Ja, nicht wahr?« Er grinste stolz. »Und als ich in die Station kam – Podbielskiallee, in der Nähe wohne ich –, also, da war da auf einmal dieser Bettler mit nur einem Arm, weißt du, und …«

Er erzählte und erzählte. Irgendwann kam seine Bananenmilch. Max schüttete sich das halbe Glas mit einem einzigen Zug in den Hals. Kinder können so gierig sein, dass einen der nackte Ekel packt, wenn man ihnen beim Essen oder Trinken zuschaut. Es gibt kaum etwas Abstoßenderes als den Anblick, wie sie den Mund aufreißen, um eine Cola zu kippen oder sich einen Hamburger oder einen Döner reinzuschieben – am Stück. Schlimmer ist nur noch, wenn sie mit offenem Mund Kaugummi knatschen.

»Ich fahre also los«, Max wischte sich zufrieden über die Lippen, »und da kommen nacheinander diese ganzen Plätze. Heidelberger, Fehrbelliner, Hohenzollern, weißt du.«

»Nein, weiß ich nicht. Ich fahre selten mit der U-Bahn.«

»Ach. Und wie kommst du dann durch die Stadt?«

»Zu Fuß.«

»Zu Fuß!«

»Nun guck nicht so, als hättest du nie was davon gehört, dass Beine zum Laufen da sind. Ich hab einen Hund, der das Geruckel in der U-Bahn nicht erträgt. Nana. Sie kotzt alles voll, wenn es beim Fahren zu sehr schaukelt.«

Max blickte kurz unter den Tisch. »Sie ist nicht hier, oder?«

»Nein. Sie ist zu Hause und passt auf meinen Stinkreichtum auf.« Das entsprach nicht ganz der Wahrheit. Normalerweise wird Nana nur noch wach, wenn ich ihr den Futternapf unter die ergraute alte Schnauze halte. Einbrecher hätten in meiner Wohnung leichtes Spiel.

»Ist ja auch egal.« Max rückte sich wieder auf seinem Stuhl zurecht. »Jedenfalls, ich sitz da so und denke an gar nix, und plötzlich macht der Zug einen kleinen Hops – den macht er immer, wenn er über eine Weiche fährt und auf ein anderes Gleis wechselt, weißt du.«

»Frag mich nicht dauernd, ob ich irgendwas weiß.«

»Und jetzt kommt's«, sagte Max unbeeindruckt, um dann erst mal gar nichts mehr zu sagen. Er nuckelte gemütlich an seiner Bananenmilch. Immerhin wusste er, wo man beim Erzählen eine dramatische Pause macht, damit es spannend wird.

»Ich höre«, sagte ich nach einer Weile.

»Die nächste Station nach dem Hohenzollernplatz ist Spichernstraße, weißt du«, fuhr er schließlich fort. »Aber diesmal *war sie es nicht!*«

»Tatsache?«

»Mhm.« Max beugte sich ein Stück vor und senkte die Stimme. »Erst kam nämlich … eine *andere* Station.«

»Eine neue?«

»Nee, alt. Uralt.«

»Hat der Zug dort angehalten?«

»Er fuhr durch. Es ging total schnell.«

»Waren Leute zu sehen, am Bahnsteig?«

»Nee.«

»Aber die Station war beleuchtet.«

»Ganz schlecht, ich hab nicht mal die Lampen gesehen. Und auch sonst nichts. Keine Reklametafeln, keine Sitzbänke, keine Automaten. Und alles war braun – alt eben – wie auf so einem Foto von früher.«

»Sepiafarben.«

»Genau. Das Einzige, was es gab, war ein Schild, aber die meisten Buchstaben darauf waren … sie sahen aus, als hätte wer drübergewischt. Links und rechts fehlte was, aber ein paar Buchstaben, so ziemlich die letzten, konnte ich lesen.«

»Was stand drauf?«

»M-E-R-L-A-N.«

Ich sah die Buchstaben deutlich vor mir. Jetzt war ich es, der ein Stück auf seinem Stuhl nach vorn rutschte. Max lehnte sich fast gleichzeitig zurück. Mit gerunzelter Stirn blickte er kurz an meiner Schulter vorbei, als hätte etwas Ungewöhnliches seine Aufmerksamkeit erregt, dann sah er mich wieder an und sprach weiter.

»Später hab ich rausgekriegt, wie die Station heißt, aber das erzähl ich dir noch nicht. Soll ja spannend bleiben.« Seine Augen verengten sich misstrauisch. »Hey, warum guckst du so komisch? Glaubst du mir das etwa nicht?«

Ich versuchte, einen möglichst gleichgültigen Eindruck zu machen. »Doch, doch.«

»Wenn du's nicht glaubst, kann ich mir den Rest nämlich sparen.«

»Okay, ich glaub's«, sagte ich ungeduldig. »Erzähl weiter.«

»Na ja, als Nächstes kam dann die Spichernstraße, wo der Zug ganz normal anhielt. Deshalb wusste ich, dass ich nicht geträumt hatte. Und dann –«

»Moment mal, Moment. Hatte vorher irgendeiner der anderen Fahrgäste in deinem Wagen die Station auch bemerkt?«

»Nee, wie denn? Die hatten ja alle kein goldenes Ticket.«

»Was hat das mit dem Ticket zu tun?«

»Das erkläre ich dir später. Sonst kommt bloß alles durcheinander.«

»Vielleicht bin ich intelligent genug, um ein bisschen Durcheinander zu ertragen.«

»Vielleicht aber auch nicht«, erwiderte Max trocken. »Ich bin dann jedenfalls einfach weitergefahren, ich wollte ja nach Kreuzberg, zum Marheinekeplatz. Aber ich war so verwirrt, dass ich eine Station zu früh ausgestiegen bin, also bin ich durch die Bergmannstraße gelaufen. Da gibt es diese Antiquitätengeschäfte und all das, unten im Souterrain, weißt du.«

Ich stöhnte leise auf. »Max, ich *wohne* in der verdammten Bergmannstraße, also erzähl mir nicht, wie es dort aussieht.«

»Pfff.« Er schüttelte den Kopf, beugte sich vor und suckelte kurz an seinem Strohhalm. »Du musst mich nicht dauernd unterbrechen. Das ist eine verdammt lange Geschichte.« Er hob erwartungsvoll sein Glas hoch. »Außerdem ist die Bananenmilch gleich alle und ich hab kein Geld mehr.«

»Okay, dann bestell dir noch eine. Ich zahle.« Als hätte ich es nicht geahnt. Dieser raffinierte kleine Erpresser. »Und jetzt tu mir einen Gefallen und erzähl endlich weiter.«

Es gibt einen höchst bemerkenswerten Brunnen am Marheinekeplatz – fünf mannshohe Pötte aus grauem Stahl, die auf niedrigen Bodenerhebungen stehen. Über ihre Ränder läuft Wasser, das sich auf dem mit Kopfstein gepflasterten Platz in einer schmalen Rinne sammelt, die wiederum in ein kreisrundes Becken mündet. An sonnigen Tagen plantschen dort gern Kinder herum, denn gleich nebenan, unter hohen, Schatten spendenden Platanen, befindet sich ein Spielplatz. Außerdem gibt es, rund um den Platz herum, mehrere wunderbare Buchhandlungen, Kneipen und Restaurants, eine große Markthalle und das Gasthaus Dietrich Herz, wo man die leckersten Schnitzel Berlins bekommt und wo die Väter der Kinder mit den Kellnerinnen flirten.

Und es gibt dort jede Menge Tauben.

An diesem Morgen war es noch zu früh für das gewohnte Leben und Treiben, erst wenige Leute waren unterwegs. Max suchte sich eine Sitzbank nahe den Bäumen. Über sein seltsames Erlebnis in der U-Bahn wollte er nicht mehr nachdenken. Eigentlich wollte er an gar nichts mehr denken, aus diesem Grund war er schließlich hierher gekommen. Um seine Gedanken abzustellen, gab es nichts Besseres, als Tauben zu beobachten.

Max hielt Tauben für sehr schöne Vögel. Vermutlich würden die meisten Menschen behaupten, sie seien grau. Aber diese Menschen, fand Max, guckten nicht richtig hin. Tauben waren schwarz, grau und blau, rosafarben, grün und weiß, sie waren Kaffee mit Milch, und jede einzelne Farbe war in ihrem glänzenden Gefieder in einhundertundeiner Abstufung vertreten. Noch besser als all diese schillernden Federfarben gefiel Max das Gurren der Tauben. Es beruhigte ihn, wenn er aufgebracht oder niedergeschlagen war, denn es klang wie klares Wasser, das über einen sehr weichen, weißen Stein plätscherte. Oder als bewegte man sich über den Himmel, indem man von einer federleichten kleinen Wolke zur nächsten hüpfte.

Sein Blick folgte träge ein paar Vögeln. Sie durchpflügten die morgendliche Sommerluft über dem Platz, flatterten aus dem Blau herunter, segelten elegante Kurven um die Bäume und landeten schließlich auf dem Pflaster, wo sie nach allem pickten, was ihnen essbar erschien. Auffällig viele Tauben – Max schätzte sie auf dreißig oder mehr – hielten sich in der Nähe einer umherspazierenden alten Frau auf.

Es gab mindestens so viele alte Frauen in Berlin wie Tauben am Himmel über der Stadt. Max hatte sie für sich in zwei Gruppen unterteilt. Die einen waren dick, trugen teure zweiteilige Kostüme mit unpassenden teuren Hüten und waren mit mehr Schmuck behängt, als an einen durchschnittlich großen Weihnachtsbaum passte. Sie schoben beim Gehen ihren Busen vor sich her und ließen sich regelmäßig eine Wasserwelle beim Friseur legen. Die anderen waren knochig, trugen blickdichte Nylonstrümpfe, gingen gebeugt und kniffen die Lippen zusammen – entweder weil sie kein Gebiss hatten oder aber weil sie eines hatten, aber ständig befürchteten, es könnte ihnen aus dem Mund fallen.

Diese alte Frau passte in keine der beiden Gruppen. Sie war zwar knochig, trug aber unter ihrem knielangen blauen Rock keine Strümpfe. Auf ihrem Kopf saß ein tadelloser, mit Plastikkirschen verzierter Strohhut. Langsam ging sie auf und ab, am Brunnen und an dem Spielplatz vorbei, machte nach einer Weile wieder kehrt, spazierte zurück, kehrte erneut um. Offensichtlich hatten sie und ihr Strohhut alle Zeit der Welt. In einer Hand hielt sie einen Plastikbeutel, in den sie ab und zu griff, um Futter zu verstreuen. Richtiges gelbes Körnerfutter, wie Max bemerkte. Die Tauben, ängstlich darauf bedacht, nur keines der Körnchen zu verpassen, tapsten um ihre Füße herum und wichen geschickt jedem ihrer Schritte aus, während sie gleichzeitig nach dem Futter hackten. Ab und zu hielt die alte Frau inne, beugte sich zu den Vögeln herunter und sprach leise auf sie ein. Während sie das tat, bückte sie sich noch ein wenig tiefer, streckte eine Hand aus und hob etwas auf. Taubenfedern. Und jetzt bemerkte er, dass die Frau nicht einen, sondern zwei Beutel bei sich trug. Einer enthielt das Futter. In den anderen legte sie die Federn – bettete sie sorgfältig hinein, als handelte es sich dabei um etwas so Kostbares wie königliche Juwelen.

Als hätte sie seinen Blick bemerkt, nickte die Frau Max plötzlich zu. Max nickte zurück und lächelte. Zu alten Frauen musste man freundlich sein. In der Bahn oder im Bus musste man ihnen den Sitzplatz überlassen, weil sie vom Stehen dicke Füße bekamen oder ihr Herzschrittmacher aussetzte, und dann schimpften sie los, die Kinder von heute hätten einfach keine Manieren mehr und wären am besten in Erziehungsheimen aufgehoben. Manche waren auch heimtückisch; sie beschwerten sich nicht, hauten einem aber, sobald man ausstieg, ihren Gehstock um die Ohren.

Diese alte Frau sah nicht heimtückisch aus, fand Max. Sie besaß auch keinen Gehstock. Offensichtlich hatte sie sein Lächeln als Aufforderung verstanden, denn jetzt marschierte sie zielstrebig auf seine Bank zu. Im Gehen zeigte sie nach oben, auf einen der die Bank beschattenden Bäume, und als sie nur noch zwei Schritte von Max entfernt war, sagte sie: »Musst aufpassen, wo du dich hinsetzt. Sonst kacken sie dich voll, die Tauben.«

Sie nahm unaufgefordert an seiner rechten Seite Platz, legte vorsichtig ihre Plastiktaschen neben sich ab und zeigte auf einen Haufen Körner, den die Tauben unbeachtet ließen. »Die vom Bezirksamt, die vergiften das Futter. Sie tun was rein, das die Vögel unfruchtbar macht. Dann hat sich's was mit dem Nachwuchs. Weißt du, wie sie die Tauben nennen?«

Max schüttelte den Kopf. Diese Frau sah ganz nett aus, aber er wollte sich nicht mit ihr unterhalten. Er war hergekommen, um seine Ruhe zu haben.

»Luftratten. So nennen sie Marlenes Schätze. Luftratten! Aber sie sind schlau, die Vögel. Fressen das Zeugs nicht.«

»Ähh …« Max sah sich suchend um. »Wer ist Marlene?«

»Sitzt neben dir. Neben dir sitzt Marlene.«

Vielen Dank, dachte Max. Erst der Einarmige und jetzt so was. Zwei Bekloppte an einem Tag waren etwas viel für seinen Geschmack. Wenn die Frau nicht innerhalb der nächsten Minute verschwand, würde er es tun.

»Hier, guck mal.« Die Frau hatte den Saum ihres Rocks ein wenig hochgehoben, so dass man ihre Fesseln und die Waden sehen konnte. »Marlene war mal eine Schönheit. Hatte schöne Beine, die Männer waren verrückt danach. Ganz verrückt.«

In der Tat, dachte Max unbehaglich. Gepfiffen auf die Minute, er machte sich besser sofort aus dem Staub. Sollte die Alte doch jemand anderen suchen, dem sie eine Unterhaltung aufzwingen konnte. Er wollte gerade aufstehen, als eine Taube auf die Bank zugetrippelt kam. Eine Kaffee-mit-Milch-Taube. Eine Taube mit Schlagseite: Ihr rechter Flügel hing lahm an der Seite herab, die Spitze schleifte fast auf dem Boden. Mit einem fordernden Gurren näherte sie sich zielstrebig Marlenes Körnertüte.

»Schlau sind sie, die Tauben.« Marlene streute dem Humpelvogel ein paar Körner unter den Schnabel. »Was meinst du, Jungchen, sind sie schlau?«

»Ja, sind sie. Aber ich muss jetzt –«

»Die da hat den Flügel kaputt. Ist so, als würde unsereinem ein Arm fehlen. Ohne rechten Arm kann man nicht mehr arbeiten.« Marlene blickte starr geradeaus, als spreche sie in die Luft oder zu sich selbst. Die Taube pickte das Futter vom Boden auf. »Dann muss man betteln. Richtig?«

Auf und davon war vergessen.

»Kennen Sie ihn etwa?« Max versuchte, sich seine Aufregung nicht anmerken zu lassen. »Den … den Einarmigen?«

»Kennt viele Leute, die Marlene.«

»Das ist keine richtige Antwort.«

»Antworten sind nicht so wichtig. Fragen sind wichtig.«

»Ich habe doch gerade eine Frage gestellt.«

»Ja, aber die falsche.«

»Hmm …« Nächster Versuch. »Haben Sie schon mal von MERLAN gehört?«

»Wieder nichts.«

Mist. Dann vielleicht eine unverbindlichere Frage. Ein Quereinstieg, sozusagen.

»Wofür brauchen Sie die Federn, die sie hier aufsammeln?«

»Ahh, schon besser!« Marlene wandte den Kopf und sah ihm direkt in die Augen. Ihre eigenen waren grün wie das Laub der Platanen. Sie wollten nicht richtig zu dem alten Gesicht mit den vielen Falten passen. »Marlene kann dir zeigen, was sie mit den Federn macht, wenn du willst.

Kommst mit zu ihr. Ist nicht weit von hier. Kommst mit zur Marlene.«

Max überlegte. Man sollte nicht mit fremden Leuten gehen, das war ihm in der Schule eingebläut worden. Fremde Leute entführten reihenweise kleine Kinder, und seine Eltern würden garantiert keinen Cent Lösegeld für ihn zahlen. Und was geschah mit Kindern, für die kein Lösegeld bezahlt wurde? Genau: Sie wurden entweder nach Russland verhökert, um dort in sibirischen Bergwerken zu schuften, oder sie wurden umgebracht und mit einem Betonklotz an den Füßen in der Spree versenkt. Aber Marlene ... Es schien so, als hätte sie eine Erklärung für die Geschehnisse des heutigen Morgens. Und sie sah nicht besonders fremd aus, auch nicht wie eine Mörderin, und überhaupt konnte er, falls es brenzlig wurde, so einer Oma spielend davonlaufen.

»Ist gut«, sagte Max langsam. »Ich komme mit.« Und er dachte: *Meine Neugier bringt mich eines Tages noch um.*

Sie gingen durch die Bergmannstraße – Hupen und Lachen, die lauten Rufe türkischer Gemüsehändler, Fahrradklingeln, Wind im Haar – und bogen vor einer Drogerie nach links ab. Sie folgten einer kurzen, bergan führenden Straße, hielten sich rechts, bewegten sich auf eine von würdevollen alten Häusern umgebene grüne Insel zu: der Chamissoplatz. Marlene schritt erstaunlich rasch voran, in der linken Hand die beiden Plastiktaschen. Sie ging schnurstracks durch den kleinen Park, dann streckte sie die freie Hand aus und zeigte nach vorn.

»Dort wohnt die Marlene.«

Ihre knochigen Finger zeigten auf ein unauffälliges

Haus, einen Altbau mit rostbrauner, bröckeliger Fassade, ein Haus …

… in dem es stark nach Essen roch. Als würden alle Bewohner beim Kochen die Wohnungstür aufreißen, damit all die köstlichen Düfte, die Max jetzt in die Nase stiegen, nach draußen dringen konnten. Es roch süß und scharf und kräftig, es roch … *gemütlich.* Max dachte an sein entgangenes Frühstück. Prompt fing sein Magen an zu grummeln.

Die alte Marlene stapfte vor ihm die Stufen zu ihrer Wohnung hinauf. Ihr Hintern über den schlanken Beinen hatte beträchtliche Ausmaße, fand Max, aber sie bewegte ihn erstaunlich flott. Im vierten Stock, als er kaum noch mithalten konnte, war Marlene immer noch nicht außer Puste. In der Fernsehwerbung radelten alte Leute glücklich mit dem Fahrrad durch die Gegend, weil sie Kräuterschnaps tranken, der gut für ihr Herz war und ihr Gehirn vor dem Verschrumpeln rettete, oder sie hüpften vor Freude bis unter die Zimmerdecke, weil sie endlich die richtige Haftcreme für ihr Gebiss entdeckt hatten. Aber nie, niemals stürmten sie in diesem Tempo irgendwelche Treppen rauf.

Noch ein Stockwerk … die letzten beiden Stiegen hatten weniger Stufen … ächz … fünfte Etage, Dachgeschoss. Höher ging es nun wirklich nicht.

»Wie alt sind Sie eigentlich?«, keuchte Max.

Ein Geräusch wie Vogelgezwitscher erklang. Unvorstellbar, dass da irgendwo noch Luft zum Kichern übrig war.

»Alt? Marlene war schon alt, bevor du auf die Welt gekommen bist, Jungchen. So, da wären wir.«

Sie schloss die Wohnungstür auf und winkte Max herein. Er trat in einen nicht besonders hellen Flur. Die Luft, die ihm entgegenschlug, vertrieb die Essensdüfte aus dem Treppenhaus. Er zog die Nase kraus und schnupperte. Es roch nach –

»Tauben!«

Hinter ihm fiel krachend die Tür ins Schloss.

»Natürlich riecht es hier nach Tauben.« Marlene hatte bereits ihren Strohhut abgesetzt. Sie legte ihn auf eine wackelige alte Kommode. »Man sammelt die Federn schließlich nicht ein, um sie daheim in den Müll zu werfen.«

Aber was machte sie dann damit? Vielleicht klebte sie die Federn auf Papier und malte Taubenkörper drum herum. Vielleicht füllte sie damit selbst gehäkelte Kopfkissen. Max reckte neugierig den Hals und blickte nach rechts. Zwei Türen standen offen. Ein winziges Bad. Die Küche.

»Hunger?«, fragte Marlene.

»Und wie. Ich hatte heute kein Frühstück.«

»Pech gehabt, nix im Haus.« Wieder erklang das Vogelkichern. »Marlene hat nix, Marlene braucht nix.«

Na toll.

Sie ging mit den Plastiktaschen voraus durch den Flur. Der Raum, in den sie ihn führte, war überraschend groß und alles in einem: Wohnzimmer, Schlafzimmer, Arbeitszimmer sowie eine Art Atelier. Mehr als die Hälfte der hohen Zimmerdecke war verglast, man konnte den offenen blauen Himmel sehen. Darunter war ein fast drei Meter

49

hohes und bald ebenso breites, mit grauem Stoff verhülltes Gestell aufgebaut. Eine ausgeklappte Leiter stand davor. Auf einem Bett in der Ecke lagen zerwühlte Decken und Unmengen von Kissen. Überall stapelten sich Bücher und Zeitungen. Es gab ein abgewetztes Sofa, zwei wackelige Sessel und einen Kleiderschrank, aus dem eine Lawine von kunterbunten Klamotten quoll. An den Wänden hingen uralte Fotos und Heiligenbildchen, der Fußboden verschwand unter verschlissenen Teppichen und Läufern. Ein altmodischer Schreibtisch brach beinahe zusammen unter der Last sich darauf türmender geöffneter Briefe, aller möglichen Stifte und Federhalter, Nachschlagewerke und was sonst noch. Marlene war offensichtlich nicht nur eine belesene Frau, sondern stand in Kontakt mit Gott und der Welt – vermutlich mit anderen verrückten Federsammlern.

Max betrachtete neugierig das riesige Gestell. Er hoffte, Marlene würde ihn nicht wieder nach einer bestimmten Frage suchen lassen, bevor sie ihm zeigte, was sich unter dem grauen Stoff verbarg. Sie wurde jetzt sehr geschäftig, stellte ihre Taschen ab, schob die Leiter zurecht und stieg im selben Tempo, mit dem sie bereits im Treppenhaus geglänzt hatte, die Stufen hinauf. Auf dem obersten Trittbrett angekommen, fegte sie mit einer einzigen Handbewegung die Verhüllung beiseite.

»Nun, was hältst du davon?«

Was ausgesehen hatte wie ein durchgehendes großes Stück Stoff, bestand in Wirklichkeit aus mehreren Bahnen, die jetzt zu Boden flatterten. Das Erste, was Max zu sehen glaubte, war ein von dem Gestell gehaltener, sich von beiden

Seiten gleichmäßig nach oben verjüngender Berg. Falsch, verbesserte er sich, es waren *zwei* Berge, die genau in der Mitte gegeneinander stießen. Ihre sanft gewölbte Oberfläche bestand aus silbergrauen, schimmernden Federn. Hunderttausenden, wenn nicht Millionen von Federn. Es musste Jahrzehnte gedauert haben, sie alle einzusammeln.

»Was ist das?«, flüsterte Max fasziniert.

»Wonach sieht es denn aus?«

Marlene stand genau zwischen den beiden Bergen, deren gemeinsame Spitze über ihr aufragte. Sie sah auf Max herab, das Kinn leicht angehoben, wie eine Königin, die einem ihrer Untertanen gnädig eine Audienz gewährte.

»Oh … das sind … ich weiß nicht … sind das Flügel?«

»Gib mal die Tasche mit den Federn rauf.«

Max reichte ihr die Tasche nach oben. Marlene wühlte darin herum. Ein aberwitziges Bild tauchte vor ihm auf: Die alte Frau, wie sie sich das Flügelpaar auf den Rücken schnallte, mit ausgebreiteten Armen vom Dach des Hauses sprang und majestätisch zum Marheinekeplatz segelte, um sich dort unter ihre Tauben zu mischen.

»Für wen machen Sie die? Für sich?«

»Nein.« Marlene hatte zwei Federn aus der Tasche genommen, beäugte sie kritisch und steckte sie schließlich an den rechten Flügel. »Die sind für einen Engel.«

Klar, für wen auch sonst?

»Und, ehm, wofür braucht er die?«

»Zum Fliegen, du dummer Bengel. Was dachtest du denn? Er fliegt ein bisschen damit herum, und dann schnappt er sich ein Kind.«

»Warum sollte er das tun?«

»Was tun?«

»Sich ein Kind schnappen.«

»Die bringen euch heute in der Schule nichts mehr bei, was? Um es zu retten, natürlich.« Marlene entnahm der Tasche weitere Federn, drei oder vier diesmal, wandte sich von Max ab und befestigte sie. »In euch Kindern steckt noch alles drin, verstehst du? Ihr könnt gut werden oder böse, krumm oder gerade. Glaub der Marlene, das entscheidet sich sehr früh. Und manche Kinder stehen auf der Kippe. Sie balancieren zwischen Hölle und Himmel. So wie du.«

Die letzten Worte kamen mit einer Selbstverständlichkeit, die Max schlucken ließ.

»Ja, ja, hast schon richtig gehört«, fuhr Marlene fort, ganz in ihre Arbeit vertieft. »Bist ein nettes Kerlchen, Max. Ein bisschen dumm, aber sehr nett. Aber du wanderst am Abgrund, auch wenn du es nicht weißt. Du bist traurig, und manchmal macht deine Traurigkeit dich wütend. Sehr wütend.«

Etwas in ihm schoss nach oben, wie die Quecksilbersäule eines Fieberthermometers. Wie konnte diese alte Trulla es wagen, ihm so etwas zu sagen? Sein Blick verschwamm, dahinter sah er etwas Rotes, das hin und her wippte, hin und her – die Dahlie im Vorgarten zu Hause, nach der er heute Morgen so wütend getreten hatte. Treten, o ja … Am liebsten würde er Marlene den Hocker unter den Füßen wegtreten. Von wegen Abgrund. Oder Messerhände, wenn er Messerhände hätte, um ihr damit ordentlich Angst einzujagen, *ohhhh, ja,* ein Messer an jedem Finger, dann –

»Siehst du? Genau so etwas meinte ich.«

Marlene war immer noch mit ihren Federn beschäftigt, ihr Rücken war ihm zugekehrt. *Woher*, dachte Max, *hat sie gewusst, was ich denke?*

»Sind Kinder wie du, für die ein Federsammler solche Flügel macht. Kinder mit einer goldenen Fahrkarte. Es gibt genug von euch da draußen, ihr werdet immer mehr. Kartenkinder. Und es gibt viel zu wenig Engel. Alle Taubenfedern der Welt reichen nicht aus, um so viele Flügel zu machen. Ein paar von euch gehen verloren. Ist schade drum.«

»Äh ... Ich muss bald los«, sagte Max. »Eigentlich jetzt.«

Er wollte sofort hier raus, das war kein guter Ort, der Taubengeruch brachte ihn völlig durcheinander. Und ihm war warm, viel zu warm. Aber er hatte noch so viele Fragen, sie schwirrten durch seinen Kopf wie – nein, nicht wie Tauben. Wie Engel.

Er atmete tief ein, stellte sich mit durchgedrückten Schultern hin und sagte: »Wie kommt er hierher, der Engel? Hier rein, in die Wohnung. Ohne Flügel, meine ich.«

»Von da oben natürlich.« Marlene zeigte unter die verglaste Zimmerdecke. »Kommt da durch, fällt schön langsam runter, schön langsam. Tut dem Glas nichts, das bleibt heile. Er ist nackt und ganz zusammengerollt, wie ein Kind vor seiner Geburt. Die Luft trägt ihn, deshalb schlägt er nicht auf dem Boden auf. Er schwebt von der Decke runter, ganz sacht, seine Augen sind geschlossen, und sie bleiben geschlossen, weil kein Mensch das Leuchten darin ertragen würde, und unsichtbare Hände fangen ihn auf, verstehst du?«

»Nein.«

Marlene schüttelte missbilligend den Kopf. Sie griff in ihre Tasche, holte die nächsten Federn hervor, betrachtete sie abwägend und steckte sie dann, eine nach der anderen, mit geschickten Fingern in den linken Flügel.

»Tja, also … Die sehen aus, als wären sie bald fertig.«

»Das sind sie auch, Jungchen.« Marlene betrachtete stolz das Flügelpaar. »Und wenn sie fertig sind, wartet Marlene auf den Engel. Und wenn er sie sich geholt hat, seine Flügel, dann kann sie endlich schlafen.«

»Sind Sie müde?«

»Sehr müde ist die Marlene. Du ahnst nicht, wie sehr.«

Und sehr verrückt, dachte Max und sagte: »Ich geh dann jetzt. Ich will noch weiter bis zur Warschauer Straße, da kann man nämlich von der Oberbaumbrücke runter auf die Spree gucken und –«

»Nein, das willst du nicht.«

Marlene drehte sich um und sah von der Leiter auf ihn herab. Aus diesen leuchtend grünen, gar nicht alten Augen in dem runzligen Gesicht. Ihre Mundwinkel waren nach oben verzogen. Ihr Lächeln erwärmte den ganzen Raum. Es erwärmte die meterhohen Engelsflügel, die sich hinter ihr plötzlich ein wenig auszubreiten schienen, als wären sie schon an einem Rücken mit kräftigen Schultern befestigt.

»Eigentlich willst du zu der Station zurückfahren, nach der du Marlene gefragt hast. MERLAN. Eigentlich willst du«, sie lächelte immer breiter, »dort anhalten und aussteigen. Hat sie Recht, die Marlene?«

»Ich hatte darüber nachgedacht«, murmelte Max.

Wie konnte sie das bloß wissen? Er hatte zwar den Namen MERLAN erwähnt, aber nicht, dass es sich dabei um eine U-Bahn-Station handelte. Ihm war schwindelig, so schwindelig wie heute Morgen. Vielleicht war gar nicht die alte Marlene verrückt, sondern er selbst. Vielleicht lag er zu Hause in seinem Bett und träumte das alles.

»Dann tu das mal, Jungchen. Tu das. Verschwinde.«

»Wie bitte?«

»Fahr nach MERLAN. Raus hier.« Marlene wandte sich wieder von ihm ab. »Du hast genug gesehen. Mehr, als Marlene dir zeigen darf. Also, raus hier.«

»Tja, dann … auf Wiedersehen.«

Keine Antwort. Das Letzte, was Max von Marlene sah, die sich auf der Leiter streckte, waren ihr Rücken und die knotigen, geduldigen alten Hände voller Federn. Und die beiden Beine, die auf Kniehöhe unter dem Rocksaum herausschauten. Schlanke Beine mit schmalen Fesseln, die angeblich einmal die schönsten Beine der Welt gewesen waren.

Ein Paddelboot legte an. Eine Ente quakte.

»Und dann?«, sagte ich.

»Wurde die ganze Sache erst so richtig merkwürdig.« Max betrachtete nachdenklich das halb geleerte Glas mit seiner zweiten Bananenmilch. Auf seiner Stirn erschien eine kleine, steile Falte. »Und *danach* wurde es … immer schlimmer.«

RÜCKWÄRTS FAHREN

Zwischen Spichernstraße und Hohenzollernplatz war nichts, rein gar nichts. Max war zweimal zwischen den beiden Stationen hin- und hergefahren, runter und wieder rauf. Hatte sich die Nase an den Fensterscheiben platt gedrückt und angestrengt in das undurchdringliche Dunkel der Tunnel gespäht. Vergebens. MERLAN blieb unauffindbar. Jetzt stand er zum dritten Mal am Bahnsteig Spichernstraße und wartete auf den nächsten Zug in Richtung Süden. Er würde es auf einen letzten Versuch ankommen lassen. Wenn es wieder nicht klappte, würde er einfach weiterfahren, unterwegs aussteigen und den Nachmittag mit Jan verbringen.

Auf gewisse Weise war er froh, es so lange mit der alten Marlene ausgehalten zu haben. Was sie von dem Engel erzählt hatte, war natürlich dummes Zeug, man glaubte es nicht, also wirklich! Wahrscheinlich würde das Gestell mit den beiden schweren Flügeln – sie mussten Tonnen wiegen! – irgendwann umkippen und die Oma unter sich platt machen, und dann käme *sie* in den Himmel. Oder sonst wohin. Was allerdings die andere Sache anging, MERLAN …
Marlene hatte von dem Einarmigen und von der versteckten U-Bahn-Station gewusst. Selbst wenn er die Station jetzt

nicht wiederfand, konnte er zumindest davon ausgehen, dass sie existierte und er nicht verrückt geworden war.

Oder?

Max kaute auf seiner Unterlippe. War er vielleicht bloß genauso verrückt wie Marlene? Gab es das, eine geteilte Verrücktheit? Konnte es sein, dass irgendwo auf der Welt zwei Personen an völlig verschiedenen Orten aus dem Fenster hinaus in ihre Gärten sahen und dort beide denselben gelben Osterhasen entdeckten?

Die Wände der Station waren komplett mit blauen Kacheln ausgekleidet. Es gab die üblichen bunten Reklametafeln, die Getränkeautomaten, Lautsprecher und Sitzbänke. Was fehlte, waren Menschen. Außer ihm selbst hielt sich hier unten niemand auf. Die komplette U-Bahn-Station war verwaist. Das war mehr als ungewöhnlich, normalerweise waren *immer* irgendwelche Leute zu sehen, wenigstens um diese Uhrzeit. Man konnte fast glauben, Berlin wäre die Puste ausgegangen und die Stadt, erschöpft von sich selbst, zum Stillstand gekommen.

Er hörte entfernte Schritte und entspannte sich. Er war also doch nicht allein hier unten. Am gegenüberliegenden Bahnsteig war ein Mädchen aufgetaucht. Sie schlenderte die Plattform entlang, blieb aber wie angewurzelt stehen, als sie Max erblickte. Es dauerte nur einen Wimpernschlag, dann hatte sie sich von ihrer Überraschung erholt. Sie nickte Max zu.

Sie nickte ihm doch zu, oder?

Das Schwindelgefühl, das ihn heute schon mehrmals überfallen hatte, gluckerte plötzlich in ihn hinein wie Wasser in ein leeres Gefäß, es erfüllte ihn von den Zehenspitzen bis in die Haarwurzeln. Seine Beine setzten sich wie von selbst in Bewegung, seine Schritte wurden immer schneller, er nahm kaum wahr, wie er die Treppe hinablief, die Unterführung zum anderen Bahnsteig durchquerte, die nächsten Treppen hinaufhastete. Langsamer wurde. Auf das Mädchen zuging.

Sie war fast so groß wie er selbst. Ihre schulterlangen braunen Haare wurden im Nacken von einer in allen Regenbogenfarben glitzernden Spange zusammengehalten. Ihr Mund bewegte sich, sie kaute einen Kaugummi. Max stellte sich zwei Meter neben sie. Beide musterten sich kurz von der Seite. Max spürte, wie das Schwindelgefühl verebbte. Er sah hinunter auf das Gleisbett, auf den zwischen den Schwellen verteilten Müll. Warum war er überhaupt hier rübergelaufen?

Schweigen.

Kaugummikauen.

Aufs Gleisbett starren.

Schließlich räusperte sich das Mädchen.

»Du wartest auch, stimmt's?«, sagte sie.

Max zuckte die Achseln. »Sieht so aus.«

»Ich heiße Tanita.«

»Max.«

Schweigen.

Noch mehr Kaugummikauen.

Weiter aufs Gleisbett starren.

Die Haarspange sprühte glitzerndes Licht, als Tanita begann, auf den Spitzen ihrer Turnschuhe zu wippen. Sie sah ungeduldig in Richtung des südlichen Tunnelausgangs. Irgendetwas in ihrer rechten Hand blitzte auf, wie ein einzelner großer Stern an einem wolkenlosen Nachthimmel. Max sog überrascht Luft durch die Zähne.

»Wow! Du hast ein goldenes Ticket?«

»Logisch hab ich ein goldenes Ticket.« Tanita stellte das Wippen ein. Um ihre Nasenwurzel herum entstand ein irritiertes kleines Kräuseln. »Du doch auch, oder?«

Max nickte. »Kennst du dich damit aus?«

»Warum, bist du zum ersten Mal hier?«

»Ehm … Irgendwie schon.«

»Ah, deshalb.« Sie war hübsch, wenn sie lächelte. »Dann brauchst du sicher Hilfe, hm?«

Er musterte sie unsicher. Würde sie ihn auslachen, wenn er ihr erzählte, was ihn hierher getrieben hatte? Tanita schien nett zu sein. Sie benahm sich, als wäre es völlig normal, dass sie die einzigen Menschen hier unten waren. Außerdem besaß sie ein goldenes Ticket, also wartete sie vielleicht aus demselben Grund auf den nächsten Zug wie er selbst. Er gab sich einen Ruck. Was hatte er schon zu verlieren?

»Vor ein paar Stunden gab es hier in der Nähe noch eine Station, weißt du«, begann er vorsichtig. »Ich meine, zwischen Spichern und Hohenzollern, wo eigentlich keine sein dürfte. Ich bin schon zweimal rauf- und runtergefahren, aber ich finde sie nicht mehr wieder.«

»Falsche Uhrzeit, falscher Zug.« Tanita knatschte unbeeindruckt weiter auf ihrem Kaugummi. »Du warst zu früh dran. Oder zu spät, wie man's nimmt.«

»Verstehe«, murmelte Max, der kein Wort verstand.

»Wissen deine Eltern eigentlich, dass du unterwegs bist?«

»Nein.«

»Besser so.«

»Und wenn sie es wüssten«, sagte Max, »wäre es ihnen genauso egal wie mir.«

»Klingt so, als würdest du sie nicht besonders mögen.«

»Nein. *Sie* mögen *mich* nicht. Glaube ich. Es klingt vielleicht bescheuert, aber manchmal hab ich das Gefühl, als wäre meine Mutter gar nicht dabei gewesen, als ich geboren wurde.«

Tanita winkte ab. »Gar nicht bescheuert. Meine Mutter war auch nicht dabei, als ich geboren wurde, deshalb habe ich diesen blöden Namen. Es war meinen Eltern völlig wurst, wie ich heiße. Also hab ich ein T davor gesetzt, jetzt ist er hübscher.«

»Ich finde, er klingt sehr hübsch.«

Eine Kaugummiblase zerplatzte. »Sag ich doch.«

Gemeinsam gingen sie alle Buchstaben des Alphabets durch, aber es fand sich kein passender, den man vor *Max* hätte setzen können. Und eigentlich, entschied Max schließlich, war das auch nicht so wichtig. Er streckte die rechte Hand aus.

»Hallo, Tanita. Schön, dich kennen zu lernen.«

»Freut mich auch, Max ohne was davor. Und jetzt komm mit, ich muss dir was zeigen.«

Sie ergriff seine ausgestreckte Hand und zog ihn hinter sich her, der Mitte des Bahnsteigs entgegen. Max' Blick fiel auf seine Armbanduhr. Es war zehn Uhr dreiundzwanzig.

»Findest du es nicht auch komisch«, sagte er, während er hinter Tanita herstolperte, »dass außer uns kein Mensch hier zu sehen ist?«

»Nein. Und jetzt pass auf.« Tanita zeigte auf die große Uhr über dem Bahnsteig. Der rote Sekundenzeiger huschte über die Zwölf. Der schwarze Minutenzeiger machte einen Sprung nach vorn. »Man muss um fünfundzwanzig genau unter der Uhr stehen, dann klappt es immer. Wie auf Bestellung.«

»Dann klappt was?«

»Wart's ab.«

Max schüttelte den Kopf. »Hör mal, diese komische Station, die lag zwischen hier und Hohenzollernplatz. Wenn wir in Richtung Hohenzollern wollen, müssen wir nach drüben, zum anderen Gleis. Sonst fahren wir in die falsche Richtung.«

»Das ist schon in Ordnung so. Wir *müssen* von hier aus losfahren, sonst funktioniert es nicht.«

Etwas begann in Max zu rumoren. Langsam verlor er die Geduld. »Sonst funktioniert *was* nicht?«

Die nächste Kaugummiblase zerplatzte. »Mann, bist du immer so neugierig? Was machst du vor Weihnachten, hm? Heimlich durchs Schlüsselloch gucken und dir die Überraschung verderben, weil du es nicht abwarten kannst?«

Weihnachten hatte zu Hause im Wohnzimmer eine winzige Plastiktanne mit elektrischen Kerzen gestanden. Max hatte eine Playstation und zwei Spiele bekommen, die Konsole aber nicht ausprobieren können, jedenfalls nicht am großen Fernseher, weil seine Mutter acht Folgen von *Ally*

McBeal auf Video gucken wollte. Am Stück. Natürlich hatte es vor *Ally McBeal* gekracht und es würde auch während und nach *Ally McBeal* krachen. Schon deshalb, weil sein Vater lieber alle drei Teile von *Stirb langsam* sehen wollte. Auch am Stück. Also hatte Max sich in sein Zimmer verkrochen, wo er die Playstation an seinen eigenen kleinen Fernseher angeschlossen hatte. Den Vorspann der Geschichte hatte er übersprungen, um gleich ein paar grunzende Orks abmurksen zu können. Die hässlichen Muskelklötze mit den geschwürigen Gesichtern machten in irgendeiner Finsterlandschaft Jagd auf einen Schwertkämpfer, der ausgezogen war, um den … was noch gleich? … genau, um den *Eisenvogel* zu finden. Das war auch der Name des Spiels gewesen. Wie es weiterging, hatte er nie herausgefunden, weil jetzt draußen im Wohnzimmer der Krach so richtig losgegangen war, und aus irgendeinem Grund war ihm danach der Spaß daran vergangen. Er hatte die Playstation ausgeschaltet und *Eisenvogel* nie weitergespielt.

»Gleich kommt der Zug«, sagte Tanita. »Hol besser schon mal dein Ticket raus.«

Max zog den abgegriffenen Fahrschein aus der Hosentasche. Er starrte ihn entgeistert an. Der unlesbare goldene Papierstreifen leuchtete so hell, als wäre er um eine starke Glühbirne gewickelt. Er reckte den Hals und blickte neugierig auf Tanitas Ticket. Es leuchtete ebenfalls.

»Wofür genau brauche ich das?«, sagte er.

»Denken ist echt nicht deine Stärke, was?«, sagte Tanita. »Ohne können wir den Zug nicht anhalten.«

»Der hält hier doch sowieso.«

Sie verdrehte die Augen. »Ja, *hier* hält er an. Aber nicht unterwegs. Du weißt echt noch gar nichts, oder?«

Max wusste zumindest eines ganz sicher: dass es ihm nicht passte, von diesem Mädchen wie ein Dummkopf behandelt zu werden. Ihm lag schon eine wütende Erwiderung auf der Zunge, als ihm plötzlich einfiel, was der Einarmige gesagt hatte: *Mit dem Ticket kommst du überallhin. Aber viel wichtiger ist, dass du auch überall damit aussteigen kannst.* Das konnte nur bedeuten, dass sie an MERLAN nicht nur vorbeifahren, sondern auch dort anhalten würden. Dort aussteigen! Der Gedanke daran ließ seine Verärgerung verpuffen wie einen blinden Feuerwerkskörper.

»Es kann eine Weile dauern, bis wir wiederkommen«, sagte Tanita. »Was ist mit deinen Eltern, werden die dich vermissen?«

»Nee. Die denken, ich wäre bei Jan.«

»Wer ist Jan?«

»Ein Freund.« Max kratzte sich kurz an der Nase. »Mein einziger.«

Aus dem Tunnel ertönte ein Poltern. Zwei Scheinwerfer leuchteten auf, und schon im nächsten Moment rauschte der Zug in die Station ein. Die Führerkabine huschte vorbei, der Fahrer ein flüchtiger, kaum erkennbarer Schatten, dann der nächste Wagen, hier und dort ein paar Gesichter, dann der nächste. Bremsen quietschten. Der Zug wurde langsamer und hielt an.

Eine einzige Tür öffnete sich.

Direkt vor ihnen.

Niemand verließ den Zug.

»Einsteigen«, forderte Tanita ihn auf.

Max hatte immer noch Zweifel, ob sie nicht einen Fehler begingen, schließlich *entfernten* sie sich von ihrem Ziel, wenn sie jetzt in Richtung Norden fuhren. Trotzdem folgte er Tanitas Aufforderung. So schnell würde er ihr keine neue Gelegenheit geben, ihn wie einen unwissenden Blödmann zu behandeln.

Der Wagen war kaum zur Hälfte besetzt, mit Männern und Frauen, die in Zeitungen oder Magazinen oder Büchern lasen, die auf ihren Handys herumtippten, die mit zurückgelegtem Kopf und geschlossenen Augen dösten oder einfach vor sich hin in die Luft starrten. Niemand beachtete sie. Es gab ausreichend freie Sitzplätze, aber Tanita blieb an der Tür stehen. Max stellte sich in Fahrtrichtung neben sie. Der Zug setzte sich in Bewegung.

»Was …?«

Er kannte das Gefühl, beim ruckenden Anfahren des Zuges ein Stück nach hinten gedrückt zu werden. Der Körper war darauf eingestellt, man stemmte sich automatisch der Schwerkraft entgegen – doch die war ihm jetzt, sozusagen, in den Rücken gefallen und ließ ihn *nach vorn* stolpern.

»Wir fahren rückwärts«, flüsterte er ungläubig.

»Jep«, sagte Tanita grinsend. »Rückwärtser geht's nicht.«

»Aber warum?« Seine Stimme überschlug sich vor Aufregung. »Der Fahrer spinnt wohl, das kann der doch nicht einfach machen! Und wenn der nächste Zug kommt, in die richtige Richtung? Wenn der in uns –«

Tanita brachte ihn mit einem eisigen Blick zum Schweigen. Max biss sich auf die Zunge. Unsicher musterte er die anderen Fahrgäste. Merkten die denn nichts?

»Und wie bringt man den Zug zum Anhalten?«, murrte er nach einer Weile.

»Indem man die Notbremse zieht.«

»Die Notbremse!«, zischte er. »Bist du *übergeschnappt*? Für so was kommt man womöglich in den Knast!«

»Max, jetzt reg dich endlich ab und sei nicht so albern!« Tanita sah ihn kopfschüttelnd an.

Und das war es, das brachte das Fass zum Überlaufen. Ihre blöde, besserwisserische Art war ihm von Anfang an auf die Nerven gegangen, und er hasste es, von oben herab behandelt zu werden. Als wäre er ein Schwachkopf. Man sollte dieser arroganten Kuh glatt eine scheuern! Sie vor die nächste U-Bahn schubsen! Sie wäre selber dran schuld. Sie –

Manche Kinder stehen auf der Kippe.

So wie du.

Er spürte, wie ihm das Blut in den Kopf stieg.

Irgendwann musste Tanita ihren Kaugummi ausgespuckt oder runtergeschluckt haben, er hatte es nicht bemerkt. Jedenfalls kaute sie nicht mehr. »Außerdem gibt es keine andere Möglichkeit, an der Station auszusteigen«, sprach sie weiter. »Wir rauschen sonst einfach durch.«

»Also, ich weiß nicht …«

»Ich aber. Vertrau mir. Ich hab das schon hundertmal gemacht.«

Na gut, was blieb ihm auch anderes übrig? Er zog die Schultern hoch und wartete. Aber Mann, Mann, o Mann! Mein lieber Herr Gesangverein, wenn sie das wirklich tat …

die Notbremse zog! Es würde die Fahrgäste kräftig durcheinander wirbeln, so viel stand fest. Alle würden aufgeregt herumschreien. Vielleicht sollte man die Leute warnen. Jedenfalls sollte man sich darauf vorbereiten. Max griff nach der nächsten Haltestange.

Tanita sah konzentriert zum Fenster hinaus. »Gleich da«, sagte sie leise.

Draußen wurde es heller … ein wenig. Es war ein gelbliches Licht, wie auf einer verblichenen alten Fotografie. Der Zug lief in die nächste Station ein. Entweder, das war der Hohenzollernplatz, dann würde er sich in einer Minute völlig bescheuert vorkommen. Oder aber –

»Jetzt«, sagte Tanita.

Sie zog an dem roten Griff.

Max kniff die Augen zusammen. Seine Hand umklammerte die Haltestange. Seine Ohren warteten auf das Kreischen der Bremsen. Aber er hörte nichts … nun, kaum etwas. Nur ein leises Surren und Klackern ertönte, wie von einem aufgezogenen mechanischen Spielzeug. *Von einem Prinzen vielleicht.*

Der Zug kam so sanft zum Stehen, als hätte eine Wolkenbank ihn gebremst. Max öffnete vorsichtig die Augen und blinzelte ins Abteil. Niemand sah auf. Niemand bewegte sich. Kein Stückchen. Nicht mal ein Augenblinzeln. Kein Atmen.

»Jetzt schnell!«, drängte Tanita. »Wir haben nur ein paar Sekunden Zeit.«

Die Tür zischte auf.

»Aussteigen! Na los, mach schon!«

Sie drückte ihm eine Hand in den Rücken. Max stolperte einen Schritt nach vorn und fiel auf die Knie.

Nach draußen.

Bitte von der Bahnsteigkante zurücktreten …

War das die übliche Lautsprecherstimme gewesen, oder hatte er sie sich nur eingebildet? Alles geschah so rasend schnell. Hinter ihm zischte die Tür wieder zu. Max rappelte sich auf und drehte sich um, gerade noch rechtzeitig, um den Zug abfahren zu sehen … in die eigentliche, die korrekte Fahrtrichtung. In die Richtung, aus der sie soeben gekommen waren.

»Wow«, keuchte er beeindruckt.

»Todschick, was?«

Tanita winkte dem davonfahrenden Zug nach. Max sah auf das Gleisbett. Da fehlte etwas. Keine Mäuse, dachte er, wo waren die Mäuse, die sonst zwischen den Schwellen umherhuschten? Und wo waren die leeren Getränkedosen, die Zigarettenkippen und die Papierschnipsel? Die Steine dort unten waren sauber wie frisch geputzt, sie glänzten sogar ein bisschen. Der Bahnsteig selbst war, wie er ihn in Erinnerung hatte, menschenleer und so schlecht beleuchtet, dass in keiner Richtung ein Ausgang zu erkennen war. Hier war nichts, bis auf dieses alte Schild. Nur dass man jetzt alle Buchstaben darauf lesen konnte, den ganzen langen, unmöglichen Namen.

»Wahnsinn«, flüsterte er. »Es ist genau wie heute Morgen beim Durchfahren, weißt du. Eigentlich gibt es diese Station gar nicht.«

»Wie heißt sie?«, fragte Tanita.

Max deutete auf das Schild, auf die zehn Buchstaben, die dick und gut lesbar darauf prangten. »Hast du keine Augen im Kopf? Steht doch drauf.«

»Na gut.« Tanita zuckte mit den Achseln und sah auf das Schild. »Tanelorn.«

»So ein Quatsch!«

»Kein Quatsch«, sagte Tanita. »Das liegt daran, dass ich etwas anderes sehe als du. Wir müssen uns hier trennen, Max. Wir gehören in verschiedene Refugien.«

»In verschiedene *was?*«

»Refugien. Zufluchtsorte. Haltestellen. Persönliche U-Bahn-Stationen, wie auch immer.« Sie hob eine Hand und studierte sie aufmerksam, als wartete sie auf etwas. »Siehst du, wie ich gesagt habe. Es geht schon los …«

Täuschte er sich, oder wurde ihre Hand durchscheinend? Er musste durch das fahlgelbe Licht hier unten hervorgerufen werden, dieser merkwürdige Effekt. Es war entschieden zu düster in dieser Station, von der er jetzt endlich wusste, wie sie hieß. Max wandte sich dem Schild zu.

```
NIMMERLAND
```

»Nimmerland«, sagte er. »Also, das ist ja wohl der bescheuertste Name, den man sich ausdenken kann, oder?«

Er drehte sich zu Tanita um.

Sie war nicht mehr da. Wo sie eben noch gestanden hatte, hing jetzt nur noch ein schwaches, orangerotes Flimmern in der Luft, das die Konturen ihres Körpers nachzeichnete. Dahinter war deutlich der leere Bahnsteig sichtbar. Tanitas Stimme ertönte, merkwürdig verzerrt, als würden die einzelnen Worte davongerissen: *Wir sehen uns in Tanelorn wieder, Max, pass auf dich auf und hüte dich vor dem mechanischen …*

Das Flimmern erlosch.

Seine neue Freundin hatte sich vollständig in Luft aufgelöst.

War verschwunden.

In ein anderes … wie hatte sie es genannt?

In ein anderes Refugium.

Tanelorn.

»Tanita?«, rief Max nervös. Sein Herz war einen Kilometer nach unten gerutscht und schlug wie wild. Seine Stimme klang viel zu hoch, beinahe panisch. Wie die eines kleinen Jungen, der gleich losheulen würde. »Tanita?«

Keine Antwort.

Er war allein, ganz al –

Nein, war er nicht.

Er bemerkte eine Bewegung. Zu seinen Füßen kroch etwas herum. Ein feines, hellgraues Gespinst, das sich rasch verdichtete. Nebel. Er glitt in breiten Schleiern über den Boden, fiel am Rand des Bahnsteigs herab, legte sich über die Gleise. Ein Meer von Nebel. Max stand wie erstarrt. Man konnte sich unmöglich bewegen in dieser Suppe, womöglich stürzte man sonst ins Gleisbett hinunter und bekam von der nächsten U-Bahn die Rübe abrasiert. Wenn hier überhaupt jemals wieder ein Zug durchfuhr.

»Tanita?«, rief er ein letztes Mal.

Keine Antwort.

Jetzt hangelte der Dunst sich mit gewichtslosen, unsichtbaren Händen an ihm empor. Feuchtkalte Finger suchten einen Weg unter sein Hemd, unter seine Hosenbeine. Es half nichts, er konnte nicht ewig hier stehen bleiben.

Max ging einen entschlossenen Schritt nach vorn.

Noch einen.

Und noch einen.

Und betrat Nimmerland.

AM UFER DER TRAURIGKEIT

Max liebte Gruselfilme. Auf der breiten Fensterbank in seinem Zimmer stand sein kleiner Fernseher. Seinen Eltern war es – große Überraschung – völlig gleichgültig, was er sich ansah oder um welche Uhrzeit er das tat.

Seinen ersten Gruselfilm hatte er mitten in der Nacht gesehen und sich dabei vor Angst fast in die Hosen gemacht. Ein paar Mal hatte er sich die Decke über den Kopf ziehen und die Ohren zuhalten müssen. Ein Mann mit Messerhänden rannte in dem Film herum, er trug einen witzigen Hut und einen rotgrün gestreiften Pullover. Der Mann hieß Freddy Krueger. Er war pappehässlich und ein Killer. Mit seinen Messerhänden verfolgte er schlafende Menschen durch ihre Träume, und wenn sie nicht rechtzeitig aufwachten, dann waren sie dran. Mein lieber Herr Gesangverein, und wie sie dann dran waren!

Sssstt! Ritz-ratz!

Die Sache hatte nämlich einen richtig fiesen Haken: Was mit den Leuten in ihren Träumen geschah, stieß ihnen auch in der Wirklichkeit zu. Als sie das rauskriegten, versuchten sie natürlich mit allen Mitteln nicht mehr zu schlafen, aber irgendwann … irgendwann musste man … schlafen … und … träumen … und dann …

Sssst!

Ritz-ratz!

Max kannte diesen Kampf gegen den Schlaf. Er hatte oft wach gelegen, während er seine Eltern streiten hörte. Er wollte wissen, wie die Streitereien ausgingen. Sonst pennte man womöglich ein, verpasste irgendwas, und am nächsten Morgen war das Haus menschenleer, keiner mehr da, Eltern weg, und man war plötzlich ein Waisenkind. Der Himmel allein wusste, wie es dann weitergehen mochte. Womöglich wurde man auf einer Auktion versteigert, an irgendwelche ätzenden Leute mit einem bissigen Hund, den man täglich ausführen musste; Leute, bei denen man nur das Stiefkind war, das die ganze Drecksarbeit zu erledigen hatte. *Der kleine Max geht an Herrn Dingenskirchen in Reihe siebzehn und an seine Gattin mit dem entzückenden Hut und dem rotgrünen Pullover, zum Ersten, zum Zweiten und zum …*

Besser also, man versuchte sich wach zu halten. Irgendwann allerdings hatte Max bemerkt, dass es völlig gleichgültig war, ob er schlief oder wachte. So gleichgültig, wie er selbst es war. Seine Eltern würden sich nie trennen, sie *brauchten* einander, um zu streiten. Sie waren unglücklich, wenn sie sich nicht verletzen konnten. Auf gewisse Weise, fand er, waren sie damit um einiges schlimmer als Freddy Krueger. Der machte mit seinen Opfern wenigstens kurzen Prozess, während es ihnen gelang, sich jeden Tag aufs Neue zu verletzen. Immer wieder. Und ganz ohne Messerhände.

Am Eingang ins Nimmerland gab es keine Monster. Es gab auch keinen Freddy Krueger. Trotzdem war es das Gruseligste, was Max je zugestoßen war. Der graue Nebel, den er eben noch durchschritten hatte, zerfaserte binnen Sekunden zu feinem Dunst, löste sich auf und verwirbelte, wie von einem mächtigen Atem davongepustet. Zurück blieb … nichts. Und dieses Nichts war entsetzlich. Es hatte weder Anfang noch Ende, es war weder dunkel noch hell, und doch beraubte es Max der Sicht auf sich selbst. Er hob eine Hand vor Augen und sah: nichts. Er spürte Boden unter den Füßen, aber seine Füße waren verschwunden. *Das ist es, was Blinde sehen, wenn sie Angst haben,* schoss es ihm durch den Kopf.

Er fühlte, wie das Nichts um ihn herumwaberte, als wäre es auf eine ganz eigenartige, *langsame* Art lebendig. Es blähte sich auf und fiel wieder in sich zusammen. Es atmete. Und da war noch etwas: Wenn man ganz genau lauschte, konnte man es flüstern hören. Das Nichts flüsterte die schrecklichsten Dinge, Worte, die man nicht verstand, die man aber dennoch zu kennen glaubte. Worte, die ferne, sehr ferne Erinnerungen wachriefen, denn in seinen Träumen hatte man es oft gehört, dieses Flüstern des Nichts, nur um es noch vor dem Aufwachen gleich wieder zu vergessen. Vorsichtshalber.

Damals, nachdem er seinen ersten Gruselfilm gesehen hatte, war etwas in Max zurückgeblieben. So eine Art feines Kribbeln, ähnlich dem, das man in der Nase hat, bevor man niesen muss. Angenehm unangenehm. Es war dieses Gefühl, das ihn nur wenige Nächte später den nächsten Gruselfilm hatte anschauen lassen, dann noch einen und noch einen. Es war dieses Gefühl, das ihn jetzt nach Nimmerland rief. Max zwang sich, einen unsichtbaren Fuß vor den anderen zu setzen. Alles war besser als das ihn umschließende Nichts.

Sekunden später konnte er seine Hände wieder sehen, seine Beine, die Füße. Die Welt hatte ihn wieder, aber es war eine fremde Welt. So weit das Auge reichte, sah er nichts als grobkörnigen grauen Sand. Keine Bäume, keine Palmen, nur in weiter Ferne ein paar niedrige Hügel. Ansonsten Sand zu allen Seiten und am weiß gebackenen Himmel eine erbarmungslose Sonne. Max drehte sich um – dasselbe Elend. Wo eben noch nichts und Nebel gewesen waren, erstreckte sich jetzt diese endlose graue Wüste. Und nirgends ein Ausgang aus Nimmerland.

»Toll gemacht, du Idiot«, flüsterte er. »Wenn Jan das hört, lässt er dich in die Klapsmühle einliefern, weil du so blöd warst!«

Tief in seinem Kopf flüsterte Jans Stimme zurück: *Dann sieh wenigstens zu, wie du aus dieser Wüste wieder rauskommst, bevor die Sonne dich ausgetrocknet hat. Schlaff hier nicht ab, sondern komm in die Gänge!*

Max hakte die Finger unter die Gurte seines Rucksacks und ging los. Ein Schritt, zehn Schritte, hundert Schritte. Den entfernten Hügeln entgegen. Zweihundert Schritte, dreihundert. Unter der unbarmherzigen Sonne. Eintausend Schritte, zweitausend. Durch den rieselnden Sand.

Irgendwann zählte er nicht mehr mit. Irgendwann sah er auf seine Armbanduhr: stehen geblieben. Irgendwann hörte er den knirschenden Gleichklang seiner schleppenden Schritte nicht mehr. Und irgendwann, als er gerade über-

legte, ob er sich heulend auf den Boden werfen und der glut-
roten Sonne überlassen sollte, stieß er auf einen Bach. Es
war ein schwachbrüstiges kleines Rinnsal, aber es war besser
als nichts.

»Danke, Jan«, sagte er leise.

Er ging weiter, dem Wasser folgend. Eine gute Viertelstunde später vereinte sich die nassgraue Schlange mit
einem weiteren Rinnsal. Dann mit einem nächsten. Schon
bald war der Bach so breit geworden, dass an ein Überque-
ren mit einem Sprung nicht mehr zu denken war. Aber wozu
auch? Die Landschaft auf der anderen Seite glich wie ein
Spiegelbild derjenigen auf dieser Seite. Sandiges Ödland.
Unfruchtbar, trotz des vielen Wassers. Dieses köstlich da-
hinplätschernden, murmelnden Wassers.

Max blieb stehen, wischte sich den Schweiß von der Stirn
und überlegte. Man stiefelte nicht durch eine wildfremde
Gegend und trank dort das erstbeste Wasser. Es konnte
vergiftet sein, womöglich war es Säure. Früher oder später
würde ihm jedoch, wenn er nicht verdursten wollte, kaum
etwas anderes übrig bleiben, richtig? Und wenn er sich nur
die Lippen benetzte? Ein winziger Tropfen konnte sicher
nicht schaden.

Im nächsten Moment hatte er sich gebückt und tauchte
einen Finger in den Bach. Das Wasser war außergewöhnlich
warm, als entspränge es einer heißen Quelle. Er zog den Finger zurück und leckte daran. Sein Mund spuckte die Brühe
fast von allein wieder aus. Salzig. Klebrig. Kein Wunder, dass
rundum nichts grünte oder blühte.

Aber es gab Pflanzen. Auf die erste stieß er etwa eine

Stunde später, als endlich diese verdammte Sonne unterzugehen begann, und er hätte das seltsame Gewächs sofort näher betrachtet, wenn nicht zwei andere Dinge seine Aufmerksamkeit auf sich gezogen hätten. Zum einen mündete der inzwischen zu einem waschechten Fluss angewachsene Bach in einen gewaltigen See. Zum anderen erblickte er, nachdem er einen niedrigen Hügel umrundet hatte, am Ufer des Sees eine große, hagere Gestalt. Kaum fünfzig Meter von ihm entfernt, starrte sie unbewegt auf das spiegelblanke graue Wasser.

Max atmete tief durch und setzte sich in Bewegung. Es hatte keinen Zweck, vor einem Unbekannten davonzulaufen, wenn rundum nur diese bescheuerte Wüste war und man gewaltigen Durst hatte.

Der Mann trug einen bodenlangen braunen Mantel und eine weite, tief in die Stirn fallende Kapuze. Er wandte sich Max zu, als er näher kam. Sein Gesicht war alt. Alt und merkwürdig, dachte Max beunruhigt. Es hatte den Ausdruck einer Schaufensterpuppe, abwartend und gleichzeitig uninteressiert.

»Wie bist du hierher gekommen?«, sagte der Mann. Seine Stimme war so trocken wie der Sand zu seinen Füßen, ein raues Raspeln, als hätte er sie seit Jahren nicht benutzt.

»Ehm … Mit der U-Bahn«, sagte Max.

»Ah!«, machte der Mann. »Zweite rechts und dann bis morgen, nicht wahr?«

Was auch immer, dachte Max. Erst der Einarmige, dann die alte Marlene. Tanita war auch nicht ohne gewesen, und jetzt stand dieser Kapuzentyp vor ihm, dessen Worte gegeneinander rieben wie Schmirgelpapier. Er zeigte auf den See.

»Das Wasser ist salzig. Aber wir sind nicht am Meer, oder?«

Der Mann schüttelte den Kopf.

»Und … außerdem ist es klebrig. Ein ganz kleines bisschen.«

»Es sind Tränen«, sagte der Mann. »Das hier ist das *Mare Lacrimarum*. Der Tränensee.«

»Echt?«

Zwei schwarze Augen klappten bestätigend zu und wieder auf.

»Du kannst dir welche mitnehmen. Ich werde dir ein Fläschchen abfüllen.«

Das Puppengesicht des Mannes war immer noch völlig unbewegt, aber in seiner ausgedorrten Stimme hatte etwas mitgeschwungen, das Max ganz und gar nicht gefiel. Es klang beinahe so, als begeisterte diesen Kerl die Vorstellung, ein Fläschchen mit Tränen abzufüllen und es ihm zu schenken.

Der Mann schwieg. Max starrte auf das Wasser. Es konnte sonst wie tief sein. Sehr, *sehr* tief, vermutete er. Er nahm die Pflanzen in Augenschein, von denen es hier eine ganze Menge gab, meist struppige graue Blumen, die entlang des Ufers blühten. Aber es gab auch Hecken mit Zweigen voller fingerlanger Dornen, die ineinander verschlungen waren wie unglückliche, sich verletzende Liebende. Und es gab Disteln, von denen einige sich vornüberbeugten und ihre Köpfe tief ins Wasser senkten. Als wüchsen sie absichtlich in die falsche Richtung, um daraus trinken zu können.

»Ich will so ein Fläschchen nicht«, sagte Max endlich. »Ich heule nie.«

»Doch, das tust du«, sagte der Mann. »Du und viele andere. Wäre es anders, dann wäre der See nicht so voll.«

»Ich träume das alles, nicht wahr?«, sagte Max und dachte dabei: *Kann man Durst träumen?* Mein Gott, er hatte solchen Durst.

»Nicht wirklich«, sagte der Mann. »Und wenn es ein Traum wäre: Gibt es nicht schlimmere? Bleib eine Weile hier, dann wirst du lernen, die graue Schönheit des Sees zu lieben. Und was hier vor dir liegt, ist erst der Anfang. Du hast das Eis noch nicht gesehen. Ah, das Eis!«

Er sah Max aus leuchtenden Augen an und streckte einen Arm aus. Weit, weit entfernt glaubte Max eine dem Himmel dunkel entgegenwachsende Masse im abendlichen Zwielicht zu erkennen. »Willst du es sehen«, sagte der Mann, »das gleißende Eis von Nimmerland?«

Max schüttelte sehr langsam den Kopf.

»Es ist wunderschön. Du findest es, wenn du lang genug am See entlanggehst. Es türmt sich auf, es schiebt sich zu Gletschern zusammen. Es ist …«

»… gefrorene Wut«, hörte Max sich leise sagen.

Der Mann betrachtete ihn von der Seite, mit etwas wie Stolz in seinem Blick. Er griff in die Tasche seines Mantels. »Du lernst schnell, Junge. Hier, schau. Ein Stück davon trage ich immer bei mir.«

Max trat instinktiv einen Schritt zurück. Das Bruchstück in der Hand des Mannes war so groß wie ein Hühnerei. Auf den ersten Blick sah es aus wie ganz normales gefrorenes Wasser. Doch wenn man genauer hinsah …

»Was sind das für rote Fäden darin?«

Die Fäden sahen aus wie dünne, glühende Würmer. Sie waren kaum einen Zentimeter lang und tanzten in ihrem Gefängnis aus Eis wie in klarem Wasser.

»Was glaubst du, was sie sind?«, sagte der Mann. »Woran erinnern sie dich?«

Um unangenehmen Fragen auszuweichen, das hatte Max früh gelernt, war es schlau, wenn man eine Gegenfrage stellte.

»Wohnen … Sind Sie schon lange in Nimmerland?«

Der Mann nickte. »Früher haben viele Jungen hier gewohnt. Wir hatten einen Anführer. Es sah so aus, als wollte er für alle Zeiten bei uns bleiben. Er lebte lange hier, einhundert Jahre, zweihundert, wer kann das sagen. Und er wurde dabei keinen Tag älter.«

»Klar«, sagte Max. Er blickte sich um. Kein Brunnen, keine Quelle, nirgends ein Kasten mit Mineralwasser. Es gab nur den See. Wahrscheinlich hatte der Mann von dem Salzwasser getrunken. Man wurde wahnsinnig, wenn man Salzwasser trank, das konnte man in jedem Buch über Schiffbrüchige lesen. Allerdings war sein eigener Durst inzwischen so gewaltig, dass es ihm bald egal war, ob er wahnsinnig wurde oder nicht.

»Und ich sage dir, er hatte nichts als Unfug im Kopf, unser Anführer«, sprach der Mann weiter. »Damals war das Land noch schön. Wir konnten tun und lassen, was wir wollten. Wir hatten Jahreszeiten, wir hatten süßes Wasser. Ah, und wir hatten ein Schiff! Ein großartiges Schiff, nachdem der Käpt'n –«

»Wir?«

»Wir anderen. Jungen wie du.«

»Was ist aus dem Anführer geworden?«

»Er ist verschwunden. Keiner weiß, wohin. Ich glaube, er hatte sich in eine Engländerin verliebt und wollte sie heiraten.«

»Und hat er?«

»Was?«

»Sie geheiratet.«

Der Mann blickte wieder über den dunklen See und schwieg. Auf seiner Stirn stand eine kleine Zornesfalte. Nach einer Weile murmelte er: »Er hat uns allein gelassen. Hat uns vergessen. Aber vergessen waren wir ohnehin, sonst wären wir nie hierher gekommen.«

»Und all die anderen vergessenen Jungen?«

»Gegangen. Mit der Zeit sind sie alle gegangen.«

Max horchte auf. Irgendwo gab es also einen Weg, der aus diesem Refugium hinausführte. »Sie hätten doch auch gehen können«, sagte er vorsichtig. »Oder nicht?«

»Oh, ich … nein, ich blieb hier. Ich hätte gehen können, da hast du wohl Recht. Aber …«

Aber er hatte sich schon vor langer Zeit in den See verliebt. Ins *Mare Lacrimarum*. Und in das gleißende Eis von Nimmerland.

»Bleib bei mir«, sagte der Mann ruhig. »Setz dich mit mir an den See, schau auf sein Wasser. Suche darin nach deinem Spiegelbild.«

Etwas in Max sehnte sich danach, genau das zu tun. Dieses Etwas wusste, dass er mehr im Wasser des Sees erblicken würde als sein eigenes Spiegelbild. Er würde alles darin se-

hen, was er sich je gewünscht hatte. Seine Eltern darin sehen, irgendwo dort unten, am Grund des *Mare Lacrimarum*.
Und er wusste, dass er seine Lungen niemals mit genug Luft
füllen konnte, um so tief zu tauchen, und dass er es trotzdem versuchen würde, immer wieder, bis ans Ende seines
Lebens. Seines traurigen, gleichgültigen Lebens.

Etwas löste sich aus seinem linken Auge.

Es kullerte seine Wange hinab.

Die Träne fiel in den See.

Ahhhh … ahhhh …

In das düstere Wasser kam Bewegung. Kleine, kräuselnde
Wellen jagten darüber hinweg. Ein bedrohliches Knacken
und Knirschen ertönte, als ob das entfernte Eis von Nimmerland sein Gewicht verlagerte. *Er hat Durst*, dachte Max.
Ein durstiger See. Er wird mich austrinken.

»Ich will nicht«, sagte er schwach.

»Warum nicht?«, flüsterte der Mann. »Hörst du nicht,
wie der See zu dir spricht? Bleib bei mir. Setz dich zu mir.
Gleich ist es dunkel. Es wird schnell dunkel in Nimmerland.
Sehr schnell. Sehr dunkel.«

»Ich möchte … lieber … gehen.«

Jedes Wort kostete ihn große Überwindung.

»Bleib bei mir.« Die Stimme des Mannes wurde lauter,
drängender. Die Sonne versank – zu schnell, viel zu schnell –
hinter dem Horizont. Plötzlich tanzte Gold auf den Wellen.

»Wo ist der Ausgang?«

»Weine mit mir.«

»Nein.«

»Gib dem See deine Tränen.«

»Ich will nicht!«

»Aber du MUSST!«

Mit einer blitzschnellen Handbewegung riss der Mann sich die Kapuze vom Kopf und entblößte einen kahlen Schädel. Sein Gesicht war zu einer hasserfüllten Fratze verzerrt. Der Mund darin öffnete sich und entließ ein zorniges Brüllen, so laut, dass es die Wüste zum Erbeben brachte.

»DU WAGST ES, DEM WÄCHTER ÜBER DEN SEE EINEN WUNSCH ABZUSCHLAGEN?«

Max schrie auf. Aus dem Schädel wuchsen hunderte dünner, zischelnder Schlangen. Einige von ihnen waren gelb, andere schwarz. Sie zuckten, wie von einem bösartigen Sturm gepeitscht. Nadelspitze Eckzähne glänzten. Ein letzter Lichtstreif schoss über das gereizte Wasser des Sees. Binnen Sekunden waren aus den Wellen große Wogen geworden. Weißer Schaum säumte ihre Kronen, Gischt spritzte auf. Ihre ersten Ausläufer rasten auf das Ufer zu.

Die Sonne erlosch.

Dunkelheit fiel über Nimmerland wie ein schwarzes Tuch.

Max wirbelte herum und begann zu rennen.

»KOMM ZURÜCK!«

Nur fort, nur fort von hier! Nur den See hinter sich lassen, den schrecklichen Mann, diesen vergessenen alten Jungen, seine fürchterliche Stimme.

»ICH BEFEHLE ES DIR!«

Verfolgte ihn der Mann, schüttelte er den Kopf, ließ er es Schlangen regnen? Max hatte keine Waffe, mit der er sich verteidigen konnte. Er stürmte durch die Dunkelheit, seine Hände durchsuchten fieberhaft die Hosentaschen, fanden aber nur das goldene Ticket. Er zog es hervor. Im nächsten Moment kam er aus dem Tritt, stolperte und schlug der Länge nach auf den Boden. Sand drang zwischen seine Zähne, er schmeckte Salz. Der Papierstreifen zwischen seinen Fingern glühte strahlend auf. Eben noch hatte Dunkelheit geherrscht, jetzt brannte das Ticket ein Loch in die Nacht. Blendende Helligkeit ließ – *o Gott, wenn sie in den See tropften!* – Tränen in seine Augen schießen.

Max spuckte den Sand aus und begann zu schreien. Er wälzte sich auf die Seite, sprang auf und rannte, das glühende Ticket in der Hand, blindlings weiter, so schnell seine Beine ihn tragen konnten.

Bei unserem zweiten Treffen besuchte Max mich zu Hause. Er hatte kaum die Wohnung betreten, da fiel er auch schon über Nana her. Er schlang ihr die Arme um den alten Körper, rubbelte das Fell, zog ihre Lefzen rauf und klappte sie wieder runter, kraulte sie hinter den Ohren. Die Ärmste wusste gar nicht, wie ihr geschah.

»Die ist toll!«, rief Max.

»Hör auf, ihr an den Ohren rumzureißen. Sie kann das nicht leiden.«

Nana leckte ihm über die Hand.

»Siehst du, sie mag es doch.«

Der Köter fliegt raus, nahm ich mir vor. *Zurück ins Tierheim, wo er hergekommen ist.*

Als Nächstes inspizierte Max meine Wohnung. Ich hatte

schon damit gerechnet, dass er eine Art Hausdurchsuchung vornehmen würde. Kinder stecken ihre neugierigen Nasen einfach in alles, besonders dann, wenn es sie nichts angeht. Im Büro zeigte er auf meinen Computer.

»An dem schreibst du deine Bücher?«

»Ja.«

Er marschierte in Richtung Schlafzimmertür. »Und was ist dadrin?«

»Die letzten Gören, die so neugierig waren wie du. Unter dem Bett, in kleine Stücke geschnitten, damit sie besser in die Gefriertruhe passen. Hab sie nur noch nicht eingeräumt.«

»Cool.«

»Jep. Minus zwanzig Grad.«

»Ha, ha, bist du witzig.«

Ich lotste ihn zurück ins Wohnzimmer. »Hör mal«, sagte ich, »inzwischen war ich drei Mal auf dem Marheinekeplatz, um nach Marlene Ausschau zu halten. Da war aber keine alte Frau, auf die deine Beschreibung passt.«

Max tat so, als hätte er meinen Einwand überhört. Er zeigte auf ein Foto, das eingerahmt auf der großen Südfensterbank stand. »Hey, wer ist das denn?«

»Das ist die Frau, die ich geliebt habe.«

»Echt? Und sie, hat sie dich auch geliebt?«

»Wie die Nacht den Tag und der Tag die Nacht.«

Er nahm den Bilderrahmen in die Hände und studierte das Foto. »Das sieht aber ziemlich alt aus. Und schwarzweiß … Hast du keins in Farbe?«

»Das ist mein Lieblingsbild von ihr. Pass ein bisschen auf, dass es nicht aus dem Rahmen rutscht, der ist wackelig.«

»Sie ist hübsch, weißt du«, sagte Max.

»Ja. Die schönste Frau der Welt.«

»Wie heißt sie denn? Und warum hat sie so komische Klamotten an? Wart ihr auf einem Kostümfest, als das Bild gemacht wurde, oder was?«

»Du nervst, Max.«

Ich nahm ihm das Foto weg und stellte es behutsam zurück auf die Fensterbank. Max ließ nicht locker.

»Sag doch mal. Wenn ihr euch so geliebt habt, warum habt ihr dann nicht geheiratet?«

»Du kommst gleich in die Gefriertruhe, und zwar am Stück! Jetzt pflanz dich endlich auf deinen hopsigen Hintern und erzähl weiter.«

»Pfff.«

Ich setzte mich auf das Sofa. Max nahm mir gegenüber in einem tiefen Sessel Platz. Nana rappelte sich auf und schleppte sich die paar Schritte bis zu ihm. Vor seinen Füßen klappte sie schachmatt in sich zusammen.

»Wo waren wir stehen geblieben?«, sagte Max.

»Bei deiner Flucht aus Nimmerland.«

Er hatte mich schnöde im Café am Neuen See sitzen lassen. Er müsse jetzt gehen, hatte er gesagt, wir könnten uns woanders treffen, um weiterzureden. Ich hatte meine Wohnung vorgeschlagen. Das war zwei Tage her. Ich brannte vor Neugier.

»Genau«, sagte er. »Nimmerland.«

»Du bist also von dort entkommen.«

»Sonst wäre ich nicht hier, oder?«

»Wie hast du den Ausgang gefunden?«

Er zuckte die Achseln. »Gar nicht. Ich bin einfach durch diese Helligkeit gelaufen und plötzlich, zack, war ich draußen.«

»Und wo war das, dieses Draußen?«

»Wedding.«

»Im Wedding!« Ich zog die Augenbrauen hoch, einigermaßen überrascht. »Grundgütiger, das liegt Kilometer entfernt von dort, wo du mit der U-Bahn losgefahren warst.«

»Und? Ich bin ja auch Kilometer durch diese ätzende Wüste marschiert, bis ich an dem blöden Salzsee war.«

Noch so eine altkluge Bemerkung, beschloss ich, und er flog gemeinsam mit Nana raus. Mit etwas Glück nahmen sie ihn und diese untreue Töle zusammen im Tierheim an und steckten ihn in den Käfig mit den ausgemusterten Kampfhunden. Vor einigen Jahren kannte ich einen Mann, sein Name war Morgenrot, der als Kinderschreck arbeitete und widerspenstigen kleinen Gören genau das – und Schlimmeres – androhte, damit sie parieren lernten. Sehr sympathisch, dieser Herr. Seine Auftraggeber waren genervte Eltern, Lehrer, Vermieter und dergleichen. Leider setzte er sich irgendwann zur Ruhe, danach verloren wir den Kontakt.

»Gibt's was zu trinken?«, sagte Max.

»Erst wenn du weitererzählt hast.«

»Du wärst ein prima Gefängniswärter geworden, weißt du.«

»Die ganze Welt ist ein Gefängnis. Nun leg schon los.«

»Nur wenn ich was zu trinken bekomme.«

»Nana? Fass!«

HERZFINSTER

Die Helligkeit zerplatzte wie eine Seifenblase. Das wütende Tosen des *Mare Lacrimarum* verebbte. Häuserfassaden, Bäume, bunte Schaufenster und ein Brunnen; Verkehrslärm, das Hupen von Autos, Fahrradklingeln und das Lachen von Fußgängern – die Welt setzte sich um Max herum zusammen wie die Teile eines lebendigen, dreidimensionalen Puzzles. *Vorbei,* dachte er, *es ist vorbei.* Er fühlte sich so ausgetrocknet, als ob die gesamte staubgraue Wüste Nimmerlands ihm gefolgt und in den Hals gesprungen wäre. Erschöpft schloss er die Augen.

Als er sie wieder öffnete, stand vor ihm eine Frau. Sie war klein und rund, auf *gemütliche* Weise rund – eine Art wandelnder Kubikmeter. Ihre blonden Haare waren zu einem strubbeligen Pferdeschwanz nach hinten gebunden. Unzählige Lachfältchen umkränzten strahlend blaue Augen. Der Busen der Frau war so enorm groß, dass er im Guinnessbuch der Rekorde erwähnt sein musste – falls er dort reinpasste. Er stellte sogar die gewaltige Oberweite der Kioskbesitzerin aus Neukölln in den Schatten, bei der er früher ab und zu in den Comics gestöbert hatte.

»Alles in Ordnung mit dir, Schätzchen?«

Sie musterte ihn so argwöhnisch und gleichzeitig besorgt, dass man fast annehmen konnte, er wäre direkt vor ihren Augen vom Himmel geplumpst. Über ihre Schultern hinweg sah er einen großen, geöffneten Imbisswagen. Vom Dach aus blinkte ein knallgrünes Neonzeichen ihm zu, wo er sich befand und mit wem er es zu tun hatte:

Die Neonschrift war Teil eines farbenprächtigen, funkelnden Gesamtkunstwerks. An meterlangen Lichterketten blinkten, dicht an dicht, rote und gelbe, grüne und blaue elektrische Kerzen. Max sah flammende Herzen, glühende Zwerge und golden schimmernde Sonnenblumen. Mit seiner irrsinnigen Beleuchtung wirkte der Stand wie ein auf kleinsten Raum gestauchter Rummelplatz. Sobald es dunkel wurde, musste er fantastisch aussehen. Max verbesserte sich: Der Imbisswagen sah schon jetzt absolut fantastisch aus, denn die Beleuchtung strahlte so unmöglich kraftvoll, als *wäre* es bereits Nacht. Die Luft war wie gesättigt mit Farben. Merkwürdig, am helllichten Tag. Na ja, wie auch immer, das hier war jedenfalls die mit Abstand größte Ansammlung von buntem und blendendem Kitsch, die er je gesehen hatte. Er fand sie wundervoll.

»Hey!« Elfie hatte die Hände in die Hüften gestemmt. »Ist jemand zu Hause?«

»Nicht so richtig, glaube ich«, sagte Max. »Wie bin ich hierher gekommen?«

»Zu Fuß, Schätzchen.« Sie zeigte die Straße hinab. »Von dort.«

Max drehte sich um. Trotz seiner Verwirrung wusste er genau, wonach er Ausschau halten musste: Etwa fünfzig Meter entfernt, auf der anderen Straßenseite, stand das blaue Schild, auf dem ein großes, weißes U prangte.

»Nauener Platz«, sagte Elfie. »Du hast ziemlich glasig aus der Wäsche geguckt, als du angestolpert kamst. Ich dachte schon, du klappst mir vor meinem Wagen zusammen. Kannst du dich nicht erinnern?«

»Nicht so richtig.« Das war vermutlich die Untertreibung des Jahrhunderts. Wie war er aus Nimmerland zurück in die U-Bahn gekommen? Wie aus der Station? Nauener Platz … Er war nicht dort gelandet, wo er seine Reise begonnen hatte, sondern Kilometer davon entfernt, im östlichen Wedding. Eine der nächsten Querstraßen, fiel ihm ein, war die Maxstraße. Letztes Jahr, als er sie auf dem Stadtplan entdeckt hatte, war er dorthin gefahren, weil er es witzig gefunden hatte, dass eine Straße und die dazugehörige Bushaltestelle seinen Namen trugen.

»Wie heißt du?«

»Max.«

»Und dein Nachname?«

»Keine Sorge, mein Gedächtnis funktioniert noch«, wich er der Frage aus. Wenn er seinen Nachnamen nannte, würde Elfie womöglich sofort seine Eltern anrufen. »Mir fehlen nur die letzten zwei oder drei Minuten.«

Das unbefangene Lächeln, das er versuchte, wollte ihm nicht recht gelingen. *Und wenn es nicht ein paar Minuten sind,* flüsterte es in ihm, *sondern ein paar Stunden? Ein paar Tage oder Wochen? Monate … Jahre?* Konnte es sein, dass die Zeit in Nimmerland anders verging als in der wirklichen Welt? Er sah auf seine Armbanduhr. Die LED-Anzeige war erloschen. Offenbar in der Wüste verbrutzelt. Er griff in die rechte hintere Hosentasche, zog das goldene Ticket hervor und betrachtete es mit gerunzelter Stirn. Das abgegriffene Papier glänzte nur matt. Irgendwie hatte es ihn bis zum Nauener Platz transportiert.

»Nee jetzt!« Elfies Augen weiteten sich, als sie das Ticket sah. »*So* einer bist du! Meine Güte, ich glaub's nicht! Hätte nie gedacht, dass mal einer von euch bei mir …«

Sie starrte Max an. Ungefähr so, als wäre dieser fremde Junge eines der sieben Weltwunder. Aus ihrem Blick sprachen Respekt und … hm, wie sollte man das nennen? Eine Art zärtliches Wiedererkennen. Sie lächelte. Sie *wusste*.

»Du bist ein Kartenkind«, flüsterte Max.

»Ich war eins. Aber das ist lange her.« Elfies Doppelkinn schlug eine doppelte Welle, als ihr Lächeln sich in ein breites Grinsen verwandelte. »So, und jetzt komm mit, ich mach dir erst mal was zu essen. Fällst mir ja ganz vom Fleisch.«

»Ich hab aber kein Geld.«

»Dummchen, das geht natürlich aufs Haus!« Sie stapfte vor ihm her auf den leuchtenden Wagen zu. »Zum Einstieg gibt es Curry ohne und anschließend eine ordentliche Portion Fritten, rotweiß. Die magst du am liebsten.«

»Woher weißt du das?«

»Weil's mein Beruf ist, den Leuten anzusehen, was sie mögen, Schätzchen. Nun komm.«

Sie verschwand durch die offene Seitentür in ihrem Wagen und tauchte hinter der von Blinklichtern umrahmten Theke wieder auf – wortwörtlich. Erst war nur ihr heller Pferdeschwanz zu sehen, dann schoben Kopf und Oberkörper sich nach oben. Sie musste auf ein Podest geklettert sein, dachte Max. Auf ein Podest für eine kleine dicke Frau. Er trat an die Theke und hob schnuppernd die Nase. Es roch nach Pommes, Krautsalat und Buletten, nach Schaschlik und Kartoffelpuffern, nach Eis und süßen Limonaden. Sein Magen begann sofort zu grummeln.

Es dauerte nur Sekunden, dann standen eine Currywurst und eine Cola vor ihm. »Fritten dauern noch 'nen Moment«, sagte Elfie entschuldigend. »Die mache ich immer frisch.«

Max trank die Cola in einem einzigen Zug aus. Die Flüssigkeit schien direkt von seiner Zunge aufgesaugt zu werden. Dann machte er sich wie ein ausgehungerter Wolf über die Currywurst her. Etwas Köstlicheres war ihm noch nie untergekommen. Es war die Currywurst aller Currywürste, fruchtig und scharf, mit einem kaum spürbaren Hauch von Süße.

Elfie hatte eine Ladung Pommes in die Fritteuse geworfen. Jetzt füllte sie ihm Cola nach, verschränkte die Arme und gab zwei, drei zufriedene kleine Grunzer von sich, während sie ihm beim Essen zusah. Nach einer Weile fragte sie:

»In wie vielen Refugien bist du gewesen?«

»Na, in einem«, antwortete Max mit vollem Mund.

»Ich war damals in vier.« Es klang wie die normalste Sache der Welt. Als wäre sie irgendwo im Urlaub gewesen. »Und der Aufenthalt dort war kein Zuckerschlecken, aber wem erzähl ich das. Also in einem einzigen warst du bisher, hm ...«

»Genau. In Nimmerland.«

Sie winkte ab, mit einer Hand, an deren fleischige kurze Finger höchstens jeweils drei Ringe gepasst hätten. »Die heißen alle anders. Jeder Mensch ist verschieden, jeder geht seinen eigenen Weg. Also hat auch jeder seine eigenen Refugien.«

»Echt?«

»Echt. Nur Tanelorn ist anders. Es ist das einzige Refugium, das man so oft besuchen kann, wie man will. Vorausgesetzt, natürlich, man hat die anderen überstanden. Tanelorn steht allen offen, wie der Himmel. Sind immer jede Menge Kartenkinder dort.« Elfie schnaubte leise. »Ich müsste mal wieder reinschauen. War lange nicht mehr da. Zu viel zu tun hier, die viele Arbeit ...«

Max leckte sich den letzten Rest Currysoße von den Lippen und widmete sich dem zweiten Glas Cola. Tanita war nach Tanelorn unterwegs gewesen. Das war der Name, den sie auf dem Schild im versteckten Bahnhof gelesen hatte, bevor sie sich in Luft auflöste. *Wir gehören in verschiedene Refugien,* hatte sie gesagt. Offensichtlich benutzten zwar alle Kartenkinder dieselben Bahnsteige, wurden aber dort auf unterschiedliche Refugien verteilt, weil ... weil sie auf der Kippe standen. Am Abgrund wandelten. Nimmerland hatte ihm gezeigt, was mit ihm geschehen würde, wenn er sich seiner Traurigkeit ergab.

»Es muss Unmengen von Refugien geben, wenn jedes Kartenkind seine eigenen hat«, wandte er sich an Elfie. »Und die sehen alle verschieden aus?«

Elfies Brüste wogten wie an ihren Halterungen zerrende Fesselballons, als sie mit den Achseln zuckte. »Manche von ihnen sehen einander ähnlich, denke ich, wenn die Kartenkinder sich ähneln – ich traf einen Jungen, damals, in meinem ersten oder zweiten. Hatte wohl dieselben Probleme wie ich am Hacken, das arme Kerlchen.«

»Was für Probleme?«

»Das willst du nicht wissen.«

Max wollte es doch wissen, aber die knappe Antwort war deutlich. *Das willst du nicht wissen,* hieß so viel wie, *darüber will ich nicht sprechen, frag nicht, halt die Klappe.*

Konnten Erwachsene nicht klipp und klar ausdrücken, was sie meinten?

»Nimmerland war schrecklich, weißt du«, überlegte er laut. »Ich verstehe nicht, was daran ein Refugium sein sollte. Es war keine Zuflucht.«

»Auf gewisse Weise war es das sicher doch«, sagte Elfie. »Manche Menschen suchen lieber Zuflucht in ihren Ängsten, als dagegen anzugehen. Sie verschanzen sich bis ans Lebensende hinter ihrer Furcht und ihren Zweifeln.«

Oder sie zogen sich in ihre Traurigkeit zurück, dachte Max. Setzten sich ans Ufer des *Mare Lacrimarum* und guckten sich ihr Spiegelbild an.

»Aber in jeder Angst steckt auch eine große Kraft, die du dir zunutze machen kannst«, fuhr Elfie fort. »Deshalb ...« Sie beugte sich über die Theke zu ihm vor und senkte verschwörerisch die Stimme. »Hast du etwas mitgebracht aus deinem Nimmerland? Ein Herzfinster?«

Max sah sie verblüfft an. »Ein was?«

»Ein Herzfinster. Einen Angstfresser.«

»Nee. Bestimmt nicht.«

»Bist du dir sicher?« Sie richtete sich wieder auf und zeigte auf seinen Rucksack. »Guck mal nach.«

Er zog den Rucksack ab und begann darin herumzuwühlen. Er musste nicht lange suchen. Seine Hände hielten inne. »Das gibt's doch nicht«, flüsterte er. »Wie sind die Sachen da reingekommen?«

Ein faustgroßer Eisklumpen.

Ein silbernes Fläschchen mit einem zierlichen Verschluss.

Und eine blaugraue Taubenfeder.

Er nahm den unregelmäßig geformten Eisklumpen vorsichtig aus dem Rucksack und hielt ihn Elfie entgegen. Er lag funkelnd und kalt in seiner Hand, aber er schmolz nicht, er war nicht einmal feucht. Die darin eingeschlossenen Fäden hingegen, diese schlangenartigen roten Würmer, hatten ihre Lage verändert. Einige von ihnen ballten sich zuckend in einer Ecke zusammen, andere hatten sich aus dem Zentrum bis dicht unter seine Oberfläche bewegt.

Elfie streckte einen Finger danach aus. »He, das sieht aber hübsch aus! So ein schönes Herzfinster hatte ich damals nicht, mein schönstes –« Sie zuckte erschreckt zurück, als sie mit dem Eis in Kontakt kam. »Himmel, das ist ja kochend heiß!«

Max reckte neugierig den Kopf.

»Also nee jetzt! Frittier ich blödes Schaf mich glatt selbst!«
Elfie drehte den Kaltwasserhahn auf und hielt die rechte
Hand darunter. »Hab ganz vergessen, wie gefährlich die Din-
ger für einen Menschen sind, dem sie nicht gehören.«

»Welches war denn dein schönstes Herzfinster?«, sagte
Max. Er starrte den Eisklumpen an. Die roten Fäden zuckten
in einem wilden Tanz darin herum. Brennende Wut, in Eis
verschlossen. Was für eine Wahnsinnswaffe!

»Es war eine grüne Kugel«, beantwortete Elfie über das
Plätschern des Wassers hinweg seine Frage. »Oh, und ich
wusste genau, was sich darin verbarg.«

»Gefrorene Wut«, sagte Max.

»Nein, bei mir war es Angst. Leuchtende Angst. Es war,
als würde ich sie jeden Tag einatmen, diese verdammte
Angst! Nachts hatte ich dann Albträume, in denen ich mit
aller Kraft durch einen wilden Fluss paddelte.« Elfie drehte
den Wasserhahn zu. Sie rieb die nasse Hand an einem blitz-
sauberen Geschirrtuch trocken und pustete gegen ihren verbrannten Finger. »Und jedes Mal bin ich am Schluss ertrun-
ken, weil meine Angst mir keine Luft mehr ließ.«

»Hast du sie noch? Die Kugel?«

»Klar hab ich sie noch.« Elfie grinste. »Was glaubst du
wohl, woher ich hier den Strom für die ganze Beleuchtung
nehme, hm?«

»Aus dem Herzfinster?«

»Genau. Ich sagte dir doch, man kann es sich nutzbar
machen. Dafür ist es nämlich gedacht. Hab's nur ein bisschen zweckentfremdet.«

»Ich hab noch eins«, sagte Max. Er wollte die zierliche

Phiole aus der Hosentasche ziehen, das silberne Fläschchen, das Tränen aus dem *Mare Lacrimarum* enthielt, aber Elfie schüttelte abwehrend den Kopf. Ihr blonder Pferdeschwanz wippte.

»Lass man besser stecken, Schätzchen! Wer weiß, was du sonst damit hier anrichtest. Man kann lustige Sachen mit einem Herzfinster veranstalten, aber eigentlich sollte man es nur in den Refugien benutzen. Wie wäre es jetzt mit einem halben Hähnchen?«

»Gern.«

Die roten Fäden hatten sich wieder beruhigt und ins Zentrum des Eisklumpens zurückgezogen. Max legte ihn behutsam zurück in den Rucksack. Wie sollte er sich dieses Ding nutzbar machen? Wie die Phiole voller Tränen? Und die Taubenfeder, die nur von der alten Marlene stammen konnte und die vielleicht nur zufällig in seinem Rucksack gelandet war, vielleicht aber auch nicht – wofür war die gedacht? Was erwartete ihn in seinem nächsten Refugium? Wollte er überhaupt dorthin?

Ich muss, dachte er. *Ich muss.*

Irgendwie musste er seine Traurigkeit loswerden. Wenn er auf halbem Weg stehen blieb, würde er, ganz gleich, wo er sich aufhielt, den Rest seines Lebens am Ufer des *Mare Lacrimarum* verbringen.

Er schob den Gedanken beiseite. Die Currywurst war nur ein Tropfen auf den heißen Stein gewesen, er hatte immer noch Hunger. Er machte sich über das goldbraune halbe Hähnchen her, das Elfie ihm jetzt auftischte. Es war herrlich knusprig.

»Viel Kundschaft hast du aber hier nicht«, bemerkte er, als er den letzten Knochen abknabberte.

»Wart's ab.« Elfie tippte auf ihre Armbanduhr. »Die Mittagszeit fängt an, ab halb eins komme ich mit der Arbeit kaum noch hinterher.«

»Wie spät ist es denn?«

»Gleich Viertel nach zwölf.«

»Oh.«

Dann hatte er also keine zwei Stunden in Nimmerland verbracht. Vorausgesetzt, es war immer noch Samstag.

»Pommes sind dann auch jetzt fertig«, verkündete Elfie.

»Sag mal, warum bist du eigentlich Imbissfrau geworden?«

»Ob du's glaubst oder nicht, das war schon immer mein größter Traum, seit ich denken kann.« Sie zog den Korb aus der Fritteuse und schüttelte ihn ab. Die dampfenden Pommes landeten in einer Schüssel. »Nicht jeder erfüllt sich die Träume, die er als Kind hatte. Schön blöd, wenn du mich fragst. Das hier ist ein guter Job. Ich sag immer: Was braucht der Mensch? Klamotten, ein Dach über dem Kopf, am Schluss einen gemütlichen Sarg. Und er braucht was zu essen.«

Die Pommes wirbelten durch die Schüssel, Salz und Paprika rieselten. Elfie kippte einen Teil der Ladung in ein Schälchen, quetschte mit routinierten Griffen Ketchup und Mayonnaise aus zwei Flaschen darüber und pikte eine Holzgabel in den Berg. Das Schälchen landete schwungvoll vor Max.

»Kennst du eigentlich den einarmigen Mann?«, sagte er, nachdem er die ersten Fritten zerkaut hatte. »Oder Marlene, die mit den Taubenfedern? Tanita?«

»Nie gehört.« Elfie schüttelte den Kopf. »Aber das heißt nichts. Man sieht immer mal wieder jemanden, der in den Refugien gewesen ist, Alte und Junge. Allerdings bist du der Erste, der an meinem Stand aufgetaucht ist.«

Max schaufelte schweigend Fritten in sich hinein. Dann sagte er: »Wie geht es jetzt weiter?«

»Das hängt ganz von dir ab. Willst du ins nächste Refugium?«

»Mhm.«

»Braver Junge.«

»Gibt es irgendwas, worauf ich dort achten muss? Was mache ich zum Beispiel mit meinen Herzfinstern?«

»Benutze sie weise. Du wirst jedes einzelne von ihnen brauchen. Ich glaube, dein Weg durch die Refugien ist noch lange nicht zu Ende.« Elfie sah ihn eindringlich an, hundert bunte Lichter tanzten in ihren Augen. »Denn wenn er es wäre, hättest du schließlich längst den mechanischen Prinzen getroffen, nicht wahr?«

Ich unterbreche das laufende Programm an dieser Stelle nur ungern, aber es muss sein. Ihr kennt das ja vom Fernsehen. Von den Werbeblöcken zwischen Zeichentrickserien, in denen japanische Kinder ständig aufgeregt herumschreien und mit ihren großen Kulleraugen klimpern.

Hat euch eigentlich schon mal jemand gesagt, dass es im Fernsehen um nichts anderes als ebendiese Werbeblöcke geht? Glaubt ihr mir vielleicht nicht, ist aber so. Hier ist der unwiderlegbare Beweis: Was tut ihr, sobald der Abspann einer solchen Sendung läuft? Geht ihr zu euren Eltern und sagt, liebe Mutter, lieber Vater, soeben habe ich diesen sehr lehrreichen Film gesehen, in dem ein paar kleine Superhelden mit irgendeiner Augenkrankheit sich mehrfach krankenhausreif geprügelt haben? Nein, ihr *rennt* zu euren Eltern und ihr *schreit:* Hey, Mama, Papa, es gibt da dieses tolle Plastikpferd, das Haufen in drei verschiedenen Geschmacksrichtungen kackt, wenn ich es am Schwanz ziehe! Und es gibt dieses grüne Glibberzeugs, das ich mir in den Mund stecken und durch die Nase wieder rausziehen kann, völlig ungefährlich! Und es gibt ein neues Sammelalbum mit Fußballstars, von denen mir und meinen Freunden das Bildchen mit der Nummer 103 garantiert für immer fehlen wird, damit wir ständig wie blöde neue Tütchen kaufen, aber das ist mir egal, ich will die Sachen trotzdem haben, und zwar *alle,* und das nicht erst zum Geburtstag oder zu Weihnachten, *sondern – jetzt –* GLEICH!

Und eure dummen Eltern ziehen los und kaufen euch das Zeugs, damit sie sich abends in aller Ruhe *ihre* Werbung im Fernsehen angucken können. Während ihr zu Tode gelangweilt in eurem Zimmer hockt, Pferdeäpfel mit Zitronengeschmack kaut und euch grüner Plastikschlamm aus der Nase auf ein Sammelalbum tropft, das spätestens in einer Woche im Altpapier landet, weil das Bildchen Nummer 103 immer noch fehlt.

Hab ich Recht?

Na bitte.

So, wo war ich?

Richtig, die Unterbrechung. Die lässt sich deshalb nicht vermeiden, weil dringend etwas über Max und Schlägereien gesagt werden muss, bevor die Geschichte weitergehen kann. Also: Max hasste Schlägereien. Ihm wurde übel, wenn er sah, wie andere Jungen sich im Dreck wälzten, um so lange erbittert aufeinander einzudreschen, bis ihre Nasen bluteten. Es machte die Sache nicht besser, dass dieselben Jungen sich eine Minute später lachend auf die Schultern klopften, als wäre nichts gewesen. Als wären sie zwei Sieger, die irgendein großartiges Ritual hinter sich gebracht hatten. Noch schlimmer waren die Schlägereien mit nur *einem* Sieger, der triumphierend abzog, während der Verlierer gedemütigt am Boden lag, am besten noch heulend.

Warum schlugen die sich?

Warum taten sie anderen weh?

Und die Frage aller Fragen: Warum schlugen sie *ihn?*

Denn das taten sie. Max war das geborene Opfer. Manchmal guckte er in den Spiegel, nur um zu überprüfen, ob nicht zufällig fünf Neonbuchstaben auf seiner Stirn leuchteten, ähnlich wie die Beschriftung auf Elfies Imbisswagen, die genau dieses Wort ergaben: OPFER. Es gab Tage – seltene Tage, aber sie existierten –, an denen er die Schrift auf seiner Stirn so deutlich spürte, dass er sich vor Angst kaum aus dem Haus wagte. Ging er doch, war die Außenwelt wie in dicken Nebel gehüllt, dann führte jeder seiner Schritte wie über einen schmalen, schlecht ausgeleuchteten Pfad, den er um keinen Preis verlassen durfte, weil links und rechts davon trügerischer Boden ihn zu verschlucken drohte. Er war schon mehrfach in der Schule verprügelt worden, meistens von Jungen, die er nicht einmal kannte, zweimal von Klassenkameraden, und nie war es ihm gelungen, sich zur Wehr zu setzen. Wie gelähmt hatte er alles über sich ergehen lassen, die Hände vors Gesicht gepresst. Hatte die Schläge eingesteckt, die fiesen Tritte in die Seite, und gewartet, bis es vorbei war. Hatte sich verspotten lassen, weil er nicht anders konnte als zu weinen. Hatte sich gewünscht, oh, nichts sehnlicher auf der Welt, sein Vater würde ihn am nächsten Tag in die Schule begleiten und mit den Schlägertypen abrechnen. Aber seinem Vater war er egal. Was den einzigen Vorteil hatte, dass *der* nicht auch noch auf ihn eindrosch – wer schlägt schon etwas, das ihm egal ist? Irgendwo tief in Max schlummerte die Vermutung, dass er sich wehren könnte, ja, dass sogar die verräterischen Neonbuchstaben auf seiner Stirn erlöschen würden, wenn er bloß nicht so schrecklich egal wäre. Wobei das Problem, natürlich, in ebendiesen Worten lag: *tief* und *schlummern*. Denn wer sollte Max wecken? Manchmal dachte er, er könne es selber tun, wenn er nur laut genug schrie. Um sich selbst davon zu überzeugen, dass er auf der Welt war. Dass sein Dasein eine Bedeutung hatte. Dass es nicht egal war, sondern einen Unterschied machte im Lauf der Dinge.

Schön und gut, höre ich euch genervt sagen, inzwischen haben wir verstanden, dass Max eine arme kleine Wurst ist, aber was hat das alles mit der Geschichte zu tun? Das, meine Lieben, ist wieder mal eine dieser Leserfragen, die von einem beschämenden Mangel an Vertrauen in den Autor sprechen. Die Antwort lautet: Es hat natürlich jede Menge mit der Geschichte zu tun. Es war nämlich so, dass Max normalerweise

Ärger auf hundert Meter witterte. Als hätten seine üblen Erfahrungen ihn mit unsichtbaren Antennen ausgerüstet, die äußerst empfindlich auf jede Feindannäherung reagierten. Doch als Elfie aus heiterem Himmel den mechanischen Prinzen erwähnte, überraschte ihn das dermaßen, dass seine Antennen kurzfristig versagten. Und bis Max sich von seiner Überraschung erholt hatte, waren die zwei Jungen, die ihm gleich gewaltigen Ärger bereiten würden, nur noch zwanzig Meter von dem leuchtenden Imbisswagen entfernt.

»Der mechanische Prinz!« Eine Fritte fiel Max aus dem Mund und plumpste in die Mayonnaise. »Den gibt es also wirklich? Du hast ihn gesehen?«

Elfie senkte die Stimme und sah ihn ernst an. »Natürlich habe ich ihn gesehen. Und ich habe ihn nie vergessen, Max, niemals! Sein strenges, bleiches Gesicht. Die rabenschwarzen Augen. Seine unmögliche Rüstung. Und seine fürchterlichen Handschuhe.«

»Wahnsinn«, flüsterte Max. »Der Einarmige hat mich vor ihm gewarnt, weißt du! Tanita auch. Sie haben beide gesagt, dass ich mich vor dem mechanischen Prinzen hüten soll.«

»Wenn du schlau bist, nimmst du ihre Warnung ernst. Der Prinz ist verschlagen. Er versteckt die Wahrheit gern hinter Doppeldeutigkeiten. Er ist der Herrscher über alle Refugien, kein Kartenkind kommt an ihm vorbei. Keines.«

Max sah Elfie gespannt an. In ihre Augen war ein ferner, nachdenklicher Ausdruck getreten, als sehe sie noch einmal das kleine, dicke Mädchen, das vor langer Zeit ausgezogen war, um gegen seine Angst anzutreten. Sie sprach leise weiter.

»Es wird schwierig genug werden, ihn zu finden. Er wartet auf dich, in einem deiner Refugien, *zwischen* zwei Refugien, wer weiß. Aber das ist erst der Anfang. Denn wenn du ihn gefunden hast, wird er dich einer Prüfung unterziehen, vielleicht auch mehreren. Und wenn du die nicht bestehst …«

»Ja?«

Einen bangen Moment lang befürchtete er, die nächsten Worte würden lauten: *Dann reißt er dir den rechten Arm ab.*

»Dann geht dein Leben weiter wie zuvor.« Elfie hatte ihre Erinnerungen abgeschüttelt und sah ihn wieder an. »Und du hast kein gutes Leben, Max, sonst hättest du kein goldenes Ticket bekommen.«

Flackerte ihr Blick ein wenig? Verschwieg sie ihm etwas? Max senkte den Kopf. Sie hatte Recht, sein Leben war nicht gut. Aber das ließ sich mit einem kleinen Streifzug durch die nächsten Refugien möglicherweise ändern. Schließlich hatte Elfie es auch irgendwann geschafft.

»Max.« Er spürte, wie sie eine Hand auf seine legte. Sie war warm und tröstlich, diese Hand, und für einen Moment wünschte er sich, sie würde ihn nie wieder loslassen. »Wenn es ganz schlimm wird oder du irgendwann nicht mehr weiterweißt, dann denk an etwas Schönes. Verstehst du mich? Denk an das Schönste, was du je erlebt hast, an einen Moment, in dem du glücklich warst.«

Das, dachte Max, *könnte schwierig werden*. Aber er nickte. Ihm lagen tausend Fragen auf der Zunge, zum Beispiel die, wo und wie er den mechanischen Prinzen finden sollte. Aber jetzt näherte sich Kundschaft dem Imbiss.

Elfie ließ seine Hand los, und für einen Moment hatte er das Gefühl, ein Teil ihrer tröstlichen Wärme bliebe zurück, krieche in ihn hinein, bringe sein Herz zum Leuchten … Dann zwinkerte sie ihm kurz zu, bewegte unhörbar die Lippen – *Mittagszeit* – und begann Bestellungen entgegenzunehmen. Sekunden später bereitete sie die ersten Essen zu, schenkte Getränke aus, lachte unentwegt und hatte für jeden Gast ein freundliches Wort übrig. Max schnappte sich die Schale mit den restlichen Pommes und die Cola, um nicht im Weg zu stehen. Er schlenderte gemächlich über den Gehsteig, ließ den Imbisswagen hinter sich und sah sich gerade suchend nach einem Plätzchen um, wo er in Ruhe weiteressen konnte, als er die beiden Jungen bemerkte.

Der Appetit verging ihm auf der Stelle. Die Jungen waren älter als er selbst, etwa dreizehn oder vierzehn, schätzte er. Ihre Gesichter gefielen ihm überhaupt nicht. Auch nicht, wie sie sich bewegten, mit diesem leicht wippenden Hin und Her beim Laufen, den nach vorn gezogenen Schultern. Das roch nach Stunk. Verdammt, wo waren die hergekommen? Beide hatten ovale, am Kinn spitz zulaufende Gesichter, beide guckten sie ein bisschen tückisch. Einer hatte rötliche Haare, der andere braune. Ihm fielen sofort zwei Namen ein, passende Namen für solche Gesichter: Fuchs und Luchs. Sie spazierten schnurstracks auf ihn zu. Er spürte förmlich, wie unter ihren Blicken die unsichtbaren Buchstaben auf seiner Stirn zu flackern begannen. An Weglaufen war nicht zu denken. Seine Füße waren wie in Beton gegossen.

Dann standen sie vor ihm.

Ihr Grinsen war wie die Unterschrift unter ein Todesurteil.

»Na, schmeckt's?«, sagte der dunkelhaarige Luchs.

Er stank aus dem Mund. Nach Zigarettenrauch. Dieser Junge war höchstens vierzehn Jahre alt, aber er rauchte schon. Es gab also, dachte Max, eine berechtigte Chance, dass er irgendwann an Lungenkrebs oder Herzversagen sterben würde. Allerdings nicht in den nächsten, entscheidenden fünf Minuten.

»Hast du was an den Ohren?«, schaltete der rothaarige Fuchs sich ein. Seine Stimme war so rau wie ein kratziger Pullover. »Mein Kumpel hat dich gefragt, ob's schmeckt.«

Max presste die Lippen aufeinander. Besser, man gab solchen Typen keine Antwort. Was er auch sagte, es würde das Falsche sein und die Sache nur schlimmer machen.

»Lass mal probieren«, sagte der Luchs.

Er griff in das Schälchen, nahm eine Pommes zwischen die Finger, tunkte sie in die Mayonnaise. Hielt sich die Pommes unter die Nase, roch daran. Verzog das Gesicht, gab einen kehligen Würgelaut von sich. Zog die Pommes Max langsam über die linke Wange. »Solltest dich öfters schminken, Schwuli«, sagte er grinsend. »Weiß steht dir. Bist sowieso kein richtiger Junge, hab ich Recht? Bist ein Mädchen.«

»Ich glaube, Rot steht ihr besser«, sagte der Fuchs. Er nahm die nächste Fritte, tunkte sie in das Ketchup und rührte ein bisschen darin herum.

»Lass das«, hörte Max sich sagen.

»Hast du was gesagt, Schneeweißchen?«

Er spürte, wie ihm das warme Ketchup auf die rechte Wange gemalt wurde. Er sah Hilfe suchend zum Imbisswagen. Elfie hatte beide Hände voll zu tun. Ausgerechnet jetzt. Von den Erwachsenen am Stand schien keiner zu bemerken, was hier vor sich ging. Doch, ein Mann sah es. Sah es und schaute sofort wieder weg.

Der Fuchs ließ die rote Pommes zu Boden fallen, zertrat sie genüsslich unter seinem Turnschuh und wandte sich an den Luchs. »Kennst du den Zwerg?«

»Nee.« Der Luchs schüttelte den Kopf. »Und dabei kenn ich doch jeden hier im Kiez.« Sein Zeigefinger stach Max bei jedem der nächsten Worte in die Brust. »Jeden. Kleinen. Schwuli. Ein beschissener kleiner Frittenfresser wie du hat hier nichts verloren!«

»Außer natürlich«, sagte der Fuchs, »er hat unsere ausdrückliche Erlaubnis.«

»Die er aber nicht hat«, sagte der Luchs.

»Absolut nicht.«

»Dumm gelaufen.«

»*Sehr* dumm gelaufen.«

»Ich kann ja gehen«, sagte Max schwach.

Unglaublich, dass es ihm überhaupt gelungen war, ein paar Worte von sich zu geben. Etwas saß in seinem Hals fest und lähmte seine Stimmbänder. Es lähmte seine Atmung. Und was noch schlimmer war: Es trieb ihm die Tränen in die Augen.

»*Ich kann ja gehen*«, äffte der Luchs ihn nach. »Steht da wie eine Holzpuppe, der man die Fäden gekappt hat, aber er behauptet, er könnte gehen. Gehen kann ich, seit ich ein Jahr alt bin, du Hosenscheißer!«

Der Fuchs spuckte verächtlich aus. »Jetzt guck sie dir an, die kleine Null. Fängt gleich an zu heulen.«

»Lasche Typen wie dich«, sagte der Luchs, mit einem gefährlichen Funkeln in den Augen, »lassen wir unseren Rotz schlürfen, verstehst du?«

»Ach komm, sei nicht so«, sagte der Fuchs. »Er hat doch schon seine Cola. Es reicht, wenn er *die* aufschlürft.«

Seine rechter Arm schoss vor. Der Plastikbecher knallte auf den Asphalt. Die braune Flüssigkeit spritzte dem Fuchs gegen das Hosenbein. Max schloss die Augen. Er wusste, was jetzt kam.

»Kannst du nicht aufpassen?« Der Fuchs versetzte Max einen Stoß. Max taumelte nach hinten, wo sich schon der Luchs aufgebaut hatte. Der schubste ihn zurück. »Weißt du überhaupt, was so 'ne Hose kostet, du Penner?«

Wie lang dauert es, zwischen zwei Leuten, die nur einen Meter entfernt voneinander stehen, hin- und hergestoßen zu werden? Ein Händepaar im Rücken, das nächste auf der Brust zu spüren, dann wieder eines im Rücken? Ungefähr eine Sekunde?

Es war genau diese eine Sekunde, in der für Max die Zeit stehen zu bleiben schien. Hinter dem Fuchs strahlten die Lichter an Elfies Imbisswagen plötzlich blendend hell auf, wie kleine Sonnen – was außer ihm selbst offensichtlich niemand wahrnahm. Das Licht schwappte unbändig über, ergoss sich aus elektrischen Glühkerzen, aus Zwergen, Herzen und Sonnenblumen. Es platschte auf den Gehsteig wie verschüttete Farben aus einem Wasserkasten. Sturzbachgleich floss es rot, grün, gelb und blau aufeinander zu, dann vereinten sich die Ströme zu zwei pulsierenden, in die Luft schnellenden Strängen, Peitschen aus strahlend buntem Licht. Und im Imbisswagen stand Elfie, ruhig und mit ausdruckslosem Gesicht, unbeachtet von ihrer Kundschaft, und zwischen den Händen hielt sie eine grüne, strahlende Kugel.

Ihr Herzfinster! Elfie benutzt ihr Herzfinster, und nur ich kann es sehen, weil nur ich ein Kartenkind bin!

Der Luchs und der Fuchs brüllten auf, als die Lichtschnüre sich um ihre Beine wickelten und sie zu Fall brachten. Im nächsten Moment lagen sie, schreiend und um sich schlagend, auf dem Boden. Ein paar erstaunte Passanten sahen auf sie nieder und schüttelten die Köpfe. Die Lichtpeitschen glühten ein letztes Mal auf und erloschen.

Und jetzt? Es würde nur Sekunden dauern, bis der Fuchs und der Luchs sich wieder aufgerappelt hatten.

Denk nach, Max, denk nach!

Die Mittagszeit fängt an. Gleich Viertel nach zwölf …

Das war wann gewesen – vor zehn, elf Minuten?

Man muss um fünfundzwanzig genau unter der Uhr stehen, dann klappt es immer. Wie auf Bestellung.

Mann! Darauf hätte er auch früher kommen können!

Max wirbelte herum und schoss los, den Gehsteig hinunter, von dort auf die Straße. Bremsen quietschten, wütendes Hupen ertönte, als er zwischen dem fließenden Verkehr hindurchstürmte, die Augen fest auf das blaue Schild mit dem weißen U gerichtet.

... ALS ICH IN EINEM DUNKLEN WALD MICH WIEDERFAND

Immer zwei Stufen auf einmal nehmend, rannte er die Treppe zur Station hinab. Unten angekommen, sah er sich gehetzt um. Eigentlich sollte es hier von Menschen wimmeln, aber der U-Bahnhof war leer. Sehr gut, sehr gut! Nicht mal ein anderes Kartenkind war zu sehen. Wenn alles richtig funktionierte, sorgte das goldene Ticket dafür – *das magische Ticket*, verbesserte er sich, *es ist magisch* –, dass der Luchs und der Fuchs hier nicht auftauchen würden. Die Zeiger der Bahnhofsuhr standen auf zwölf Uhr dreiundzwanzig.

Das konnte hinhauen.

Es musste hinhauen.

Max überlegte. Dieser Bahnsteig war eine Mittelplattform, links und rechts davon fuhren die Züge in beide Richtungen. In welcher lag der Eingang ins nächste Refugium? Stadtauswärts gab es nur noch eine Station, Osloer Straße, das war die Endhaltestelle der U9. Stadteinwärts folgte ...

... *Leopoldplatz.*

Er wusste nicht, warum, aber das fühlte sich besser an. Na ja, einigermaßen besser und damit gut genug. Er würde den nächsten Zug Richtung Osloer Straße nehmen und damit rückwärts fahren … *falls* er rückwärts fuhr. Er biss sich nervös auf die Lippen. Wenn er die falsche Entscheidung getroffen hatte, war eine Stunde verschwendet.

Er stellte sich direkt unter die Uhr.

Von oben ertönte ein leises Klacken, als der schwarze Zeiger um eine Minute vorsprang.

Zwölf Uhr vierundzwanzig.

Er zog das Ticket aus der Hosentasche – es glühte bereits, ein gutes Zeichen – und fächelte sich nervös Luft damit zu. Das Herz schlug ihm bis zum Hals. Er dachte an Tanita. *Ich hab das schon hundertmal gemacht,* hatte sie gesagt. Was hatte das bedeutet? Dass sie hunderte von Refugien kannte? Eher unwahrscheinlich. Oder dass sie nur ein ganz bestimmtes – Tanelorn – immer wieder aufsuchte? Was sonst sollte sie tun, wenn doch alle anderen Refugien nichts als Schrecken für ihre Besucher bereithielten? Was war so wunderbar an Tanelorn, dass es sie immer wieder dorthin zog? Verdammt, so viele unbeantwortete Fragen. Er wünschte, er hätte sich länger mit Elfie unterhalten können.

Ein Grollen riss ihn aus seinen Gedanken. Warmer Wind schwappte aus dem Tunnel. Im nächsten Moment rauschte der Zug in die Station ein und kam mit kreischenden Bremsen zum Stehen. Eine einzelne Tür zischte auf. Er stieg eilig ein. Der Wagen war so voll, dass es keinen freien Sitzplatz mehr gab, aber keiner der Fahrgäste beachtete ihn. Was geschah wohl, wenn man einen von ihnen ansprach? Würde die Magie des Tickets damit erlöschen? Würden all diese Menschen sich verwirrt umschauen, als wären sie gerade aus einem Traum erwacht?

Mit einem kleinen Ruck fuhr der Zug wieder an.

Rückwärts!

Er hatte es geschafft, er war auf dem Weg ins nächste Refugium. Gebannt spähte Max in den nachtschwarzen Tunnel. Wartete, bis das braungelbe Licht des versteckten Bahnhofs seine stumpfen Finger nach der Dunkelheit ausstreckte. Zog, nicht ohne sich noch einmal schuldbewusst umgesehen zu haben, die Notbremse. Schlüpfte, nachdem der Zug sanft gehalten und die Tür sich geöffnet hatte, rasch nach draußen.

Und grinste.

Tanita war ihm eine gute Lehrerin gewesen.

Hinter ihm setzte der Zug sich bereits wieder in Bewegung. Stille legte sich über die Station. Max steckte das Ticket in die Hosentasche, vergewisserte sich, dass sein Rucksack richtig saß, und schaute sich um. Der Bahnsteig war schmaler als derjenige, den er am Vormittag kennen gelernt hatte. Doch ansonsten glich er ihm wie ein Ei dem anderen. Hier herrschte die gleiche fahlgelbe, aus keiner sichtbaren Quelle gespeiste Beleuchtung. Es gab kein Leben. Keinen Ausgang. Nur das Schild.

> ### SALVE CARUSO

Er richtete seine Aufmerksamkeit auf den Boden. Es hatte schon begonnen. Um seine Knöchel wogten und krochen die ersten seidigen Nebelschwaden. Diesmal würde er sich die erschreckende Erfahrung mit dem Nichts ersparen. Er schloss die Augen. Er würde still bis zehn zählen und dann einfach drauflosgehen, bis er merkte, dass Helligkeit durch seine Lider drang.

»Das wurmt mich immer noch, weißt du.«

»Was?«

»Dass ich keine Ahnung habe, was der Name des Refugiums bedeuten sollte.« Max stellte sein Glas mit der Bananenmilch, von der ich vor seiner Ankunft zufällig ein wenig zubereitet hatte, vor sich auf dem Tisch ab. Nana lag noch immer ergeben zu seinen Füßen.

»Salve Caruso«, sagte ich. »Hm, lass mich mal überlegen. *Salve* ist ein alter römischer Gruß, er bedeutet *gegrüßet seist du* oder *gegrüßet seid ihr,* je nachdem. Aber Caruso … da fällt mir nur Enrico Caruso ein, ein berühmter italienischer Sänger.«

»So einer wie Eros Ramazotti?«

»Nein, ein Opernsänger. Sein hohes C ließ ihm die Herzen aller Frauen zufliegen. Er ist schon lange tot.«

»Hat wohl ein tief fliegendes Herz an die Birne gekriegt, was?« Max grinste, wurde aber gleich wieder ernst. »Also, was sollte das auf dem Schild nun bedeuten? *Gegrüßet seist du, Caruso?*«

»Tja, das könnte es natürlich heißen, aber das ergibt nicht besonders viel Sinn, was meinst du? Es sei denn, dir ist im zweiten Refugium ein Opernsänger begegnet.«

»Nee«, sagte Max auf meinen fragenden Blick. »Da war –«

»Warte, warte mal!«, unterbrach ich ihn. »Ich hab eine Idee.« Ich lief in mein Büro und holte einen Notizblock. Als ich ins Wohnzimmer zurückkam, knuddelte Max schon wieder an Nana herum. »Lass endlich die Finger von meinem Hund«, blaffte ich.

»Hast wohl Angst, ich hätte Flöhe, was?«

Ich kritzelte SALVE CARUSO auf ein Stück Papier. Schob die einzelnen Buchstaben in Gedanken ein bisschen durch die Gegend, bildete neue Worte aus ihnen und – na bitte!

»*Selva oscura*«, rief ich aus.

»Toll.« Max starrte mich verständnislos an. »Und?«

»Das ist italienisch«, erklärte ich. »Und es heißt so viel wie *schattiger* oder *dunkler Wald*. Ein sehr langes Gedicht fängt damit an, die *Göttliche Komödie* von Dante. Auch Italiener, auch tot«, fügte ich hinzu, bevor die nächste dumme Frage kommen konnte.

Zu spät.

»Konnte er singen?«, sagte Max.

Es ist einfach nur peinlich, alle fünf Minuten mit dem kümmerlichen Bildungsstand der heutigen Jugend konfrontiert zu werden. Man glaubt es nicht, aber selbst manche Berliner Kinder sind so doof, dass sie den Reichstag wahlweise für eine Erfindung der Sparkassen oder für den Zweitwohnsitz von Bill Gates halten. Und wer von euch jetzt nicht weiß, wer Bill Gates ist, muss gar nicht erst in den hintersten Seiten dieses Buches blättern, um dort nach einem Anhang mit einer entsprechenden Erläuterung zu suchen. Es gibt keinen Anhang. Aber es gibt Zeitungen, Sachbücher, Lexika, weitere Nachschlagewerke, und es gibt jede Menge andere Menschen, die man fragen kann – also tut mir den Gefallen und schickt mir nie wieder Leserbriefe, in denen ihr euch darüber beschwert, in meinen Büchern gäbe es zu viele Fremdwörter oder dass ihr dieses und jenes nicht versteht. Bildung und Allgemeinwissen bedeutet *Anstrengung*, und als Autor darf man von seinen Lesern erwarten, dass sie ein gewisses Maß an Anstrengung und Eigeninitiative aufbringen. *Capisce?*

»Also, Dante war Dichter«, sagte ich zu Max, »einer der berühmtesten Dichter der Welt. Seine *Göttliche Komödie* besteht aus drei Teilen, es geht darin um … ach, ich kann dir das jetzt nicht alles im Einzelnen erklären. Es geht jedenfalls um die ganz großen Dinge des Lebens.«

»Lass stecken«, gab Max knapp zurück. »Erklär mir einfach das Selvadingsbums.«

Ich erhob mich würdevoll vom Sofa, räusperte mich und begann zu rezitieren. »*Nel mezzo del cammin di nostra vita, mi ritrovai per una selva oscura* – hast du gehört, selva oscura! –, *ché la diritta via era smarrita.*«

»Krieg dich wieder ein.« Max hatte die Augen verdreht. »Nur weil du ein paar Brocken Italienisch und ein kleines Gedicht auswendig kannst –«

»Entschuldige, junger Mann, aber das ist ein verdammt langes Gedicht!«

»– musst du nicht so den Angeber raushängen lassen.«

»Halt einfach deine freche Klappe und hör zu, okay? Frei übersetzt lautet der Text ungefähr: *Halb hatte unseres Lebens Weg ich schon durchschritten, als ich in einem dunklen Wald mich wiederfand, weil ich vom rechten Pfade abgekommen war.* Mit diesem Satz beginnt das *Inferno,* der erste von den drei Teilen der besagten *Göttlichen Komödie.*«

»Und was ist das genau, dieses Inferno?«

Ich fühlte mich ein wenig unbehaglich.

»Nun sag schon«, drängte Max.

»Nun, also … Es ist der Ort, den der Erzähler des Gedichtes betritt, nachdem er sich in diesem dunklen Wald verlaufen hat. Das Inferno ist ein anderes Wort für die Hölle.«

Nana hob den Kopf und spitzte die Ohren. Max lehnte sich in seinem Sessel zurück, legte die Fingerspitzen gegeneinander und dachte nach. »Tja«, sagte er nach einer Weile leise, »dann passt es ja. Und wie es passt.«

Im Herzen Afrikas wächst eine Pflanze mit perfekten, sternförmigen roten Blüten und süßen gelben Stempeln, die jedem Insekt, das sich ihr nähert, den Himmel auf Erden verspricht. Sobald das Insekt sich darauf niederlässt, schließen die Blüten sich blitzschnell zu einem Gefängnis und sondern ein Sekret ab, von dem der unglückliche Gefangene bei lebendigem Leibe verdaut wird. In den tropischen Regenwäldern des Amazonasbeckens lebt ein phantastischer, nur fingernagelgroßer Frosch, dessen mit traumschönen Farbtupfern besprenkelte Haut dich geradezu zwingt, deine Hand danach auszustrecken. Die Haut schwitzt ein Gift aus, wenn du sie berührst, bist du bereits so gut wie tot.

Wie so viele Schrecken verbargen auch die des Salve Caruso sich zunächst hinter Schönheit. Als Max aus dem Nichts trat und die Augen öffnete, fand er sich in einer sonnigen Landschaft wieder. Er fühlte sich sofort verzaubert. Alles wirkte ruhig und friedlich. Vor ihm erstreckten sich sattgrüne, schimmernde Wiesen und sacht ansteigende, dann wieder abfallende Hügel. Hinter einer Talsenke, irgendwo am blauen Horizont, glitzerte Wasser. Ein Meer vielleicht. Ein Meer mit, bitte sehr, hoffentlich, danke, stinknormalem Salzwasser. Er drehte sich langsam im Kreis. Zu den Seiten und hinter ihm lag üppiger, funkelnder Wald, in den ein schmaler Pfad –

Augenblick mal.

Schimmernde Wiesen?

Ein *funkelnder* Wald?

Er ging in die Hocke und strich mit einer Hand über das Gras. Perlmuttfarbene Flecken und Schlieren glänzten auf den zitternden Halmen. Es sah aus, als wäre ein Regenbogen in Millionen winziger Farbfragmente zersplittert, die anschließend auf das Land niedergegangen waren. Merkwürdig.

Max stand auf und ging zu einem der nahen Bäume. Sämtliche Zweige waren von einem seidigen Gespinst überzogen. Ein silbernes Gleißen jagte die hauchzarten Fäden entlang, wo immer das Licht der Sonne sie berührte. An einigen Stellen wirkten sie verdickt, als wäre etwas in sie eingesponnen, ungefähr von der Größe einer Perle. Kokons …

Er hütete sich, sie anzufassen. Womöglich blieb man daran kleben. Konnte sein, dass die Bäume dieses Gespinst absonderten. Vielleicht war es auch das Werk von irgendwelchen Viechern. Spinnen womöglich.

Hinter ihm ertönte ein Rascheln, als würde das Gras von einem Windstoß bewegt. Aber rundum stand die Luft totenstill, nichts rührte sich, weder die Zweige der Bäume noch die schimmernden Grashalme. Das Rascheln kam näher. Max drehte sich um. Etwas Stahlgraues huschte durch das Gras auf ihn zu. Aus vielen Richtungen. Das *waren* Spinnen, zehn, zwanzig davon, wenn nicht mehr, so groß wie ausgewachsene Ratten. Er sah ihre gewölbten, panzerartigen Rücken. *Metallische* Rücken! Er sah das rasende, mechanische Arbeiten hunderter stählerner Beine.

»O nein«, flüsterte er.

Max wirbelte herum und hetzte über die Lichtung, dem Pfad zwischen den Bäumen entgegen. Was wollte dieses Refugium von ihm? War jetzt der Zeitpunkt gekommen, ein Herzfinster einzusetzen? Wie sollte er sich den Rucksack von den Schultern ziehen, während er rannte? Wenn ihm der Eisklumpen entglitt, wenn er die Phiole verlor …

Über ihm schlossen sich die Schatten werfenden Wipfel der Bäume. Er stürmte weiter. Hörte sein stoßweises Atmen, das Knacken kleiner Zweige unter seinen Füßen. Der Pfad verzweigte sich. Er entschied sich wahllos für einen Ausbruch nach links, die nächste Möglichkeit nach rechts, rannte weiter geradeaus …

Irgendwann machten seine Lungen nicht mehr mit. Sein Herz drohte sich zu überschlagen. Wenn er nicht gleich stehen blieb, würde er einfach tot umfallen. *Kleiner Junge in Refugium an Infarkt gestorben.* Schicke Schlagzeile, aber keine Zeitung dieser Welt würde sie drucken. Weil kaum jemand in der wirklichen Welt wusste, wo er war. Niemand würde hier nach ihm suchen, selbst Elfie, Tanita und die verrückte alte Marlene nicht, und wie auch: Es war *sein* Refugium. Vielleicht tauchte in hundert oder in tausend Jahren zufällig ein Kartenkind hier auf, das ihm ähnelte, doch bis dahin wären seine Knochen längst zu Staub zerfallen. Vielleicht waren es die Refugien, in die manche Kinder verschwanden, um nie wieder aufzutauchen.

Er bremste seinen Lauf und blieb stehen.

Hinter ihm kein Rascheln, kein Scharren, kein ihn verfolgendes Trippeln. Keuchend sah er sich um. Keine Spinnen. Er legte den Kopf in den Nacken. Womöglich wimmelte es dort oben in den Bäumen von diesen Viechern. Falls das so war, hätte er sich keinen schlechteren Aufenthaltsort aussuchen können. Aber über ihm regte sich nichts. Er sah auch keine Gespinste. Vielleicht hing das Zeugs ausschließlich am Waldrand herum, wo es von der Sonne beschienen wurde, weil nur deren wärmende Strahlen ausbrüten konnten, was auch immer in den winzigen Kokons schlummerte.

Vielleicht aber auch nicht.

Ein gutes Stück voraus lichtete sich der Wald. Dort würde ihm zumindest keine unangenehme Überraschung auf den Kopf fallen. Er ging angespannt weiter. Immer wieder warf er einen ängstlichen Blick in die Bäume.

Dann, noch ehe er die Lichtung erreicht hatte, hörte er die Stimmen, und jeder Gedanke an das stahlgraue Spinnenrudel war vergessen. Es waren bekannte Stimmen. Streitende Stimmen. Sein Herz, das sich eben erst einigermaßen beruhigt hatte, setzte für einen Schlag aus.

»Mama?«, flüsterte er. »Papa?«

Die letzten Schritte rannte er. Als er ankam, waren die Stimmen verklungen. Seine Eltern standen schweigend und reglos auf der Lichtung. Die Bäume wuchsen hier sehr hoch. Fast alles war in Schatten getaucht. Nur hier und dort fiel ein wenig Helligkeit in schrägen, goldenen Strahlen durch das Geäst. Trotzdem trug seine Mutter eine Sonnenbrille. Sein Vater ebenfalls. Die beiden bemerkten ihn nicht, während er sich ihnen näherte. Sie hatten bloß Augen füreinander. Standen wie auf dem Sprung. Als warteten sie darauf, aus irgendeiner Quelle mit neuer Munition für die nächste Runde gespeist zu werden.

Max musterte die beiden Gestalten misstrauisch. Waren das *wirklich* seine Eltern? Wie waren sie ins Salve Caruso gekommen? Ihm kam ein aberwitziger Gedanke: War es möglich, dass seine Eltern früher ebenfalls Kartenkinder gewesen waren und ab und zu in ein Refugium zurückkehrten? Dass sein Refugium auch ihres war, oder ihres seins?

Alter, da kannst du lange herumrätseln, hörte er Jans Stimme. *Warum setzt du nicht einfach deinen Hintern in Bewegung und fragst sie, was sie hier machen?*

Max fielen umgehend drei Antworten ein, die gegen Jans Vorschlag sprachen: Weil seine Beine so sehr zitterten. Weil *das da* viel erschreckender war, als alle Spinnen der Welt, metallisch oder lebendig, es je sein konnten. Weil etwas in ihm nicht wissen wollte, was seine Eltern hier machten.

Was ihn trotzdem in Bewegung versetzte, nachdem er eine Minute lang unschlüssig verharrt hatte, war ein Bild, das all diese Bedenken in den Schatten stellte: das Bild seiner selbst am Ufer des *Mare Lacrimarum*. Der nicht enden wollende Strom von Tränen, den das flüsternde Meer aus ihm heraustrank. Sein gleichgültiges Leben.

»Niemals«, flüsterte er.

Er ging entschlossen los und war nur noch zwei Meter von seinen Eltern entfernt, als die gesammelten Schrecken des Salve Caruso über ihn hereinbrachen. Seine Mutter schüttelte, auf irgendeinen Vorwurf seines Vaters hin, den Kopf. Ein einzelner verirrter Sonnenstrahl huschte über ihr Gesicht … und Max prallte zurück. Was er für Sonnenbrillen gehalten hatte, waren keine Brillen. In den Augenhöhlen seiner Eltern saßen Spiegel! Blitzende, perlmuttschimmernde Spiegel. Und das war nur ein Teil des Grauens, denn noch furchtbarer waren dessen Verursacher: Im Nacken seines Vaters und an der Bluse seiner Mutter klebten weiche, nackte Schnecken. Wo sie sich bewegten, hinterließen sie die gleichen schimmernden Regenbogenspuren, die ihm schon auf der Wiese aufgefallen waren. Die gleichen schleimigen Spuren, die in den Augenhöhlen seiner Eltern glänzten.

Diesmal sah er die Spinnen, bevor er sie hörte. Sie huschten zu beiden Seiten an ihm vorbei, die metallischen grauen Leiber arbeiteten sich, pfeilschnell und einen engen Bogen um ihn schlagend, durch das Gras. Zwischen ihren scharfen Kieferzangen trugen sie, ohne auch nur ein Fädchen des zarten Gespinsts zu verletzen, die Kokons. Etwas darin bewegte sich und stieß gegen die seidenen Mauern der winzigen Gefängnisse. Jetzt noch davonzulaufen, wusste Max, war völlig unmöglich. Dann bemerkte er, dass die Spinnen sich gar nicht für ihn interessierten. Ihr Ziel waren seine reglos wartenden Eltern, bei denen die Tiere jetzt angekommen waren.

Sie kletterten und hakten sich blitzartig an deren Beinen empor, verteilten sich auf Kopf und Schultern, krabbelten dabei geschickt über die bunten Schnecken, die achtlos weiter ihrer klebrigen Arbeit nachgingen, und taten dann das, wozu sie gekommen waren: Sie lieferten ihre glänzenden, lebenden Päckchen ab. Sie fütterten ihre Opfer.

Gleich kotz ich.

Kokon um Kokon wurde mit geschickten Vorderbeinen aus den Kieferzangen entfernt und behutsam, fast zärtlich, in die Münder seiner Eltern geschoben, die dort – unvorstellbar – immer noch ganz ruhig standen und diesen Albtraum willenlos über sich ergehen ließen. Einige der Kokons waren bereits aufgeplatzt. Dünne Beine drängten heraus, tastende Fühler, schwarze Köpfe mit wie rasend arbeitenden Mundwerkzeugen. Max hatte kleine Spinnen erwartet. Was zum Vorschein kam, war etwas anderes.

Nicht das! Bitte alles, aber nicht das!

Sobald eine Spinne ihre Fracht platziert hatte, ließ sie sich zu Boden fallen und huschte trippelnd davon, während ihre Nachfolger schon wieder an der Arbeit waren. Es waren viel mehr als vorhin, dutzende, eine ellenlange Kette glänzender, sich gegenseitig bedrängender Leiber. Sie arbeiteten unglaublich schnell und immer schneller, die fliegenden Bewegungen der Kiefer und Beine gingen ineinander über, verwischten zu einem einzigen Flirren. Keine Minute später raschelte wie zum Abschied noch einmal das Gras und Max sah die letzten der Spinnen zwischen den Bäumen verschwinden.

Als wäre das ein Signal für ihn gewesen, öffnete sein Vater den Mund. *»Und du hast es wieder nicht getan«*, sagte er, und die Spiegelaugen reflektierten das starre Gesicht seiner Mutter, während sich zwischen seinen Lippen die ersten Wespen nach draußen drängten, *»obwohl du es inzwischen wirklich besser wissen solltest, tust du es nicht, aber dir …«*

»… weil es davon nicht besser wird, ganz bestimmt nicht«, kam es von seiner Mutter, und es regnete Wespen aus ihrem Mund, ein Sturzbach aus Gelb und Schwarz, *»auch wenn du hundertmal behauptest …«*

»… aber du gehst einfach darüber hinweg«, sirrte und sang eine schwarzgelbe, immer dichter werdende Wolke um die Köpfe der beiden ihr bösartiges Lied, *»wie immer, und ich sehe verdammt noch mal nicht ein …«*

… ich …

… mir …

… mein …

… mich …

Jedes einzelne Wort war eine Wespe, mit einem giftigen Stachel versehen. Jedes Wort war Schmerz. Und zwischen den Leibern der herumschwirrenden Insekten leuchteten, glitzerten und strahlten die perlmuttfarbenen, blinden Augen. Max begann zu zittern, als er begriff. Seine Eltern konnten durch ihre Spiegel nach außen sehen, aber in den Augen ihres Gegenübers erblickten sie immer nur sich selbst. Sie waren zu zweit und doch mutterseelenallein. Das Einzige, was sie noch teilten, waren Verachtung und Schmerz. Sie wussten nicht einmal, warum sie stritten. Aber er wusste jetzt eines sehr genau, und er konnte seine Tränen nicht länger zurückhalten, sie liefen ihm die Wangen herab, und in einem weit entfernten Refugium rauschte durstig das

Mare Lacrimarum: Er war nur der Zuschauer eines erbarmungswürdigen Schauspiels. Er hatte nie auch nur einen einzigen miesen Cent dafür gegeben und musste doch täglich dafür bezahlen.

Am liebsten wäre er zu ihnen gelaufen, um sie zu schütteln, sie anzubrüllen. Aber er konnte nicht. Er wischte sich über die Augen und sah zu Boden. Überraschte es ihn, dass seine Schuhe in schimmerndem Schneckenschleim steckten? Nicht wirklich. Er versuchte einen Fuß anzuheben. Das Zeug klebte wie Leim und zog lange, schmierige Fäden. Er durfte hier nicht länger stehen bleiben, er würde gehen. Er sah noch einmal zu seinen Eltern. Sie hatten ihn auch immer allein gelassen.

Es war nur ein Bild, dachte Max.

Nur ein Bild.

Er hatte die Lichtung verlassen, ohne sich noch einmal umzudrehen. Nachdem er gesehen hatte, woraus seine Traurigkeit sich nährte – *oh, und vielen Dank auch, aber so genau wollte ich es eigentlich nie wissen!* –, lastete sie nur noch schwerer auf seinen Schultern als zuvor. Aber das war nicht alles, jetzt war da mehr. Etwas in ihm rumorte herum und begehrte auf. Etwas in ihm verlangte, vom Gewicht dieser Traurigkeit befreit zu werden.

»Okay, okay, ich hab's verstanden!«, murmelte Max. »Also, wie geht es jetzt weiter? Wo steckst du?«

Aber der mechanische Prinz gab, natürlich, keine Antwort.

Irgendwann schalt er sich dafür, wieder und wieder dieselben Gedanken zu wälzen, die in seinem Kopf herumkollerten wie schwarze Steine. Das führte zu gar nichts. Und inzwischen, da musste er sich nichts vormachen, hatte er sich hoffnungslos in diesem blöden Wald verlaufen. Ab und zu führte der Pfad auf eine weitere, freundlicherweise aber menschenleere Lichtung, um sich dahinter, im nächsten Stück Wald, wieder mehrfach zu verzweigen. Er konnte noch stundenlang hier herumirren, wenn nicht bald etwas geschah. Womöglich lief er im Kreis.

Ein Stück voraus teilten sich die Bäume, ein sonnenheller Flecken Gras leuchtete auf. Dort würde er sich eine kurze Pause gönnen. Sich auf den Rücken legen, einfach in den Himmel gucken und auf ein Wunder warten. Etwas zu trinken würde ihm für den Anfang völlig ausreichen. Er wünschte, er hätte sich bei Elfie mit Vorräten ausgestattet, aber es war ja alles so schnell gegangen, nur wegen dieser zwei blöden Typen. Mann, wenn bloß Jan dabei gewesen wäre! Der hätte den beiden die blöden Köpfe eingeschlagen. Jan …

Als er den Jungen sah, glaubte er für einen Moment tatsächlich, es *wäre* Jan. Erstaunt hätte ihn das nicht, die Szenerie war ohnehin völlig absurd: Der Junge saß auf der Lichtung, mit ihm zugekehrtem Rücken – an einem Schreibtisch. Mitten in der Sonne, mitten im fast kniehohen Gras. Noch dazu saß er an *seinem* Schreibtisch, auf *seinem* Stuhl, wie Max irritiert erkannte. Da waren die kreuzförmig auf die Rückenlehne des Stuhls geklebten Fußballbilder, und im linken Rand der Tischplatte befand sich der unverkennbare tiefe Schnitzer, den er irgendwann aus purer Langeweile mit einem Messer hineingerunkelt hatte. Ein Monitor war auf dem Schreibtisch aufgebaut, angeschlossen an einen PC. Was wiederum nicht ganz in das Bild passte, denn er besaß keinen eigenen Computer, er hatte nur seine Playstation. Aber dieser Junge spielte irgendein Computerspiel. An *seinem* Schreibtisch.

Er ging zögernd auf ihn zu. Gras strich schmeichelnd gegen seine Beine. Er wettete tausend zu eins mit sich selbst, dass das Salve Caruso eine neue Gemeinheit für ihn bereithielt. Andererseits konnte dieser Knirps ihm vielleicht weiterhelfen. Ihm lag schon ein *Hallo* auf den Lippen, damit der Kleine sich nicht erschreckte, weil er sich ihm von hinten näherte, als der Junge den Kopf drehte und ihn über die Schulter ansah.

Er blieb wie angewurzelt stehen.

»Hallo, Max«, sagte Max.

Der Tag hatte damit begonnen, dass er Verrückte gezählt hatte. Jetzt glaubte er, es selbst geworden zu sein.

»Wer … wer bist du?«, flüsterte er.

Was für eine dämliche Frage. Der Junge vor dem Monitor war eindeutig sein Zwilling. Sie trugen sogar die gleichen Klamotten. Vermutlich hatten sie auch dieselbe Größe, die geringer war, als Max selbst es eingeschätzt hatte. War er wirklich so klein?

»Wie sieht's aus, machst du mit?« Der Zwilling hatte sich bereits wieder abgewandt. Er war voll und ganz auf das Spielgeschehen konzentriert. »Das hier ist absolut klasse, weißt du. Es hört nie auf, glaube ich. Ich bin schon seit einer Ewigkeit hier und könnte immer weitermachen.«

Seine Finger huschten geschickt über die Tastatur des Computers. Genau genommen waren seine Hände und sein Kopf so ungefähr das Einzige, was er einigermaßen bewegen konnte, stellte Max jetzt fröstelnd fest. Die Schnecken waren hier gewesen und hatten ganze Arbeit geleistet. Der Junge klebte auf dem Stuhl fest. Sein Rücken, die Unterseite seiner Beine wie auch die Arme unterhalb der Schultern – überall schimmerte perlmuttfarbener, ausgehärteter Schleim.

»Die Schnecken kommen immer zuerst«, sagte der Zwilling, als spürte er die ihn abtastenden Blicke. »Danach geben dir die Spinnen den Rest. Guck mal in deinen Rucksack.«

Max wühlte darin herum. Es war alles noch an Ort und Stelle, die Taubenfeder, der Eisklumpen und das Tränenfläschchen und … da war noch etwas. Er zog den Gegenstand aus dem Rucksack. Es war eine silbrig glänzende, exakt in seine Hand passende Spindel.

»Diese Mistviecher versuchen regelmäßig, mich an den Stuhl zu fesseln. Macht ganz schön Mühe, das Zeugs wieder runterzukriegen. Spinnenseide, weißt du. Kannst sie behalten, ich brauch sie nicht.«

Er hat mir ein neues Herzfinster geschenkt! Max strich vorsichtig mit einem Finger über die Spindel. Bloß nicht daran kleben bleiben. Aber sie war nicht klebrig, sie war glatt und kühl. Er zupfte am Ende des darauf aufgewickelten Fadens. Fest und unzerreißbar, wie starker Draht. Metallische Spinnen, stählerne Fäden. Todschick. Er stopfte die Spindel zurück in den Rucksack. Von Elfie, dachte er dabei enttäuscht, hatte er kein Herzfinster erhalten. Eigentlich schade. Das bedeutete aber andererseits, dass in den Refugien eine Herausforderung weniger auf ihn wartete. Also müsste er ihr eigentlich fast dankbar sein …

»Was ist jetzt, spielst du mit oder nicht?«, riss der andere Max ihn aus seinen Gedanken. »Ich hab gerade einen ganz neuen Level angefangen, du kannst noch einsteigen. Wir besorgen uns schnell ein Schwert und dann geht die Post ab.«

Max warf einen flüchtigen Blick auf den Monitor. Ein Ego-Shooter, dachte er. Man sah keine Spielfigur, man *war* die Spielfigur. Blickte direkt durch ihre Augen. Auf diese Weise befand man sich mitten im Geschehen, konnte sich frei durch eine fremde Welt bewegen, in der es, in der Regel, ums nackte Überleben ging.

»Wie heißt das Spiel?«, sagte er.

»Eisenvogel.«

Max lachte leise auf. *Eisenvogel*, sein Weihnachtsgeschenk. Allem Anschein nach hatte der mechanische Prinz einen ausgefallenen Sinn für Humor.

Er beugte sich ein Stück vor und studierte den Monitor genauer. Keine Orks, die Jagd auf den Schwertkämpfer machten, der nach dem sagenumwobenen Vogel suchte. Da waren nur hohe Büsche und schmale, sich kreuzende Wege. Sein Zwilling steuerte die Spielfigur durch ein Heckenlabyrinth. Er rannte hin und her, auf der planlosen Suche nach einem Ausgang.

»Hey, du bist ja wirklich noch ganz am Anfang.« Max hatte die Hecke wiedererkannt. »Das Schwert liegt außerhalb des Labyrinths. Ist nicht weiter kompliziert, du musst dich einfach immer nur rechts halten, dann findest du fast automatisch raus.« So begann das Spiel, erinnerte er sich: Der

Held erwacht im Zentrum des Labyrinths, schutzlos und ohne eine Waffe. Aber die brauchte er anfangs auch noch nicht. Zunächst musste er nur nach draußen finden, da war dann –

»Da ist ein Tor«, sagte der Zwilling.

Es war ein zu beiden Seiten von gewaltigen Steinsäulen flankiertes Gittertor. An einer der Säulen lehnte ein verrostetes Schwert. Jenseits der Gitter lag eine nebelverhangene Sumpflandschaft, in der sich ein schmaler Pfad verlor. Die Äste vertrockneter Bäume ragten in einen tintenschwarzen Himmel. Orangerote Blitze zuckten darüber hinweg, begleitet von rollendem Donner.

»Irgendwo in diesem Sumpf lauern die ersten Orks«, sagte Max. »Ohne das Schwert kannst du das vergessen.«

»Auf was wartest du dann noch? Nimm es.«

»Nimm was?«

Der andere Max zeigte auf den Monitor, auf das gegen die Säule gelehnte Schwert. Es leuchtete matt auf, als der nächste Blitzstrahl den Himmel erhellte. Es war nicht verrostet, es war –

»Beeil dich. Dir bleibt nicht viel Zeit.«

Der Zwilling hatte den Kopf schräg gelegt und lauschte. Sekunden später hörte Max es auch. Es war wie ein Flüstern. Nein, es war ein Rascheln. Und es kam von allen Seiten. Hastende, huschende, federleichte Beine fegten durch das Gras von Salve Caruso. Kalter Schweiß trat auf seine Stirn. Nicht auszudenken, was geschehen würde, wenn die Spinnen erst einmal hier waren. Ihre silbernen Fäden spannen.

»Nun mach schon!«

»Okay, okay, ist ja schon gut.« Er stellte sich rasch neben

den Zwilling. Es war ein seltsames Gefühl, sich selbst so nah zu sein. »Wie heißen die Tastaturkommandos? Ich kenn das nur von der Playstation, die hat eine andere Steuerung.«

»Die brauchst du nicht«, drängte der Zwilling. »*Nimm das Schwert!*«

Max blinzelte ihn an. Das war nicht sein Ernst, oder?

O Mann.

Zögernd streckte er eine Hand nach dem Bildschirm aus. Er hätte unmöglich sagen können, was er erwartete. Vielleicht, dass er das Schwert aus dem Monitor zog, sobald er die Mattscheibe berührte, ähnlich, wie König Artus sein berühmtes Schwert *Excalibur* aus dem Fels gezogen hatte, in den es versenkt gewesen war. Viel wahrscheinlicher war allerdings, dass gar nichts geschehen und sein Zwilling ihn auslachen würde – reingefallen, Max, und viel Spaß noch mit meinen Haustieren! Das Klappern scharfer Mundwerkzeuge war bereits ganz nahe. Sie klangen wie winzige, tödliche Kinderrasseln. Gleich würden die Spinnen über ihn herfallen. Ihn einspinnen. Die Schnecken den Rest übernehmen lassen.

Ein Prickeln fuhr in seine Finger, als sie in Kontakt mit dem Bildschirm kamen. Sie glitten durch das Glas wie durch Butter.

»Das ist ja wohl der Hammer«, murmelte Max. Er spürte, wie etwas an ihm zerrte, hinter der Mattscheibe, wo er seine Hand nun auftauchen sah, kleiner als er sie kannte, glatter, weniger fleischlich. Er wollte sich zu seinem Zwilling umdrehen, aber jetzt wurde das Zerren stärker. Sein Arm folgte der Hand durch den Monitor. Max wurde von den Füßen gerissen. In die Welt hinter dem Glas.

»Im ersten Moment war ich ganz schön verwirrt.« Max stand am Fenster, die Hände gegen die Scheiben gepresst, und sah auf die Bergmannstraße herunter. Nana hob mit einem müden Wuffen den Kopf, ließ ihn aber gleich wieder sinken. »Dabei ist es eigentlich ganz einfach. Wenn man erst mal in den Refugien ist, kann man zwischen ihnen hin und her wechseln, auch ohne den Umweg über die U-Bahnhöfe zu nehmen, weißt du. Das ist ziemlich praktisch.«

»Ich finde es eher erschreckend«, erwiderte ich. »Orte wie das Salve Caruso, einer folgt auf den anderen … ein Schrecken ohne Ende. Ganz zu schweigen davon, dass man sich eventuell verläuft. Oder nicht mehr nach draußen findet.«

»Stimmt«, sagte Max. »Manche Wege führen nur von einem Refugium in das nächste, aber nicht zurück in unsere wirkliche Welt.«

»Du bist aber wieder rausgekommen.«

»Dafür musste ich mich auch mächtig ins Zeug legen. So einfach, wie es anfangs aussah, war das nicht.«

»Aber es gab einen Weg durch das nächste Refugium, oder? Den, der hinter dem Tor begann.«

»Ja, der Weg durch den Sumpf. Aber das Tor hatte ein Schloss und für dieses Schloss besaß ich keinen Schlüssel.«

»Aber du hast einen bekommen.«

»Natürlich.«

»Von wem?«

Max trat von der Fensterbank zurück und drehte sich langsam zu mir um. »Na, von wem wohl?«

Vor ihm erhob sich hoch und abweisend das Tor. Der Wind war kalt, die Luft klamm. Es roch widerlich, das mussten die fauligen Ausdünstungen des Sumpfes sein. Max umklammerte zwei eiserne Gitterstäbe. Seine Hände sahen wieder ganz normal aus. Wirkliche Hände. Wenigstens etwas. Er drückte versuchsweise gegen das Tor. Die breiten Flügel bewegten sich keinen Millimeter. Drüben, im Refugium auf der anderen Seite, waberten kränklich gelbe Dämpfe über dem morastigen Boden. Ein schmaler Weg schlängelte sich zwischen den abgestorbenen Bäumen hindurch, die in dieser ekligen Brühe wurzelten. Er führte einige Dutzend Meter in das Sumpfland und verlor sich dann in dichtem Nebel. Wie ging es dort weiter? Und wie kam man durch das Tor? Max begutachtete das kunstvoll verzierte Schloss. Efeuzweige, naturgetreu aus Kupfer geschlagen und grünlich angelaufen, rankten sich um zwei kleine, nackte Engel. Die Engel streckten einander die Arme entgegen, einer von links, der andere von rechts, und wo ihre Fingerspitzen sich berührten, befand sich das Loch für den Schlüssel. Für den nicht vorhandenen Schlüssel. Er versuchte, sich an *Eisenvogel* zu erinnern. Lag ein Schlüssel in der Nähe versteckt, gab es irgendeinen Trick? Er zermarterte sich vergebens den Kopf. Es war, als hätte ein dunkles Tuch sich über seine Erinnerung gelegt.

Als er zurücktrat, fiel sein Blick auf ein schmiedeeisernes, verschnörkeltes kleines Schild. Es war ein gutes Stück über ihm am Tor angebracht, er musste die Augen zukneifen, um die Schrift darauf entziffern zu können.

EGAL-TORE

»Na toll, wie für mich gemacht«, sagte er leise.

Die Gitterstäbe endeten mindestens drei Meter über seinem Kopf, in scharfen, nach außen gerichteten Spitzen. Darüber zu klettern war unmöglich. Die das Tor tragenden Steinsäulen standen allein, keine Mauern schlossen sich an, nur die wuchernden Dornenhecken. Sich dort hindurchzukämpfen, konnte er vergessen. Es sei denn …

Er musterte das Schwert, das wie vergessen an der rechten Steinsäule lehnte. Seine Spitze steckte im Boden. Die breite Klinge und der schlichte Knauf schimmerten dunkel. Außerhalb des Monitors hatte er die Waffe für verrostet gehalten. Aber sie war nicht verrostet. Das Schwert war schwarz, schwarz wie eine sternenlose Nacht. Es war halb so groß wie er, was mochte es wohl wiegen?

Nimm es.

Er berührte zaghaft den Knauf. Schloss die Finger darum. Nichts geschah. Kein Gefühl übermenschlicher Kraft, das ihn durchströmte. Er hob das Schwert hoch, auf ein kiloschweres Gewicht gefasst. Aber dann lag es leicht in seiner Hand, leicht und fest und warm. *Sein* Schwert, ein weiteres neues Herzfinster. Max spürte, wie sein Puls jagte.

Trauerklinge.

Er wusste nicht, wie ihm dieser Name in den Sinn gekommen war, aber er fand ihn recht passend.

O ja.

Trauerklinge.

Vorsichtig fuhr er mit einem Finger über die breite Schneide – und riss die Hand zurück. Die schwarze Klinge war rasiermesserscharf. Auf der Kuppe seines Zeigefingers erschien ein blutiger dünner Streifen.

»Wahnsinn!«, flüsterte er.

Fünf Herzfinster. Keines davon hatte er bisher einsetzen müssen. Sollte er jetzt erleichtert sein oder war das ein Grund, sich zu fürchten? Wenn er so viele Waffen besaß, musste ihn etwas sehr Mächtiges erwarten. Und er hatte noch immer nicht den Schimmer einer Ahnung, wie all diese Waffen einzusetzen waren. Bis, möglicherweise, auf eine Ausnahme. Wie zur Bestätigung schien Trauerklinge in seiner Hand aufzuzucken. *Hungrig* zu zucken. Ein Kribbeln breitete sich von seiner rechten Faust über den ganzen Arm aus, wanderte daran empor wie eine Heerschar wimmelnder Ameisen.

Die Hecke war bestenfalls drei bis vier Meter tief. Er hob Trauerklinge an, ging leicht in die Knie, holte weit aus und schlug zu. Das Schwert zerschnitt die Luft mit einem leisen, klingenden Sirren. Es mochte nicht viel wiegen – das *war* Wahnsinn, Marlenes Taubenfeder konnte kaum leichter sein! –, aber man musste es sehr genau führen. Die beiden ersten, noch ungelenken Schläge entlockten der Hecke nur ein müdes Rascheln. Der nächste, genauer geführte Hieb schnitt ein klaffendes Loch in das dornige Gestrüpp. Max grinste zufrieden. Er drängte in die entstandene Öffnung, holte erneut aus, hieb um sich, nach links, nach rechts, nach oben, nach vorn.

Trauerklinge sang ihr fauchendes, vernichtendes Lied. Binnen kurzer Zeit war eine tiefe und breite Bresche in die Ranken geschlagen. Als ihm der erste Schweiß von der Stirn tropfte, hielt er inne. Lang konnte es nicht mehr dauern, er musste sich schon mindestens drei Meter weit durch das Gestrüpp gearbeitet haben. Er wandte den Kopf über die Schulter ... und sein Herz stockte. Hinter ihm hatte die Hecke sich wieder geschlossen. Man konnte den sich verschlingenden Zweigen und ihren zentimeterlangen Dornen beim Wachsen förmlich zusehen. Verdammt!

Er begann kräftiger zu schlagen, schneller. Die nächsten Minuten waren ein einziges Hieben und Stechen, ein kräftezehrender Kampf, der ihn schon bald nur noch langsam, Zentimeter um Zentimeter, nach vorn brachte. Aber wo *war* vorn, wo war hinten? Inzwischen hatte er das Gefühl dafür verloren, in welche Richtung er sich bewegte. Wenn er sich versehentlich immer tiefer in das Gestrüpp arbeitete, würden die zähen Ranken ihn früher oder später erdrosseln oder aufspießen. Die Hecke schloss sich immer enger um ihn, es blieb ihm kaum noch Platz, mit Trauerklinge auszuholen. Unmöglich, kostbare Zeit mit dem Versuch zu vergeuden, eines der Herzfinster gegen diese lebenden Wände einzusetzen. Die Dornen setzten ihm bösartig zu, zerkratzten seine Arme, sein Gesicht. Auf seinen Händen perlten erste winzige Blutstropfen.

Mit dem nächsten Hieb brach das Fauchen der Klinge

abrupt ab. Der Schlag war kräftig ausgeführt, er ging durch die letzten verbleibenden Ranken wie durch Butter, dahinter fehlte jeder Widerstand. Max torkelte überrumpelt nach vorn. Er rang um sein Gleichgewicht … nur um es angesichts dessen, was er jetzt sah, wieder zu verlieren. Er hatte die nebelgeschwängerte Sumpflandschaft erwartet, womöglich einen kampfeslustigen Ork, der hier als Wache abgestellt war, um sich jedem, der durch die Hecke in das Refugium einzudringen versuchte, grunzend entgegenzuwerfen.

Aber da war kein Sumpf.

Da war nur abgrundtiefe, alles umfassende Nacht.

Und inmitten der Nacht, ein schwebender Weg.

Und am Ende des schwebenden Weges, ein Schloss.

Nein, kein Schloss.

Eine Festung.

Sie war gigantisch. Aus sich selbst heraus leuchtend, trieb sie auf diesem Meer der Finsternis wie ein monströses, in Zeit und Raum verankertes Schiff. Ihre Baumeister mussten wahnsinnig gewesen sein. Sie hatten ganze Städte mit mächtigen Faustschlägen zerbrochen und ihre Ruinen aufeinander getürmt. Sie hatten einen tausendjährigen kranken Wind durch die Trümmerberge gepeitscht, um sie bis tief in den Grund hinein zu schleifen und zu zerklüften. Sie hatten dafür gesorgt, dass die Spitzen der unzähligen daraus wachsenden Türme und Zinnen das Firmament selbst verletzten. Hier waren Planeten zermahlen worden und Sterne verblutet.

Es ist nicht mehr weit, dachte Max. Er wusste nicht, ob das gut oder schlecht war, ob er lachen oder sich fürchten sollte.

Seine Beine fühlten sich an wie Pudding, aber nun führte kein Weg zurück. Trauerklinge fest in der verschwitzten rechten Hand, betrat er den schmalen, nur von der Nacht getragenen Weg und ging auf die Festung zu. *Es ist nicht mehr weit, gleich bin ich bei ihm.*

In einer solchen Festung wohnten Könige.

Könige und Prinzen.

DER MECHANISCHE PRINZ

Der Weg trägt mich. Aber was trägt den Weg?

Besser, man machte sich darüber keine Gedanken. Besser, man ging einfach nur weiter über diesen schmalen Silbersteg, der wie der Schweif einer Sternschnuppe die Nacht zerteilte, und schaute dabei unverwandt nach vorn. Auf die unglaubliche, schweigende Festung.

Je näher man ihr kam, als umso atemberaubender erwiesen sich ihre Ausmaße, als umso irrsinniger ihre Architektur. Nichts in seinem Leben hatte Max je mit einer solchen Ehrfurcht erfüllt. Rauchschwarze Mauern bildeten einen abweisenden Wall, der schier endlos hoch – und endlos tief – in die sternenlose Finsternis wuchs. Felsen und Klippen schwappten daraus hervor wie sich brechende Meereswogen, von milchigen Schleiern bedeckt, als atmeten sie fieberkrankes Mondlicht aus. Ein Netzwerk aus ebenso absurden wie richtungslosen Strukturen durchzog und bedeckte die gesamte Außenhülle der Festung. Max sah Gräben und Gänge, die in völlig unmöglichen Winkeln aufeinander trafen. Er sah verschachtelte, urplötzlich auf dem Kopf stehende Treppen, die vor blinden Fenstern, vor verriegelten Türen oder in sich selbst endeten. Er sah uneinnehmbare

Terrassen neben in die Ewigkeit abfallenden Giebeln. Er sah seltsam verkippte, aus rohem Stein gemeißelte Säulen und Streben, und er sah Pfeiler und Palisaden, die nichts als sich selbst trugen, von Meisterhand verziert mit marmornen Blüten und Engeln aus mattem Alabaster, bewacht von Bestien mit Zähnen und Klauen aus messerscharfem Stahl.

All das und mehr sah Max, während er atemlos der Festung entgegenschritt, bis der Weg vor einem hölzernen Portal endete. Die Flügel standen gerade so weit offen, dass ein Junge zwischen ihnen hindurchschlüpfen konnte. Er atmete tief durch und trat ein, auf alles gefasst – nur nicht darauf, dass Geometrie und Logik sich plötzlich wieder die Hand gaben. Nach dem ebenso beunruhigenden wie grandiosen Anblick der Festung wirkte der Hof, in dem er sich jetzt wiederfand, beinahe enttäuschend normal. Das Dach war hoch, sehr hoch, getragen von sich überkreuzenden steinernen Streben, wie in einer Kirche. Aber es war ein schönes, beruhigend altmodisches Dach. Dutzende von Fackeln erhellten den Hof, ein Wechselspiel aus Schatten und goldenen Lichtreflexen huschte über die rauen Wände. Max sah weder Türen noch Durchgänge. Er legte den Kopf in den Nacken und drehte sich langsam um. Der Hof war kreisrund, das Portal in seinem Rücken bildete gleichzeitig Eingang und Ausgang. Aber irgendwie musste es von hier aus weitergehen.

Als er den Blick wieder senkte, bemerkte er die Karte. Sein erster flüchtiger Eindruck war, dass sie irgendwie in den Boden eingefügt worden war, aber er korrigierte sich schnell: Die Karte *war* der Boden. Sie füllte den gesamten

Hof aus. Und es schien so, als hätte sie nur darauf gewartet, dass jemand sie betrat und ihr seine Aufmerksamkeit schenkte, denn je länger er ihre verschwommen graue, steinerne Oberfläche studierte, umso lesbarer wurde sie … geradezu plastisch.

Bis die Karte sich endgültig materialisiert hatte, war Max bereits entmutigt in sich zusammengesunken. Wenn das, was da vor ihm ausgebreitet lag, den Lageplan des Schlosses darstellen sollte, dann war er erledigt. Der Untergrund war jetzt von einer verwirrenden Vielzahl heller Linien durchzogen. Manche von ihnen verliefen gerade, andere schlängelten, überkreuzten oder verzweigten sich. Verglichen mit diesem ausgetüftelten Labyrinth war der Bauplan des Irrgartens zu Beginn von *Eisenvogel* ein müder Klacks. Entlang der Linien reihten sich, in scheinbar wahllosen Abständen, dunkelgraue Punkte aneinander wie Perlen auf einer Schnur. Wie viele mochten das sein? Mehrere tausend, ganz sicher. Einige hundert Punkte, größer als der Rest und leuchtend rot, bildeten eine Ausnahme. Sie schienen ebenso beliebig über die Karte verteilt, markierten aber fast ausschließlich Schnittstellen, an denen die hellen Linien sich kreuzten.

Was für ein Chaos.

Als wäre das alles nicht rätselhaft genug, zierten auch noch einige farbige und detailreiche, etwa handtellergroße Abbildungen die Karte. Max durchschritt den Hof und zählte zehn davon: Da waren ein Pferd, ein Raubvogel, ein fünfzackiger Stern, ein abgeerntetes Getreidefeld, auf dem nur noch die Stoppeln einiger Halme standen, und ein großes Gewässer. Er entdeckte eine Art Schloss sowie einen schlichten Turm, eine Ansammlung von Bäumen mit weißer Rinde und einen Brunnen, sogar ein Skelett.

Toll. Prima. Was sollte der Quatsch? Wie sollte sich irgendein Mensch auf dieser Karte zurechtfinden? Da blickte doch keiner durch. Man hätte ihn genauso gut auf einen fremden Planeten schicken können, in eine fremde, riesige Metropole mit nichts in der Hand als einem unzureichenden –

»Stadtplan!«, entfuhr es ihm.

Das Wort hetzte als Echo um die runden Wände: *Stadtplan … adtplan … plan …*

War das möglich? Aufgeregt und mit großen Schritten eilte er über die Karte, schätzte Entfernungen ein, stellte Bezüge her. Turm, Skelett, Raubvogel, Stern … Natürlich, das war es: Turmstraße, Röntgental, Adlershof, Südstern! Das Pferd – das war Hoppegarten im Osten, dort befand sich die Pferderennbahn. Das abgeerntete Feld: Blankenfelde im Süden. Was er für ein Schloss gehalten hatte, war die Haltestelle Zitadelle in Spandau. Bei den Bäumen mit den weißen Stämmen handelte es sich um Birkenwerder, unten im Süden, und bei dem Gewässer im Südwesten um Nikolassee oder Wannsee. Alles passte. Was hier zu seinen Füßen lag, war nichts anderes als ein Stadtplan Berlins! Die roten Punkte kennzeichneten U- und S-Bahn-Stationen, bei den grauen musste es sich um Haltestellen für Busse und Straßenbahnen handeln.

»Todschick«, sagte Max mit einem anerkennenden Nicken.

Todschick … dschick … ick …

Er ging in die Hocke und tippte aufs Geratewohl einen

der hellen kleinen Punkte mit dem Finger an. Der Punkt glühte auf. Er berührte ihn erneut. Der Punkt erlosch. Ein drittes Tippen brachte ihn wieder zum Glühen. Max ließ ihn leuchten, bewegte sich ein Stück weiter nach rechts und berührte dort einen weiteren Punkt. Auch dieser glühte auf. Wenige Sekunden später ertönte ein Rattern und Knarren, als hätte ein unter der Karte verborgenes Räderwerk sich in Gang gesetzt. Beide Punkte erloschen.

Okay, das war einfach. Man konnte also zwei Punkte miteinander verbinden. Aber offenbar gab es nur eine passende Kombination. Irgendein Punkt markierte seinen Standort, ein anderer den des mechanischen Prinzen. Berührte er die beiden richtigen, würde vermutlich die kürzeste Verbindung zwischen ihnen aufleuchten und irgendein Transportmechanismus in Gang gesetzt werden. Das war wirklich einfach. Nur …

Wo auf der Karte bin ich?

Wo befindet sich der Prinz?

Auf dem Stadtplan selbst fand sich nicht der geringste Anhaltspunkt dafür, wohin er sich zu bewegen hatte. Aber es musste eine Lösung geben. Es musste.

Denk nach, Max, denk nach!

Er kannte sie alle, die Namen der U- und S-Bahn-Stationen, jede einzelne hatte er aufgesucht an seinen einsamen Tagen, die ihn in die Stadt oder in ihre Außenbezirke getrieben hatten. Ebenso kannte er einen guten Teil der Haltestellen für Busse und Straßenbahnen, wenn auch, bis auf wenige markante Ausnahmen, nicht mit Namen.

Denk nach.

Los, streng dich an.

Woher komme ich, wohin gehe ich?

Wer bin ich?

Wohin will ich?

Ich bin Max.

Ich will zum mechanischen Prinzen.

Max.

Prinz.

Ahh ... Er spürte förmlich, wie ein Grinsen sich in sein Gesicht stahl. Sollte mal bloß keiner behaupten, er wäre auf den Kopf gefallen.

Maxstraße!

Prinzenstraße!

Das musste es sein.

Zumindest war es einen Versuch wert.

Er blickte suchend über die Karte. Da vorn, die beiden roten Punkte, das waren, wenn er sich nicht täuschte, Osloer Straße und Nauener Platz. Er rannte zu der Stelle. Von hier aus eine runter bis zur nächsten Einmündung, dieser graue Punkt ... Bushaltestelle Maxstraße. Er streckte die rechte Hand aus und tippte mit der Spitze von Trauerklinge auf den Boden. Der Punkt glühte auf. Okay, das bedeutete noch gar nichts. Er drehte sich um, orientierte sich neu, lief über die Karte und senkte erneut die Schwertspitze, diesmal auf einen roten Punkt. Das musste der U-Bahnhof Prinzenstraße in Kreuzberg sein. Der Punkt leuchtete ebenfalls auf. Das Rattern und Knarren ertönte und ... die Lichter blieben an!

Bingo! Ich hab's geschafft! Ich –

Das Geräusch endete abrupt. Die Fackeln erloschen, wie

von einer riesenhaften Faust zerdrückt. Dunkelheit fiel über den Hof. Die Luft wurde schlagartig kälter.

Empfindlich kälter.

Max hörte sich atmen. Ein Ruck ging durch seinen Körper und trieb ihn einen Schritt nach vorn. Für einen winzigen, aber nicht unangenehmen Moment wurde er an die Passage durch das Nichts erinnert, das die versteckten Bahnhöfe mit den Refugien verband. Dann stand er abwartend in der Schwärze. Er kniff die Augen angestrengt zu schmalen Schlitzen zusammen. Aber es waren seine Ohren, die ihm mitteilten, dass er sein Ziel erreicht hatte. Eine Stimme erklang. Keine menschliche Kehle konnte eine solche Stimme hervorbringen. Ein Surren wie von einer Aufziehuhr ertönte, gefolgt von einem Klackern, als fielen winzige Bausteine gegeneinander oder als regneten Nägel auf ein Blechdach. Die Stimme kam von überall, sie erfüllte die Dunkelheit, sie erfüllte seinen Kopf:

Willkommen, Max. Bist du bereit, zu sterben?

»Wow.« Ich stieß einen Pfiff aus. »Kein schlechter Auftritt.«

»Vielleicht. Aber ob du's glaubst oder nicht, ich war kein bisschen beeindruckt. Na gut, ein bisschen. So viel.« Max hob eine Hand und hielt Daumen und Zeigefinger einen Zentimeter auseinander. »Ich meine, das war ja wohl irgendwie klar, dass der Prinz mich nicht vor sich antanzen ließ, nur um mich gleich einen Kopf kürzer zu machen, weißt du.«

»Ich hätte mir vor Angst in die Hosen gepinkelt.« Ich

schob mich unwohl auf dem Sofa hin und her. »Apropos – ich muss mal.«

»Dann geh doch.«

»Ich will aber nicht. Die Geschichte ist so spannend.«

»Sie läuft dir nicht weg. Ich auch nicht.«

Als ich von der Toilette wiederkam, stand Max am Fenster. Nana saß neben ihm. Er kraulte sie hinter den Ohren und sah dabei nach draußen. Er wirkte so klein vor dem hohen Fenster, ein wenig verloren … Ich versuchte, ihn mir mit Trauerklinge in der Hand vorzustellen, einen Rucksack voller Herzfinster auf den Schultern, in eine Dunkelheit lauschend, die unter der Stimme des mechanischen Prinzen zersplitterte.

»Dein Glas ist leer«, sagte ich. »Magst du noch eine Bananenmilch?«

»Ja. Danke.«

»Wie sah er aus?«

»Der Prinz?« Max überlegte. »Als es heller wurde, konnte ich ihn sehen. Er saß auf seinem Thron. Er war so groß wie ein normaler Mann, schätze ich, nur … Also, es war ein bisschen so, als wäre er gar kein Mann, aber auch keine Frau. Er war beides und doch nichts von beiden, weißt du.«

»Geschlechtslos«, sagte ich.

»Genau. Aber wunderschön. Nur seine schwarzen Augen … und die Handschuhe …« Max löste sich vom Fenster. Auf dem Weg zum Sessel nahm er sein Glas vom Tisch. Nana schaffte es nicht, ihm zu folgen, sie klappte unter der Fensterbank in sich zusammen.

»Natürlich hatte ich einen Thronsaal erwartet«, fuhr Max fort. »Und es *war* ein Thronsaal, aber ein ziemlich schäbiger. Klein, meine ich. Und völlig leer. Nur die Wände, an denen hingen Teppiche, von oben bis unten, aber ihr Stoff war brüchig und die Abbildungen darauf so verblasst, dass man nichts erkennen konnte. Der Boden war aus Marmor, glaube ich, ich kenn mich da nicht so aus. Jedenfalls schwarz und spiegelblank.«

»Woher kam das Licht? Gab es Fackeln?«

»Keine Fackeln. Das Licht war einfach da.«

»Und der Thron – wie sah der Thron aus?«

»Wie ein großer Sessel.« Max nippte nachdenklich an seiner Milch. »Hübsch eigentlich, mit einer hohen Rückenlehne und mit rotem Samt oder so bezogen. Aber nichts Besonderes. Das einzig Besondere war der Prinz.«

»Und seine Handschuhe«, sagte ich.

»Ja. Und seine Handschuhe.«

Es war das Gesicht eines Menschen. Schmal, gespenstisch bleich wie das eines Albinos, strahlte es eine beängstigende Schönheit aus. Silberne Haare fielen in eine stolze Stirn. Die Augen waren glanzlos und schwarz, ihnen fehlte das Weiß und die Pupillen. Hohe Wangenknochen, die Nase kaum mehr als ein schmaler, ernster Strich. Im markanten Kinn ein Grübchen, und ein voller, scharf gezeichneter Mund mit blassroten, glänzenden Lippen. Wen diese Lippen küssten, ob Frau oder Mann, der würde sterben oder ewig leben.

Der Rest des Prinzen hingegen … Er war Körper und Rüstung zugleich, anders als alles, was Max je zuvor gesehen oder sich vorgestellt hatte. Er *war* mechanisch, ganz ohne Frage, aber er war nicht ausschließlich stählern. O nein. Der Prinz bestand aus hunderten ineinander greifender Bauteile. Die meisten schimmerten wie Kupfer oder Messing. Bei der geringsten Bewegung ihres Trägers versprühten sie ein Feuerwerk rötlicher Blitze. Zierliche, mit Gold bedampfte Schienen drückten gegen chromglänzende Plättchen. Drähte und Spulen glühten. Winzige Zahnräder aus Kristall tickten neben Aufziehwerken aus zerbrechlichem Glas. Zwischen wippenden Schaltern und rotierenden Zylindern glänzten Schrauben und Nieten, die aussahen, als wären die Schnecken des Salve Caruso darüber gekrochen. Wo die Einzelteile dieses fremden Organismus sich nicht gegenseitig stützten, verband sie ein Netzwerk aus grünen Ranken, deren Rinde hier und dort aufgeplatzt war, um Blüten in allen Farben des Regenbogens auszutreiben. Unter jedem Atemzug des Prinzen surrten stählerne Federn, schwangen bronzene Klöppel, schoben feinste Porzellangestänge sich wie hydraulische Pumpen ineinander. Öl glänzte. An einer länglichen Schiene am Hals des Prinzen lief eine glasklare Flüssigkeit hinab und tropfte in die wie aus dreifachen Messerklingen geschweißte Schulterbeuge. Und über der ganzen phantastischen Gestalt lag ein rosiger Schimmer, von unzähligen Fäden ausgehend, die wie Glasfasern selbst in die kleinsten Hohlräume der Rüstung eindrangen oder sich in deren Bauteile bohrten, hier in ein aus grünen oder blauen Edelsteinen gedrehtes Gewinde, dort in einen aus Elfenbein gearbeiteten Bolzen.

Max zuckte zusammen, als der Prinz sich, abrupt und

ruckartig wie ein Roboter, nach vorn beugte. Rasseln und Surren erfüllte den kalten Saal. Durch die Lücken in der nicht vollständig geschlossenen mechanischen Brust konnte er den glänzend roten Samt der Rückenlehne des Throns sehen. Die Arme des Prinzen ruhten still auf den Lehnen.

Aber seine Handschuhe bewegten sich.

Die schrecklichen Handschuhe.

Mit Blicken und dem bloßen Verstand waren sie kaum fassbar. Sie änderten fortwährend ihre Form. Mal glühten die Fingerspitzen brennend rot auf, dann verwandelten sie sich in Messer, o ja, in Messerhände. Im nächsten Moment kristallisierten sie zu dampfendem Eis, nur um unmittelbar darauf geschmeidig zu werden, zu züngeln und zu zischeln als schwarzgelbe Schlangen. Die zuckenden Körper zerfielen zu winzigen Leibern, jetzt waren es dutzende von Wespen, die über die Ränder der Thronlehnen fielen. Es ging immer schneller. Die Handschuhe des Prinzen änderten ihre Farbe, schimmerten wie Perlmutt, dann silbern wie Spinnenseide. Sie wurden menschlich, Männerhände, Frauenhände, sie verwandelten sich in Feuer, zerflossen als Wasser, zerbrachen zu Erde, wurden zu Milch, zu Honig, sie verblichen zu Dunst, sie zerstoben als Nebel …

Wie hypnotisiert torkelte Max nach vorn. Er war nur noch drei Schritte von dem Prinzen entfernt, als die Magie schlagartig erlosch. Der Prinz hob abwehrend eine Hand, die plötzlich nur noch so aussah wie die einer alltäglichen Ritterrüstung.

Komm nicht näher. Du würdest verbrennen.

Max schüttelte benommen den Kopf. Noch so eine Vorstellung, und er würde schreiend davonlaufen. Eine kleine, spöttische Stimme in seinem Kopf fragte: *Ach, tatsächlich? Wohin denn?* Jetzt bloß keine Panik. Am besten, man fing ganz vorn an. Immerhin musste er diesem Geschöpf nicht die Hand geben, um sich ihm vorzustellen, sein Gastgeber hatte gewusst, dass er zu ihm kam. Während der Prinz selbst ihm einige Erklärungen schuldig war. Es gehörte lediglich etwas Mut dazu, ihn auszufragen. Man musste versuchen, hinter die Fassade zu blicken, so tun, als wären der mechanische Körper und die schrecklichen Handschuhe nicht wirklich. Genau. Schließlich war das Äußere nur eine Hülle. Ein Versteck für erbärmliche Feiglinge.

Max holte tief Luft.

»Wer bist du? *Was* bist du?«

Der Prinz öffnete den Mund. Die blutroten Lippen.

Ich bin, der ich bin. Ich bin ewig und niemals, einzig und tausendfach, alle und keiner. Ich vergehe, ich erstehe.

Auf jeden Fall ein Erwachsener, dachte Max. Das war wieder einer dieser Sätze, aus denen kein Kind schlau wurde. Offensichtlich lernten manche Leute mit dem Älterwerden eine komplett neue Sprache. Doch das Wesen, das hier vor ihm saß, war nie älter geworden. Und es war kein Mensch. Etwas so Fremdartiges, etwas so Furchtbares und gleichzeitig Schönes würde er nie wieder zu Gesicht bekommen. Den Prinzen sehen zu dürfen war ein Geschenk. Man konnte Stunden damit verbringen, in dieses verrückte Räderwerk zu schauen, dem hundertfachen Ticken und Sirren und Klingeln zu lauschen. Aber deshalb war er nicht hierher gekommen, nicht wahr?

Du weißt, warum du hier bist.

Der Prinz tastete sich durch seine Gedanken. Warum er hier war … Musste man das unbedingt in Worte fassen? Mit etwas Abstand betrachtet, war es schließlich gar keine so große Sache. Gut, ab und zu war er ein bisschen traurig, aber ansonsten ging es ihm hervorragend. Er war nicht in Afrika zur Welt gekommen, wo Kinder verhungerten oder an grausamen Krankheiten starben. Im Gegensatz zu dem Einarmigen war an ihm noch alles dran, er war gesund und putzmunter. Er war auch keine Halbvollwaise, die zusehen musste, wie sie allein auf der Welt klarkam, sondern er hatte Eltern, die … die …

Und plötzlich war alles ganz einfach, kamen die Worte ganz von allein. »Ich bin hier, weil ich immer so traurig bin«, sagte er. »Ich bin meinen Eltern egal, weißt du.«

Sie haben dir dein Herz ausgetrieben.

Max nickte schüchtern. Na ja, so konnte man es auch nennen. Er kam nicht umhin, nach der Stelle in der Brust des Prinzen zu suchen, wo sich *dessen* Herz befinden musste. Und da war es – ein goldenes, bauchiges Gefäß, das in alle Richtungen transparente, sich aufzweigende Röhren entließ. Das Herz dehnte sich aus und zog sich wieder zusammen. Mit jedem Pumpen schoss rote Flüssigkeit in die gläsernen Leitungen, um von dort weiter in die unzähligen, haarfeinen Fäden zu fließen, die den mechanischen Organismus versorgten und rosig erschimmern ließen.

Viele Menschen leben ohne Herz. Wenn du dir deines nicht zurückholst, wirst du zu einem von ihnen.

Max hob hilflos die Hände. »Also, ich würde ja gern, aber … wo ist es denn?«

Jetzt tat der Prinz etwas, was Max gar nicht gefiel. Er bewegte den linken Handschuh. Bolzen verschoben sich mit leisem Knirschen in den Gelenken, silberne Streben blitzten, Knospen brachen aus den grünen Ranken, platzten rot und blau auf, entließen einen betäubenden Duft und verwelkten noch in derselben Sekunde. Vor Max, der eben noch überlegt hatte, ob er nicht besser die Augen zukneifen sollte, flackerte ein Bild auf. Als würde zwischen ihm und dem Prinzen ein Film in die bloße Luft projiziert. Im ersten Moment fühlte er sich ins Salve Caruso zurückversetzt, doch dann bemerkte er, dass er sich täuschte. Er sah eine Lichtung. Die ihren Rand begrenzenden Bäume waren viel fremdartiger als diejenigen, die er aus dem Schreckensrefugium kannte. Sie glichen eher riesigen Palmen oder Farnen … und sie waren winzig gegen das Gebäude, das sie umstanden. Es musste ein Tempel oder so etwas sein. Von seiner gewaltigen rechteckigen Basis aus wuchs er, sich stetig nach oben verjüngend, hinauf in den Himmel – einen *grünen* Himmel. Das Bild drehte sich. Auf keiner Seite des Gebäudes waren Mauerritzen erkennbar, es wirkte wie aus einem einzigen gigantischen Berg gehauen. Herausgeschnitten und ausgehöhlt. Es hatte weder Fenster noch Türen, aber in einer der glatten Mauern entdeckte Max einen offenen, tunnelgleichen Zugang.

Ein erneutes, fast unmerkliches Zucken des Handschuhs, und das Bild änderte sich. Jetzt war da eine Halle, eine sehr große Halle, rot ausgeleuchtet, offensichtlich das Innere des Tempels, denn in einiger Entfernung war der schlichte Eingang zu erkennen. Max legte den Kopf weit in den Nacken, nur wenig überrascht, dass er mit dieser Bewegung das Bild steuerte. Hoch oben, im Dach des Tempels, war ein winziger quadratischer Ausschnitt ausgespart, durch den man ein Stück des grünen Himmels sehen konnte. Er senkte den Blick zurück nach unten. Aus allen Wänden wuchsen Regale hervor, treppenartig übereinander angebracht, das schmalste Bord in der obersten Reihe, das tiefste ganz unten. Jeweils um die zwanzig, schätzte er grob. Das rote Leuchten kam von dort, von den unzähligen Objekten, die dort dicht an dicht nebeneinander aufgereiht lagen. Herzen. Tausende von Herzen. Abertausende. Und das waren nicht etwa lustige kleine Bilderbuchherzen, o nein. Es waren *echte* Herzen, *lebendige* Herzen. Sie glänzten feucht. Gekappte Arterien und Venen ragten aus dem roten Muskelgewebe hervor. Manche der Organe pulsierten heftig, andere schwächer. Einige wenige schlugen so gut wie gar nicht mehr.

Wahnsinn, dachte Max. Er atmete zitternd ein. Das waren die Herzen von Kindern wie ihm, von Kartenkindern. Er fühlte sein eigenes Herz heftig gegen seine Brust pochen und wusste, dass irgendwo in einem der Regale dessen Spiegelbild in exakt demselben Takt schlug. Sein ausgetriebenes Herz. *So ein Wahnsinn.*

Er zuckte unwillkürlich zusammen, als ein Schatten durch das Bild flatterte. Er hob den Kopf. Etwas bewegte sich dort oben. Da war ein Flattern und Flügelschlagen. Ein Vogel. Nein, mehrere Vögel. Sie glichen Sperlingen, aber sie bestanden aus Metall, aus Glas, aus zersplitterten Edelsteinen. Mechanische Vögel, auf ihre Art perfekte Abbilder des

Prinzen. Kleine Schwingen aus Kupfer und Messing wirbelten auf und ab. Winzige, smaragdgrüne Augen leuchteten. Die Vögel flogen durch die Halle, verteilten sich. Jeder suchte eines der fast erloschenen Herzen. Silberne Krallen streckten sich aus, bohrten sich in das weiche Fleisch ... hoben es an ... trugen es davon, hoch nach oben, durch die Öffnung im Dach des Tempels in den grünen Himmel hinaus. Trugen es fort –

»Wohin?«

Es stirbt, Max. Ein Eisenvogel ist bereits auf dem Weg zur Halle der Seelen. Du musst vor ihm dort ankommen.

»Ja, aber ...« Max wollte auf das Bild zeigen, aber es erlosch, noch ehe er die Hand ganz gehoben hatte. Vor ihm surrte und klickte nun wieder, in all seiner unmöglichen mechanischen Pracht, der Prinz. »Wenn ich es nicht schaffe, wohin bringt er dann mein Herz?«

Zum Turm der Gesänge. Doch das muss dich nicht interessieren. Sobald der Vogel dein Herz ergriffen und die Halle damit verlassen hat, ist es zu spät für dich.

»Was ist der Turm der Gesänge?«

Er steht außerhalb der Refugien und außerhalb von Raum und Zeit. Kein Mensch hat ihn je zu Gesicht bekommen. Selbst mir ist er verschlossen.

Das ließ ihm keine große Wahl. Sein Herz ... Wenn er es zurückhaben wollte – und er *wollte* es zurückhaben –, musste er vor dem Eisenvogel die Halle der Seelen erreichen. Was bedeutete, dass jede Minute kostbar war. Sein Herz ...

Wahnsinn.

Er hoffte, dass seine Stimme nicht so zittrig klang, wie er sich fühlte. »Also gut, dann … dann mache ich mich besser sofort auf den Weg, oder? Wie komme ich durch die Egal-Tore?«

Du brauchst einen Schlüssel.

Ach wirklich. Darauf wäre er von allein gar nicht gekommen. »Und wie«, sagte Max ungeduldig, »komme ich an einen Schlüssel ran?«

Indem du um ihn kämpfst.

Es kam völlig unerwartet. Der linke Handschuh des Prinzen glühte blau auf und explodierte. Mit einem Aufschrei riss Max die Hände vor die Augen und ließ sich zu Boden fallen. Ein Knistern erfüllte den Thronsaal, als würden enorme Mengen statischer Energie sich zwischen Decke und Boden entladen. Es dauerte nur Sekunden, dann war der Spuk vorüber. Max hörte das mechanische Surren und Klackern des Prinzen und blinzelte zwischen den Fingern hindurch.

Der Prinz hatte sich nicht von der Stelle bewegt – vielleicht *konnte* er sich nicht von der Stelle bewegen – und sein linker Handschuh war völlig intakt. Aber sie waren nicht mehr allein im Thronsaal. Nur einen Meter von seinem Gesicht entfernt schwebten, wie von Geisterhand in der Luft gehalten und im Inneren einer großen Luftblase gefangen, der Fuchs und Luchs. Sie zappelten und schlugen um sich. Die braunen und die roten Haare hingen ihnen in die verschwitzten Stirnen. Ihre Münder waren aufgerissen, ihre Lippen bewegten sich, vermutlich winselten sie vor Entsetzen, aber er hörte sie nicht. Max studierte neugierig ihre Gesichter. Sahen sie ihn oder den Prinzen? Nichts wies darauf hin. *Was* sahen sie? Glaubten sie, dass sie träumten, einen gemeinsamen Traum? War die Festung des mechanischen Prinzen der Ort, an dem Albträume begannen und endeten ... oder niemals endeten?

Max, bist du bereit?

Kämpfen.

O Mann.

Er knabberte unsicher auf der Unterlippe. Elfie hatte es ihm erklärt, aber er hatte nicht mehr daran gedacht: dass der mechanische Prinz ihn einer oder mehreren Prüfungen unterziehen würde, bei denen er nicht versagen dürfte. Denn wenn das geschah, war der weite Weg hierher vergebens gewesen.

Mein Herz ...

Seine Hände ballten sich zu Fäusten. Er hatte sich nicht bis in diese Festung am Ende von Zeit und Raum durchgeschlagen, sich nicht den Schrecken der Refugien und der magischen Handschuhe des Prinzen ausgesetzt, nur um sich jetzt von zwei Idioten wie dem Fuchs und dem Luchs den Weg versperren zu lassen. Er würde ihnen schon zeigen, wie man kämpfte. Zugegeben, es könnte ein bisschen knapp werden, wenn der Prinz ihn gegen beide gleichzeitig antreten ließ, aber vielleicht ließ er ja mit sich reden, vielleicht –

Du kannst jedes beliebige Herzfinster gegen sie einsetzen. Jetzt gleich. Entscheide dich.

»Wow!«, flüsterte Max.

Das war sogar noch besser als erwartet. Ob sie nun träumten oder nicht, der Luchs und der Fuchs wussten offensichtlich nicht, wo sie sich befanden. Sie hingen hilflos in der Luft, die Augen weit aufgerissen, aber blind, und der Fuchs – ausgerechnet, dieses Großmaul – klammerte sich an die Hand seines Freundes. Elender Feigling. Mann, hatten die beiden einen Schiss! *Dieses* Gefühl kannte er nur zu gut. Sich nicht von der Stelle rühren zu können. Alles ohne Widerworte zu schlucken. Schläge einzustecken, in den Bauch und ins Gesicht, ohne sie zurückzugeben. Nur an diese Demütigungen zu denken, erfüllte ihn mit blankem Hass. O ja. Jetzt würde er den beiden zeigen, was es hieß, auf der Verliererseite zu stehen. Jetzt würden sie die Macht seiner Herzfinster zu spüren bekommen. Er konnte sie so richtig fertig machen, vielleicht sogar töten. Und wäre das so schlimm? Aus Typen wie denen wurden später sowieso Verbrecher. Wenn er sie nicht flachlegte, würden die beiden irgendwann andere Leute flachlegen, garantiert. Er tat der Welt nur einen Gefallen, indem er sie auslöschte.

Max, entscheide dich.

»Bin ja schon dabei.«

Natürlich könnte er kurzen Prozess mit den beiden machen, indem er sie mit dem Schwert in kleine Stücke schnitt. Aber wer weiß, welche Kräfte in den anderen Herzfinstern schlummerten. Er legte Trauerklinge auf den Boden, zog hastig seinen Rucksack ab und kramte darin herum. Da war die Spinnenseide aus dem Salve Caruso. Vielleicht konnte er den Fuchs und den Luchs damit fesseln, nur für den Fall. Dann der Eisklumpen mit den roten Würmern. Elfie hatte ihn nur flüchtig berührt und sich dabei verbrannt. Was geschah wohl, wenn er einem der beiden Jungen damit über das Gesicht strich, wie sie ihm mit den Fritten übers Gesicht gestrichen hatten? Egal, er würde sie fertig machen. Er kramte weiter im Rucksack. Die Phiole – was richteten die Tränen aus dem *Mare Lacrimarum* an, wenn man sie ausschüttete? Wie beißend war ihr Salz? Auch egal, er würde sie fertig machen, fertig machen. Und die Feder, wozu war die wohl gut, die Taubenfeder von der alten Marlene …

Du wandelst am Abgrund.

Manche von euch schaffen es nicht.

Krumm oder gerade.

Max hielt mitten in der Bewegung inne. Er schloss die Augen. Er hatte keine Ahnung, ob der Abgrund den Luchs und den Fuchs bereits völlig verschluckt hatte. Keine Ahnung, was sie überhaupt an den Rand des Abgrunds getrieben hatte. Keine Ahnung, wann zwei Eisenvögel losgeflogen waren, um ihre Herzen aus der Halle der Seelen zum Turm der Gesänge zu bringen. Etwas kullerte nass seine Wangen herab. Wann hatte er zu weinen begonnen? Wann hatte sein Herz so sehr zu brennen begonnen, dass es ihm in der Brust schmerzte? Er atmete tief ein und wieder aus. Es war, als würde etwas aus ihm entweichen. Nicht für immer. Nur für den Moment.

Nur für jetzt.

Er wischte sich über die Augen. Er schloss den Rucksack, setzte ihn wieder auf und griff nach Trauerklinge. »Ich will das nicht«, sagte er. »Lass sie gehen. Sie können nichts dafür.«

Sie treffen ihre eigenen Entscheidungen, zum Guten wie zum Bösen. Sie haben die Wahl. Sie verdienen es, bestraft zu werden.

»Vielleicht ist das so«, sagte Max. »Aber ich will nicht genauso fies werden wie die beiden. Nur weil ich im Moment stärker bin.«

Er musterte die jämmerlichen Figuren der zwei Jungen. Er musste nur einen Arm ausstrecken, um sie zu berühren. Der Luchs hatte zu weinen begonnen. Der Fuchs hatte die Hände gefaltet, seine Lippen bewegten sich. Nein, kein Kampf. Es war ihm gleichgültig, ob er damit sein Herz aufs Spiel setzte. Keine Strafe konnte schlimmer sein als der Gedanke, eines Tages so zu werden wie seine Peiniger. Ein fieses Schwein. Lieber würde er für den Rest seines Lebens an dem verdammten *Mare Lacrimarum* sitzen und sich die Augen ausheulen, als gegen die beiden zu kämpfen, wehrlos oder nicht.

Er blickte trotzig in Richtung des Prinzen. Das schöne Gesicht war unlesbar, kein silberner Wimpernschlag fiel über die schwarzen Augen. Eine Sekunde, zwei Ewigkeiten verstrichen. Dann zuckte der rechte Handschuh. Etwas klackte. Die Gestalten der verängstigten Jungen, eben noch so gegenwärtig, flimmerten kurz auf und erloschen. Milchig leuchtender Nebel blieb zurück, stürzte in sich zusammen, drehte sich, formte sich. Sekunden später hing, um die eigene Achse rotierend, ein Schlüssel in der Luft. Max starrte den Prinzen verblüfft an. Er hatte kämpfen sollen, aber der Einzige, gegen den er tatsächlich gekämpft hatte, war er selbst gewesen und –

Der Prinz ist verschlagen.
Er versteckt die Wahrheit hinter Doppeldeutigkeiten.
Ahh … O Mann!

»Das war clever«, sagte Max erleichtert. »Wenn auch nicht besonders fair.«

Etwas surrte. Aus dem goldenen Gefäß in der Brust des Prinzen schoss es rot in die glasigen Fasern, die zwischen den Bauteilen des mechanischen Körpers verschwanden. Die Rüstung des Prinzen begann rosig zu schimmern. Zwei strahlend gelbe Blüten öffneten sich und ertranken in schwarzem, über sie hinwegfließendem Öl, als der Herrscher über die Refugien eine Verbeugung andeutete.

Nimm den Schlüssel. Sobald du diesen Saal verlässt, wirst du dich vor den Egal-Toren wiederfinden.

Max streckte zögernd eine Hand aus und pflückte mit angehaltenem Atem den Schlüssel aus der Luft. Dass er sich nicht durch die Hecke zurückkämpfen musste, war ja eine nette Geste. Aber womöglich hatte der Prinz noch andere fiese Tricks auf Lager.

Nichts geschah. Was da kühl in seiner Hand lag, war ein altmodischer, aber stinknormaler Schlüssel. Aufatmend ließ er ihn in die Hosentasche gleiten. »Wenn ich nicht vor dem Eisenvogel bei der Halle der Seelen ankomme«, wandte er sich an den Prinzen, »was genau passiert dann mit mir?«

Dann wirst du zu einem Menschen ohne Herz. Und ich werde ein Pfand von dir einfordern. Eine Hand, ein Auge, einen Arm …

Die unvermittelten Worte, so völlig ohne jedes Gefühl vorgetragen, so ganz und gar seelenlos, waren wie ein Schlag ins Gesicht. Das war es also, was Elfie ihm verschwiegen hatte. Von wegen, sein Leben ginge weiter wie zuvor, wenn er die vom Prinzen auferlegten Prüfungen nicht bestand.

Warum hatte sie die Unwahrheit gesagt? Um ihn zu schützen oder weil er ihr Leid getan hatte? Damit er den Mut nicht verlor?

Ein Pfand ... Plötzlich fand Max den Prinzen nur noch widerlich. *Der Bettler,* dachte er. *O Gott, der arme Bettler!* Der Einarmige hatte es nie bis zur Halle der Seelen geschafft. War in irgendeinem seiner Refugien gescheitert. Deshalb hatte er das Ticket nicht mehr benutzen dürfen. Aber der Prinz hatte es ihm gelassen, als ewige Erinnerung an sein Versagen. Als Erinnerung daran, dass Tanelorn ihm für immer verschlossen blieb. Das goldene Ticket und einen rosigen Armstumpf. Was hatte der Prinz mit dem Arm *gemacht?*

Max holte tief Luft und umklammerte Trauerklinge. Noch hatte er beide Arme. Je eher er von hier verschwand, umso besser. Er wandte sich ab. Sollte der Prinz hier sitzen bleiben bis in alle Ewigkeit – er selbst hatte zu tun. Er musste sein Herz wiederfinden.

Er hatte keine drei Schritte getan, als hinter seinem Rücken die mechanische Stimme erklang.

Max.

Er blieb stehen.

Für deine Hartnäckigkeit steht dir eine Belohnung zu.

Eine Belohnung? Was für eine Belohnung? Davon war nie die Rede gewesen. Eine Prüfung, okay. Aber von einer Belohnung hatte ihm niemand erzählt, weder der Einarmige noch Marlene, weder Tanita noch –

Elfie? Was würdest du geben auf das Wort einer Diebin?

Max wirbelte empört herum. »Sie ist keine Diebin!«

Sie hat ein Herzfinster behalten.

»Hat sie nicht!«

Der Prinz bewegte den linken Handschuh um den Bruchteil eines Millimeters. Um den *wütenden* Bruchteil eines Millimeters. Das Schwindelgefühl ergriff Max wie ein Sturmwind. Es war dasselbe Schwindelgefühl, mit dem er heute Morgen – vor einer Ewigkeit heute Morgen – nach dem Aufstehen gekämpft hatte. Nur war es diesmal um vieles überwältigender und schlimmer. Ausgelöst durch eine winzige Bewegung eines schrecklichen Handschuhs. Er sackte in die Knie. Trauerklinge entglitt seiner Hand. Sein Magen krampfte sich zusammen. Im nächsten Moment übergab er sich hustend auf den marmornen schwarzen Boden.

Du wagst es, mir ins Gesicht zu lügen? Ich kann dich zu Staub zermahlen. In Asche verwandeln. Ein Gott könnte dich nicht retten vor dem Zorn des Herrschers über die Refugien.

Die Worte wurden mit derselben Teilnahmslosigkeit geäußert wie bisher jeder Satz des Prinzen. Trotzdem fühlte Max, wie sein Herz vor Furcht in seiner Brust herumstolperte. Na ja, dachte er, wenigstens schlug es überhaupt noch. Er fuhr sich mit einer Hand über die Lippen und wischte die Finger an der Hose ab. Mit einem Griff nach Trauerklinge rappelte er sich auf.

»Okay, Elfie hat ein Herzfinster mitgenommen. Na und? Dann war das eben *ihre* Belohnung. Wahrscheinlich hat sie sich dafür auch ordentlich abrackern müssen in ihren Refugien. Oder hast du es ihr leichter gemacht als mir?«

Das Gewicht seiner Prüfungen erlegt jeder sich selber auf. Schon aus diesem Grund sollte es ein Vergnügen sein, dir dabei zuzusehen, wie du um dich kämpfst, Max.

O ja, todsicher würde das diesem Kerl Spaß machen! Andere Unterhaltung hatte er ja nicht in seinem langweiligen Thronsaal. Vielleicht sollte ihm mal jemand einen Fernseher schenken. Oder einen Schraubenzieher, dann konnte er die Glotze aus sich selbst zusammenbauen.

»Ich hab nicht mehr viel Zeit, das hast du selbst gesagt.« Max blitzte den Prinzen böse an. »Also, was ist das für eine Belohnung, von der du gesprochen hast?«

Du musst deinen Weg nicht allein gehen. Ich gestatte dir einen Begleiter deiner Wahl.

Er sah überrascht auf. Was waren denn das für neue Töne? Ein weiterer Trick? Würde der Prinz, wenn er sein Angebot annahm, ihn verhöhnen und als Feigling bezeichnen, ihn womöglich nach Hause schicken?

»Hat die Sache einen Haken?«, fragte er misstrauisch.

Nein.

Max überlegte. Er wusste tatsächlich jemanden, den er gern bei sich hätte. In jedem Refugium hatte er daran gedacht. Es gab da natürlich das klitzekleine Problem, dass … Nein, nicht dran denken. Sollte der Prinz sich darüber den Kopf zerbrechen. Einen Versuch war es wert.

»Okay«, sagte er mit fester Stimme. »Ich will Jan.«

Wie du wünschst.

Der rechte Handschuh flammte auf. Wie zuvor war auch diesmal die Magie des Prinzen nicht flüssig und weich. Sie war, wie ihr Erzeuger selbst, mechanisch und heftig. Der Thron wurde in bläulich flackerndes Licht getaucht, und im Widerschein des Lichts sah Max, dass das, was er für schwarze Augen gehalten hatte, keine Augen waren.

Der mechanische Prinz war blind.

Seine Augenhöhlen waren leer.

Sieh nicht hinein. Du würdest dich darin verlieren. Selbst das Mare Lacrimarum kann sich nicht mit der Tiefe meiner Augen messen.

Das blaue Flackern erlosch. Max sah sich um. Nichts in dem Thronsaal hatte sich verändert. Da waren nur er und der Prinz.

»Wo ist er?«, sagte er leise. »Wo ist Jan?«

Schweigen lag über dem Thronsaal. Max blickte noch immer in die leeren schwarzen Augenhöhlen. Hieß es nicht, die Augen seien der Spiegel der Seele?

Sieh nicht hinein …

Und wenn man keine Augen hatte? Wo war die Seele dieses Roboters, der über die Schicksale von tausenden richtete? Was ging vor sich in der Seele des mechanischen Prinzen?

… nicht hinein …

Es rasselte, als ungezählte Rädchen und Federn ineinander griffen. Endlich –

Wo er immer gewesen ist. Und jetzt geh. Folge deinem Herzen.

Seinem Herzen, ja … Max zögerte. Das unbewegte Gesicht seines Gegenübers ertrank in Schatten und Schwärze. Am liebsten wäre er ihr gefolgt, dieser warmen, einladenden Dunkelheit. Plötzlich war er sich nicht mehr so sicher, ob er wirklich in das nächste Refugium wollte. Konnte er nicht hier bleiben, beim mechanischen Prinzen? Ihm zur Seite stehen, über Kartenkinder richten, sein Thronerbe werden? War es nicht unwichtig, ob der Eisenvogel sein Herz holte und wohin er es brachte? War ein Leben ohne Herz nicht viel verlockender, ein Leben, das von keiner Ungerechtigkeit mehr erschüttert werden konnte, von keiner Gemeinheit und keiner Angst?

»Darf … darf ich wiederkommen?«, sagte er leise.

Keine Antwort.

Kein Surren oder Klackern.

Nur die stillen, mechanischen Atemzüge des Prinzen. Das Pumpen des goldenen Herzens. Der unauslotbare, immer tiefer werdende Abgrund hinter den blinden Augen.

Ich hätte nicht hineinsehen dürfen. Wenn ich noch eine Minute länger hier stehen bleibe, kann ich mich nicht mehr von der Stelle rühren. Dann bleibe ich hier. Für immer und immer. Will ich das wirklich? Ein Bild schob sich vor seine Gedanken. Es war kein magisches, durch eine abrupte Bewegung des Handschuhs erwecktes Bild. Es musste eine Erinnerung sein. Sie war ein wenig verschwommen und blass, kaum greifbar, aber dennoch … Ein kleines Papierschiff trieb durch … was war das? Es trieb durch einen mit Regenwasser gefüllten Rinnstein, ja. Tipperte dahin, jagte munter dem Gully am Ende der Rinne entgegen, einem Bach, einem Fluss, dem offenen Meer.

Ich habe das Mare Lacrimarum *gesehen, aber noch nie das offene Meer. Das weite, das himmelblaue Meer. Eines Tages wollte ich das Meer sehen.*

Er riss sich vom Anblick des mechanischen Prinzen

los und drehte sich

um und ging

und

roch und schmeckte die schwefligen Ausdünstungen des
Sumpfs. Ein greller Blitz zerriss den Himmel. Es sah aus, als
würde ein purpurfarbener Vorhang geteilt, der sich gleich
darauf wieder schloss. In weiter Ferne grollte Donner. Wind
fuhr brausend in die Dornenhecke, um sich zwischen ihren
todbringenden Ranken zu verlieren und nie wieder herauszufinden. Vor Max erhoben sich, dunkel und abweisend, die
verschlossenen Egal-Tore. Am linken Pfeiler lehnte, nahezu
eins mit den Schatten, die Arme lässig überkreuzt, die Gestalt eines Jungen. Er stolperte darauf zu.

»Hey, mach mal halblang«, hörte er Jan sagen. »Du hast
schon dein Herz verloren. Da wollen wir doch nicht, dass du
dir auch noch das Näschen brichst!«

EISENVOGEL: FOLGE DEM GELBEN STEINWEG

Weiße Zähne blitzten unter einem breiten Grinsen, mehr war von Jans Gesicht im Dämmerlicht kaum zu erkennen. »Du warst dir nicht sicher, ob ich wirklich kommen würde, richtig?«, sagte er. »Aber wo du bist, da bin ich auch, so war das schon immer, oder? Außerdem will ich dabei sein, wenn in deinem gnadenlos langweiligen Leben endlich mal was passiert!«

Max, der wenige Schritte vor den Toren erwartungsvoll stehen geblieben war, grinste erleichtert zurück. Er hatte sich den Empfang schwieriger vorgestellt. *Weißt du Bescheid?,* wollte er fragen, doch das war überflüssig, denn er kannte die unausgesprochene Antwort: *Was du weißt, das weiß auch ich.* Auch das war schon immer so gewesen und es machte, zu einem guten Teil, ihre Freundschaft aus.

Jan trat aus den Schatten. Er trug Turnschuhe, Jeans und ein langärmeliges, dunkelblaues Shirt, auf dem in großen gelben Buchstaben NO PROBLEM stand. »Refugien, Eisenvögel, Halle der Seelen«, zählte er an drei Fingern ab, »und wenn ich das richtig verstanden habe, weit und breit kein McDonald's – das wird der reinste Spaziergang. Schätze, je eher wir aufbrechen, desto besser.«

Dass man ihm nicht viel erklären musste, war nur eines der Dinge, die Max an Jan mochte. Noch besser gefiel ihm, dass sein Freund keine unnötigen Fragen stellte, schnelle Entscheidungen traf und sich ohne mit der Wimper zu zucken in den größten Ärger stürzte, um ihn aus dem Weg zu räumen, *no problem*. Jawohl, und auch *das* war schon immer so gewesen. Einen besseren Begleiter, dachte er zufrieden, hätte er sich nicht aussuchen können.

»Wie fandest du ihn eigentlich?«, sagte Max.

»Wen, den Prinzen?« Jan verzog spöttisch den Mund. »Ehrlich gesagt, ist der Typ doch wohl die reinste Lachnummer. Ich meine, hey, einmal Nieselregen drüber, und dem rostet der Arsch auf seinem Thron fest.«

Zum ersten Mal seit Beginn seiner Irrfahrt durch die Refugien musste Max lachen. Es war ein wunderbar befreiendes Gefühl. »Hast du zufällig eine Waffe mitgebracht?«, fragte er ihn. »Ein Schwert?«

»Nee, deins muss reichen.« Jan streckte einen starken Unterarm aus und zeigte auf Trauerklinge. »Schickes Teil. Außerdem haben wir ja noch deine … wie heißen die Dinger?«

»Herzfinster.«

»Genau. Lass mal sehen.« Seine Stirn legte sich in Falten, nachdem Max den Rucksack abgenommen und ihm zuerst stolz das goldene Ticket, dann die Sammlung von Herzfinstern präsentiert hatte. »Ist das dein Ernst? Mit dem bisschen Zeugs willst du ein ganzes Refugium aufmischen?«

Max zuckte die Achseln. »Angeblich werde ich die Herzfinster brauchen, jedes einzelne. Bis auf Trauerklinge musste ich aber noch keins einsetzen.« Er machte den Rucksack zu, setzte ihn wieder auf und versuchte, sich seine Verärgerung nicht anmerken zu lassen. Früher oder später würde der Zeitpunkt kommen, an dem Jan sich über die Herzfinster nicht mehr lustig machen würde. Ganz sicher.

Egal, Schwamm drüber.

Jan war vor die verschlossenen Tore getreten. Er spähte durch die Gitterstäbe in den gelblichen Nebel. »Mann, was für eine fiese Suppe! Bleib bloß dicht bei mir, wenn wir losgehen, verstanden?«

»Keine Sorge, ich habe Trauerklinge.«

»Aber ich hab die größere Klappe.«

»Stimmt auch wieder.« Max zog den Schlüssel aus der Hosentasche, betrachtete ihn unschlüssig und sagte leise: »Wenn wir das Tor erst mal geöffnet haben, gibt es kein Zurück.«

»Das will ich doch hoffen.« Jan stellte sich erwartungsvoll vor die Tore. »Bin schließlich nicht hierher gekommen, um Blümchen mit dir zu pflücken.«

Max unterzog das Schloss einer genaueren Musterung. Was würde geschehen, wenn er den Schlüssel dort hineinsteckte, einen Schlüssel, der aus purer Luft und Nebel erschaffen worden war? Der mechanischen Magie des Prinzen war nicht zu trauen. Mit etwas Pech bewirkte sie, dass er und Jan von hier aus in irgendein entferntes Refugium geschleudert wurden, nur weil er den Schlüssel falsch herum drehte. Sie würden sich mühselig bis hierher zurückkämpfen müssen, und währenddessen flatterte, unaufhaltsam, unbeirrbar, der Eisenvogel durch die Refugien, auf seinem Weg zur Halle der Seelen.

»Kommst du bald mal aus der Hüfte?«, drängte Jan.

»Ist ja schon gut.«

Er schickte ein kurzes Stoßgebet zum Himmel, steckte den Schlüssel in das Schloss – es war, als würden die beiden Engel begierig danach greifen, daran *ziehen*. Nichts geschah. Er drehte den Schlüssel langsam um, erst eine Drehung, dann noch eine. Das Tor schwang mit einem vernehmlichen Knarren nach innen auf. Es war ein Geräusch, das Max aus dutzenden von Gruselfilmen kannte. Jetzt flößte es ihm zum ersten Mal Angst ein. Er zuckte zurück, als der Schlüssel mit einem klickenden Geräusch zu öligem Dunst zerstob.

»Na bitte, geht doch«, murmelte Jan zufrieden. »Dann mal los.« Er drückte das Tor ein Stück weiter auf.

Max legte ihm eine Hand auf den Arm. »Warte noch.«

»Auf was denn?«

Er zeigte in den Nebelsumpf. »Dadrin könnten Orks auf uns lauern, oder sonst was. Genau wie in dem Spiel. Wie in *Eisenvogel*.«

»Wo ist das Problem, he?« Jan entwand sich mit einer unwilligen Schulterbewegung seinem Griff. »Du knöpfst dir mit dem Schwert die Orks vor, ich mir die Sonstwas. Nun komm schon.«

Max folgte ihm mit einem resignierten Seufzer. Jans Entschlossenheit in allen Ehren, aber unter bestimmten Umständen konnte sie einen in Schwierigkeiten bringen. Immerzu polterte er gleich drauflos, ohne mögliche Konsequenzen zu bedenken.

Hinter ihm ertönte ein kaum hörbares Klappen. Er

blickte über die Schulter. Dieselben Tore, die eben noch knarrend aufgeschwungen waren, hatten sich jetzt beinahe geräuschlos wieder geschlossen. Und der Schlüssel hatte sich in Luft aufgelöst. »Welt, ich habe dich geliebt«, flüsterte er, weil das ein Satz war, wie er Jan gefallen würde. Nur war Jan ihm schon mehrere Meter voraus und konnte ihn nicht hören. Entschlossen hob er Trauerklinge an und folgte ihm.

Im Sumpf regierten Moder und Zerfall. Die dickstämmigen Bäume wirkten größer als von draußen betrachtet, knorriger und auf unbestimmte Weise älter ... unheimlicher. Ihre bizarren, abgestorbenen Äste ragten wie die Arme anklagender Gespenster in den purpurnen Himmel. Dunkelbraunes Moos bedeckte die Zweige und hing aus den Astgabeln. Mit Ausnahme des erhöht liegenden holprigen Pfades war rundum alles von fauligem Wasser bedeckt, so weit das Auge reichte – was nicht besonders weit war. Max wagte nicht daran zu denken, was sich hinter den Nebelschleiern oder in den Kronen der Bäume verborgen halten mochte, lauernd ... wartend. Er erwischte sich dabei, wie er flacher zu atmen versuchte, als reichte schon das pure Luftholen aus, einen versteckten Schrecken zum Leben zu erwecken.

Sssstt! Ritz-ratz!

Nur nicht dran denken ...

Er würde sofort sterben, wenn er so etwas hörte.

Tatsächlich aber hörte man kaum etwas. Bis auf den hin und wieder entfernt rumpelnden Donner, das Pfeifen des Windes in den Spitzen der toten Bäume und ein gelegentliches Plätschern des Wassers war es hier erstaunlich still. Falls es irgendwo in der Nähe Tiere gab, ließen sie sich nicht blicken. Wann immer ein Blitz über den Himmel zuckte, sah Max den engen Pfad aufleuchten, der sich wie ein urzeitliches braunes Reptil durch den Sumpf schlängelte. Bei jedem Schritt gab der weiche, morastige Boden unter seinen Füßen nach. Hoffentlich hörte dieser Pfad nicht einfach irgendwo auf und endete im Nichts. Hoffentlich …

»Bleib bloß auf dem Weg«, zischte er Jan zu.

»Warum?«

»Nur so ein Gefühl. Solange wir auf dem Weg bleiben, wird nichts passieren.«

»Na, dann will ich deine Gefühle mal nicht verletzen«, sagte Jan. »Außerdem hatte ich nicht vor, in dieser Plörre zu baden.«

Er marschierte weiter, wie ein von unstillbarer Neugier getriebenes Kind, dem es gleichgültig war, wo Wege begannen oder endeten, solange sie nur Spaß und Abenteuer versprachen. Obwohl er keine Waffe besaß, hatte Jan die Führung übernommen. Sie hatten etwa fünfzig Meter zurückgelegt, als er stehen blieb und sich zu Max umdrehte. »Wie heißt dieses Refugium überhaupt?«

»Ehm … keine Ahnung.«

»Na dann.«

Jan spuckte in das brackige Wasser und ging weiter. Kaum zu glauben, wie viel Vorwurf in zwei so kleine Worte passte. Max ärgerte sich über sich selbst. Warum hatte er den Prinzen nicht danach gefragt? Hier gab es kein Schild, keine Plakette, nichts. Das Refugium war namenlos. Sein Blick glitt über die scharfe Schneide Trauerklinges. *Er war derjenige mit dem Schwert, er war derjenige, der voraus-*

gehen sollte, verdammt! Er ging schneller, um Jan einzuholen. Als sie auf gleicher Höhe waren, trabte er neben ihm her, schweigend und angespannt, aber er fühlte sich besser.

Der Pfad wurde immer unwegsamer. Der dichte Nebel machte aus den Wurzeln der knorrigen alten Bäume gefährliche Fußangeln. Max fragte sich, ob nur dieser eine Weg durch das namenlose Refugium führte und ob er sie, solange sie ihm treu und standhaft folgten, automatisch an ihr Ziel brachte. Irgendwann hatte er *Der Zauberer von Oz* gesehen, einen Film, in dem ein Wirbelsturm ein Mädchen namens Dorothy in eine andere Welt verschlagen hatte. Dorothy war einer Straße aus gelben Ziegelsteinen gefolgt, die zum Schloss eines Zauberers führte, der ihr die Rückkehr nach Hause ermöglichen sollte. Unterwegs waren ihr tausend wahnwitzige Dinge passiert, sogar gegen eine äußerst, *äußerst* unangenehme Hexe hatte sie antreten müssen. Zu allem Elend hatte der Zauberer, als sie endlich bei ihm ankam, sich auch noch als absolute Niete erwiesen. Aber inzwischen hatte Dorothy Freunde gewonnen, die ihr halfen: eine Vogelscheuche ohne Verstand, einen witzigen feigen Löwen und einen Blechmann ohne Herz. Keinen Grips, keinen Mut, kein Herz, o Mann. Die vier hatten sich glänzend verstanden und vor lauter guter Laune ein Lied nach dem anderen gesungen. Englische Lieder. Max hatte die eingeblendeten Untertitel gelesen und versucht, auf Deutsch mitzusingen. Superfilm. Ein solches Abenteuer, hatte er sich damals gewünscht, würde er auch gern erleben. Und jetzt hatte er den Salat, jagte seinem eigenen Herzen nach, durch eine Landschaft, in der Dorothy vermutlich heulend zusammengebrochen wäre.

171

»Ich wette, in dieser Plörre sind Viecher drin«, unterbrach Jan seine Gedanken. »Guck dir mal die Brocken an, die dadrauf rumtreiben. Kotzwerk. Sieht aus wie tote Fische.«

Die trübe, stinkende Luft dämpfte jedes seiner Worte. Es klang, als spräche er durch ein vor den Mund gepresstes Taschentuch. Dieser schwefelige Nebel wurde immer dichter und kroch überall herum, er hangelte sich sogar durch die Zweige der Bäume.

»Was für Viecher?«, sagte Max.

»Viecher, die du nie zu Gesicht bekommen willst«, gab Jan grinsend zurück. »Viecher, die Trauerklinge als Zahnstocher benutzen würden. Oder einen von uns.«

Ja. Oder das.

Der Pfad zu ihren Füßen war inzwischen mehr zu erahnen als zu sehen. Max zählte jeden seiner Schritte. Sie mussten inzwischen einen guten Kilometer zurückgelegt haben und noch immer geschah nichts. Dennoch spürte er eine wachsende Bedrohung. Die Angst drückte ihm auf die Blase und trieb ihm kalten, klebrigen Schweiß auf die Stirn, sie kroch über seinen Körper wie eine der Schnecken aus dem Salve Caruso, eine unglaublich *schnelle* Schnecke, die binnen Sekunden jeden Zoll seiner Haut mit giftigem Schleim benetzte. In jedem Nebelwirbel glaubte er höhnische Fratzen zu erkennen, er fühlte sich von unsichtbaren Augen angestarrt, als wartete hinter jedem der Bäume etwas darauf, dass er einen falschen Schritt machte … von dem schmalen Pfad abkam … ausglitt und den Fuß auf verbotenes, tödliches Territorium setzte. Ab und zu gab der Sumpf ein Glucksen von sich, wenn eine Luftblase an seiner Oberfläche zerplatzte, um die stinkenden Dämpfe zu entlassen. Man gewöhnte sich an diese Geräusche … aber man dachte besser nicht darüber nach, wer oder was diese Luftblasen verursachte. Vielleicht war das mehr als bloß Sumpfgas. Vielleicht lauerte der Schrecken nicht hinter irgendeinem Baum, sondern im Moder des Sumpfes, tief, tief unten, in dem erstickenden Morast. Etwas Altes. Etwas Zorniges.

»Wir sind nächstes Jahr noch unterwegs, wenn wir in diesem Schneckentempo weitergehen«, maulte Jan.

»Sei still«, flüsterte Max.

Es war kaum noch zu ertragen. Die Angst begann ihn zu lähmen. Lange würde er das nicht mehr durchhalten. Er bewegte sich so schleppend, als wären Bleigewichte an seinen Füßen befestigt. Selbst Trauerklinge, die bisher leicht wie eine Feder in der Hand gelegen hatte, wog immer schwerer und zog ihn zu Boden … während Jan jetzt drei Schritte in der Zeit machte, die er für einen brauchte, sich wieder von ihm entfernte, in den Nebel zu verschwinden drohte.

»Warte!«, rief Max. Er schleppte sich mühsam zu ihm hin. Sein Atem ging in kleinen, flachen Stößen. »Ich kann nicht mehr.«

»Wie, du kannst nicht mehr?«

»Ich hab Angst. Ich hatte noch nie so viel Angst.«

»Reiß dich gefälligst zusammen!«

»Aber ich kann nicht!«

Jan stemmte die Fäuste in die Hüften. Sein Gesicht verzog sich zu einer Grimasse. »Jetzt hör mir mal genau zu: Wir gehen durch diesen bekackten Sumpf, zur Not trage ich dich, und wenn es das Letzte ist, was ich tue!«

»Es tut mir Leid«, wimmerte Max. O Gott, wie er sich dafür hasste, ein solcher Feigling zu sein, Angst zu haben vor nichts, vor einem bisschen Sumpf, ein wenig Dunkelheit, vor eingebildeten Ungeheuern. Wie er sich dafür hasste …

»Weißt du, solange du wie das geborene Opfer durch die Gegend stolperst, wird sich nie was ändern. Solange du *das* nicht tust, kannst du dich vergessen, verstehst du?« Jan hob das linke Bein und ließ den Fuß in das schlammige braune Wasser neben dem Pfad niedersausen. Es platschte.

»Nicht!«, rief Max entsetzt.

Der Boden unter ihren Füßen bebte. Die umstehenden Bäume gerieten in wilde Bewegung. Es sah aus, als wollten sie ihre Wurzeln aus dem Grund reißen, um vor dem zu flüchten, was Jans kleiner Seitentritt ausgelöst hatte. Ein gurgelndes, markerschütterndes Brüllen ertönte. Das Wasser begann zu brodeln, die schwefeligen Dämpfe bildeten riesige, spiralartige Wirbel. Dann hob die ganze Sumpflandschaft sich an, als drückte ein versunkener Riese seinen breiten, von dicken Muskelsträngen durchzogenen Rücken von unten gegen die Oberfläche.

»Scheiße!«, schrie Jan. »Renn!«

Er schoss davon wie ein Pfeil, der von der Sehne schnellte. Max hetzte ihm nach. Dreckige Wasserfontänen spritzten auf, stinkende Schlammbrocken klatschten ihm ins Haar. Der schwankende Boden machte es unmöglich, sich weiter auf dem Pfad zu halten, doch das war längst gleichgültig geworden. Was auch immer im Sumpf geschlummert hatte, war zu wütendem, nach Rache dürstendem Leben erwacht. Max spürte einen eisigen Hauch über seinen Nacken hinwegstreichen. Das unmenschliche Gebrüll drohte seine Trommelfelle zu zerreißen. Er rannte und keuchte, keuchte und rannte. Was auch immer ihnen auf den Fersen war, er wollte es nicht sehen, *durfte* es nicht sehen, weil dessen Anblick ihn auf der Stelle umbringen würde. *Ich laufe weiter und weiter,* dachte er, *bis ans Ende meines Lebens, dabei weiß ich nicht mal, wovor ich davonlaufe.*

Plötzlich tauchte, trotz seiner Panik, ein fast greifbares Bild vor ihm auf: Er sah sich selbst, wie er rannte und rannte, ohne sich dabei wirklich von der Stelle zu rühren. Und ungeachtet des fliegenden Schlamms, des tosenden Wassers, bildete sich in seinem Kopf ein Gedanke: Wenn er schon, obwohl er weglief, auf der Stelle trat … konnte er dann nicht ebenso gut stehen bleiben und sich umdrehen? War je ein Mensch an seiner Angst gestorben? *Wirklich gestorben?* War es nicht viel wahrscheinlicher, dass man starb, weil einen die Flucht irgendwann so erschöpfte, dass man tot zu Boden sank?

Er machte so abrupt Halt, dass er das Gleichgewicht verlor und kopfüber hinzuschlagen drohte. Fing sich wieder und drehte sich entschlossen um. Stellte sich dem Brüllen entgegen. Trauerklinge fuhr fauchend in die Höhe, bereit, was auch immer es wagte, ihn durch diesen Sumpf zu hetzen, in tausend Stücke zu zerschlagen.

»Komm doch! Los, komm doch her, wenn du dich traust! Ich mach dich alle, du verdammtes, dreckiges MISTVIEH!«

Sein Mund klappte zu. Die Stille senkte sich so unvermittelt über den Sumpf, dass er für einen winzigen Augenblick glaubte, er wäre tatsächlich vor Angst gestorben. Für eine

Sekunde tat die fremde Welt es ihm gleich und hielt den Atem an. Dann, als wäre ein aufgebrachtes Meer von seinen Ufern zurückgewichen, nur um gleich darauf sanft wieder dagegen anzubranden, kam alles zurück: das Plätschern des Wassers und das Rauschen, mit dem der Wind die Äste der abgestorbenen Bäume bewegte und kleinere Zweige zum Knacken brachte. Aber kein Gebrüll mehr. Der Pfad vor Max blieb leer. Keine Bäume, die sich teilten, um ein Ungeheuer zwischen sich zu entlassen, kein Abgrund, der sich auftat, um ihn zu verschlingen. Da war nichts. Nur der Sumpf. Irgendwo in weiter Ferne verhallte ein letzter Donnerschlag. Im nächsten Augenblick veränderte der Himmel seine Farbe, als hätte eine unsichtbare Hand einen versteckten Schalter umgelegt. Das fahle Gelb leuchtete kurz auf und wich einem satten, von orangefarbenen Streifen durchsetzten Grün. Max ließ Trauerklinge sinken, so erleichtert, dass er beinahe damit rechnete, von der Schwerkraft entlassen zu werden und vom Boden abzuheben. Er drehte sich um. Jan stand wenige Schritte hinter ihm, mit vorgebeugtem Oberkörper, die Hände auf die Schenkel gestützt. »Du überraschst mich«, keuchte er.

Er klang beinahe enttäuscht. Vielleicht ärgerte es ihn, dass er wie ein Angsthase davongelaufen war. Aber das war jetzt gleichgültig. Hinter Jan, bemerkte Max, sah die Landschaft verändert aus. Vereinzelt war noch Sumpfvegetation zu sehen, wenige, fast verloren wirkende Bäume, von deren Zweigen kein haariges Moos mehr hing, sondern die blaue, lederartige Blätter und Sprosse trieben. Der Sumpf war an seine Grenzen gestoßen, die Welt wurde heller.

Eine Stunde später lag vor ihnen eine weite, grasbewachsene Ebene. Große Felsen lagen darüber verteilt, als hätte ein Riese mit ihnen gewürfelt. Hier und dort wuchs einer der blau belaubten Bäume. Der Weg, auf dem sie aus dem Sumpf gekommen waren, teilte das Land wie ein scharfer Schnitt. Er hatte sich nur unwesentlich verbreitert und führte schnurstracks geradeaus. Am kobaltblauen Himmel stand eine blutrote, lodernde Sonne. Sie war nahezu doppelt so groß wie die Sonne, die sie kannten, spendete aber nicht halb so viel Wärme. Was Max mehr als recht war. Er dachte an den anstrengenden Marsch durch Nimmerland, an die vielen Kilometer, die er dort in der sengend heißen Wüste zurückgelegt hatte. Nach allem, was er inzwischen durchgemacht hatte, reichte schon der bloße Gedanke an eine Wiederholung dieser Strapaze aus, um ihm auf die Stimmung zu schlagen.

Jan streckte einen Arm aus und zeigte nach vorn. In nicht allzu weiter Ferne schien die Landschaft eine plötzliche Welle zu schlagen. »Der Weg führt genau darauf zu. Schätze, da müssen wir rüber, was meinst du? Wahrscheinlich nicht mehr als eine Hügelkette.«

Es *war* mehr als eine Hügelkette. Bis sie dort ankamen, war die Sonne bereits ein ganzes Stück weitergewandert. Ihrem Stand nach, überlegte Max, musste inzwischen später Nachmittag sein – immer vorausgesetzt, die Zeit verging in den Refugien genauso schnell oder langsam wie in der wirklichen Welt. Da sollte sich noch einer auskennen. Jedenfalls hatte die vermeintliche Hügelkette sich inzwischen als ein lang gezogener, nicht allzu hoher Gebirgszug entpuppt. Ähnlich der Dornenhecke, hinter der die Festung des mechanischen Prinzen verborgen lag, begann und endete auch dieses Gebirge außerhalb des Blickfeldes. So weit das Auge reichte, zog es sich wie eine steinerne Mauer vom äußersten linken bis zum äußersten rechten Horizont des Refugiums und versperrte den Ausblick auf das, was hinter ihm liegen mochte – wenn möglich, bitte schön, der Tempel der Seelen, dachte Max. Jan hatte mit seiner Vermutung richtig gelegen: An einem Aufstieg führte kein Weg vorbei. Der Pfad, dem sie gefolgt waren, endete wie abgeschnitten am Fuß der Gebirgskette.

Sie legten eine kurze Verschnaufpause ein, setzten sich nebeneinander in das bläulich schimmernde Gras und einmal mehr wünschte Max, bei Elfie vorsorglich ein paar Getränkebüchsen in den Rucksack gepackt zu haben. Er blickte an dem schroff ansteigenden, von größeren Felsgruppen durchsetzten Hang empor.

»Wie hoch ist es wohl bis zum Gebirgskamm?«, überlegte er laut. »Vierhundert Meter, vielleicht ein bisschen mehr? Das sollte zu schaffen sein.«

»Von hier unten sieht es so aus, als könnten wir es in einer halben Stunde schaffen.« Jan rieb sich die Nase. »Aber egal, wie lange wir brauchen, es wird verdammt anstrengend.«

Er hatte Recht, es *wurde* anstrengend. Der karstige Hang war gerade nur so steil, dass er einen ungeübten Kletterer nicht über Gebühr herausforderte, doch die allgegenwärtig daraus entspringenden Felsen erwiesen sich als rau und scharfkantig. Das machte sie einerseits griffig genug, um sich gut daran festhalten und nach oben ziehen zu können. Andererseits lief man ständig Gefahr, sich an einer Kante die Hand aufzuschneiden oder die Knie blutig zu schlagen. Max bewegte sich vorsichtig nach oben. Hier und dort mussten sie einer Felsgruppe ausweichen, ansonsten kamen sie zügig voran. Als er sich das erste Mal schwitzend nach Jan umwandte, sah er, dass sein Freund weit zurückgefallen war. Er winkte ihm zu. Zur Abwechslung hatte er die Führung übernommen. Wurde ja auch mal Zeit, dachte er zufrieden.

Irgendwann fiel ihm auf, dass es ringsum immer stiller wurde, je höher sie kletterten. Sah man vom Pflanzenwuchs ab, mochte das namenlose Refugium zwar unbelebt sein – zumindest hatten sie noch keine Anzeichen weiteren Lebens entdeckt –, aber bisher war es dennoch voller Geräusche gewesen. Doch hier herrschte plötzlich absolute Stille, die nur gebrochen wurde, wenn er einen Stein lostrat, der unter seinen Füßen davonkollerte … und selbst dieser Laut klang merkwürdig gedämpft. Und noch etwas fiel ihm auf: Eigentlich müssten sie sich inzwischen mindestens auf halber Höhe befinden, wie ihm ein Blick nach unten in die Ebene bestätigte. Aber es schien, als kämen sie der Gipfelkette keinen Meter näher. Als wäre das Gebirge, während sie es erklommen, stetig weiter gewachsen. Sie mussten sich in der Einschätzung der Höhe gründlich getäuscht haben.

Er hielt sich an einem Felsvorsprung fest und drehte sich erneut zu Jan um, der sich zehn Meter unter ihm, und ein gutes Stück weiter zur Rechten, durch ein Feld aus gezackten

Steinen arbeitete. »Irgendwas stimmt hier nicht«, rief er ihm zu. »Wir kommen überhaupt nicht richtig voran!«

Wurde er taub? Die Luft schien seine Stimme kaum einen Meter weit zu tragen. Jedenfalls hatte Jan ihn nicht gehört, denn der hielt den Blick weiter gesenkt und kletterte unverdrossen, aber schweigend weiter. Mit einem Seufzer wandte Max sich ab, suchte neuen Halt und zog sich zwischen den nächsten Felsen empor. Diese Stille begann an seinen Nerven zu zehren. Sie war bedrückend, nein, mehr als das: Sie war erstickend. Das konnte nicht normal sein. Er bemerkte, dass das Geräusch seiner Schritte und sein angestrengtes Ächzen schwächer wurden. Untergrund und Umgebung verschluckten es einfach. Hier würde *gar nichts* ein Echo auslösen, im Gegenteil. Noch dazu ging ihm der Aufstieg langsam in die Beine. Die Muskeln in seinen Armen ächzten, seine Hände schmerzten.

Eine weitere anstrengende, schweigende Viertelstunde später war er ganz sicher: Je weiter sie kletterten, umso höher und steiler wurde das Gebirge. Er warf einen Blick über die Schulter. Unten in der Ebene waren die Bäume nur noch kleine Tupfen. Er sah den Sumpf, eine gelbliche, weit ausladende und von Nebelschleiern überzogene Fläche, die mit dem Horizont verschmolz. Wo auch immer das Refugium begann oder endete, entzog sich seinem Blick.

»Scheiße«, flüsterte er. Oder glaubte, geflüstert zu haben, denn er hörte nichts. Gar nichts mehr. Er hob einen kleinen Stein auf und schlug damit gegen einen Felsen, der links von ihm wie ein graues Sprungbrett aus dem Gebirge wuchs. Derselbe Effekt – absolut kein Laut. Jan musste das doch inzwischen auch bemerkt haben, oder? Er drehte sich zu ihm um. Zwischen ihnen lagen jetzt schon mehr als zwanzig Meter. Sowieso merkwürdig, dass Jan sich abgesondert und seit Beginn des Aufstiegs praktisch keinen Mucks von sich gegeben hatte. Aber wozu auch? Er hätte ihn ohnehin nicht gehört.

Schweigen und Stille.

Mann, wie gut er das von zu Hause kannte. Da wurde geredet und gestritten, aber hinter all den Streitereien lag eine tiefe Stummheit, so war es doch?

Stille und Schweigen.

Oder dieser Moment, als der Luchs und der Fuchs ihn verspottet hatten, und all die anderen Demütigungen, denen er in seinem Leben hilflos ausgeliefert gewesen war, weil er nie den Mund aufkriegte, wenn es darauf ankam, sich nie mit Worten zur Wehr setzte, immer nur schluckte.

O ja.

Schweigen und Stille.

Etwas Vergleichbares war ihm bisher nur in Nimmerland begegnet. Er dachte an die blitzenden Gletscher des *Mare Lacrimarum*. Der nächste, ihn wie aus dem Nichts anfliegende Gedanke sandte ein aufgeregtes Kribbeln über seine verschwitzten Arme: Das Eis von Nimmerland formte sich aus seinen Gefühlen, aus gefrorener Wut und unterdrückter Enttäuschung. War es dann nicht ebenso möglich, dass dieses Gebirge an seiner Sprachlosigkeit wuchs?

»Hey!«, rief er.

Das Wort blieb unhörbar, aber einige Meter entfernt, in Jans Richtung, rieselten geräuschlos ein paar Kiesel den

Hang hinab. War das Zufall? Er sammelte einen weiteren Stein auf und schlug damit gegen den sprungbrettartigen Felsen. Wieder kein Geräusch – aber sah es nicht beinahe so aus, als zöge das Sprungbrett sich um ein kurzes Stück in den Berg zurück?

»Werd weniger«, zischte er den Boden zu seinen Füßen an. Er meinte, eine leichte Bewegung zu spüren. Als ob das gesamte Gebirge ausatmete. »Ich hab gesagt, du sollst weniger werden!«, rief er etwas lauter. Nur wenige Kopflängen über ihm lösten sich kleine Gesteinsteile aus dem Untergrund und kollerten geräuschlos an ihm vorbei. »Weniger heißt, dass du gefälligst *verschwinden* sollst!«, schrie Max. Sekundenbruchteile später wich er nur knapp einem Felsquader aus, der in einer stillen Explosion aus dem Gebirge gebrochen war und seitlich an ihm vorbeirauschte.

Das war der Trick!

Er stieß einen Jubelschrei aus – und nur ein Sprung nach links verhinderte, dass die nächste Lawine aus losem Geröll ihn mit sich riss. Sein linkes Knie schlug heftig gegen einen Felsen, doch er spürte den Schmerz kaum. Er warf den Kopf in den Nacken und schrie, schrie, wie er noch nie geschrien hatte. Er brüllte und kreischte und röhrte, bis seine Kehle wund war und er das Gefühl hatte, dass seine Stimmbänder in Fetzen hingen.

Und um ihn herum explodierte die Welt.

Riesige Felsen zerbarsten wie unter mächtigen Hammerschlägen. Überall rollten und kullerten jetzt Steine zu Tal. Und jedes Geräusch, das dabei entstand, fungierte wie ein Verstärker, fügte dem unmenschlichen Lärm neuen Lärm hinzu. Es war eine außer Rand und Band geratene Kettenreaktion. Max fühlte, wie der Boden unter ihm sich absenkte, als zöge er sich wie ein gigantisches, in seinem Schlaf gestörtes Tier in die unterirdischen Tiefen des Refugiums zurück. Fasziniert betrachtete er, wie die Konturen einiger Felsen sich auflösten und zu schmelzen begannen. Vor Sekunden noch messerscharfe Grate wurden stumpf und weich, zerflossen wie klebriges Pech, vereinten sich mit weiteren Strömen geronnenen Gesteins, das vom Untergrund förmlich aufgesaugt wurde.

Und Max schrie weiter.

Ein Teil seines Verstandes funktionierte dabei glasklar und nüchtern. Er wusste, er sollte Angst haben. Sollte an Jan denken, der diesem Inferno genauso hilflos ausgeliefert war wie er selbst. Die Steine waren gefährliche blinde Geschosse, ein unglücklicher Treffer an die Stirn konnte dich ohnmächtig schlagen, ein Fels dich zerquetschen wie eine Mücke. Doch statt Angst und Sorge spürte er etwas anderes: Erleichterung. Mit jedem Stück Fels, das donnernd aus dem Berg gesprengt wurde, mit jedem geschmolzenen Stein, der zu seinen Füßen versickerte, und mit jedem Meter, den das Gebirge sich absenkte, fühlte er, wie Gewichte von seinen Schultern genommen wurden, von deren Existenz er bis dahin überhaupt nichts gewusst hatte. Wenn er nicht aufpasste, dachte er in trunkenem Glücksgefühl, würde er abheben und davonfliegen.

Irgendwann verstummte er und Stille kehrte ein – eine *gute* Stille. Max sah sich um. Eine Schneise war entstanden, ein etwa fünfzig Meter breites Tal, begrenzt von schroffen

Felswänden. Nicht weit von ihm entfernt rappelte Jan sich auf, offensichtlich unverletzt, starrte ihn ungläubig an und setzte sich in Bewegung. Er schwankte durch die letzten verbliebenen Gesteinstrümmer, die soeben wie erhitztes Blei schmolzen, um eins mit dem flachen Untergrund zu werden, der sofort wieder aushärtete.

Max schaute über den Teil des Refugiums, auf den der Blick bisher versperrt gewesen war. Er hatte es nicht ernsthaft geglaubt, aber dennoch gehofft: dass irgendwo, nicht weit hinter dem Gebirge, der Tempel der Seelen in den Himmel ragen würde. Doch alles, was er sah, war ein gut zweihundert Meter vorausliegender Wald. Eine breite, mit gelben Backsteinen gepflasterte Straße führte darauf zu. Mann, o Mann! Erstaunlich, wie gut der mechanische Prinz sich in seinem Kopf auskannte. Er unterdrückte den Impuls, sich umzusehen und nach Dorothy und ihren Begleitern zu suchen. Das hier war *seine* Straße. Sie mochte sonst wo hinführen, aber mit Sicherheit nicht in das verzauberte Land von Oz. *Folge dem gelben Steinweg,* dachte er und versuchte, sich an das dazugehörige Lied aus dem Film zu erinnern. *Folge dem gelben Steinweg …*

Allerdings war da nicht allzu viel, dem sie folgen konnten. Die Straße führte geradewegs in den Wald. Zu beiden Seiten – große Überraschung – war sie von hohen, dichten Dornenhecken flankiert. Durch die er und Jan sich eventuell einen Weg mit Trauerklinge bahnen konnten, um dann aber … wo herauszukommen? In einem Refugium, dessen Schrecken womöglich alles, was er bis jetzt erlebt hatte, in den Schatten stellen würde?

Vielen Dank auch.

Ohne mich.

Folge dem gelben Steinweg …

Dann stand Jan neben ihm, seltsam verkrampft und noch immer außer Atem. »Wusste gar nicht, dass du so brüllen kannst«, keuchte er.

»Ich auch nicht.« Max spürte, wie er vor Stolz rot anlief. Jan funkelte ihn nur düster an. »Was ist? Mann, guck nicht so, ich hab das verdammte Gebirge platt gemacht!«

»Da hätte sonst was passieren können!«, stieß Jan zwischen zusammengepressten Zähnen hervor. »Das nächste Mal sag mir vorher wenigstens Bescheid!«

»Hätte ich ja, aber das ging nicht. Hast du nicht gemerkt –«

»Ich hab *gemerkt,* dass ich mir deinetwegen beinahe den Hals und alle übrigen Knochen im Leib gebrochen hätte!«, brüllte Jan. »*Das* hab ich gemerkt, du verdammter Vollidiot!«

Max schaute betreten zu Boden. Sein Triumphgefühl bröckelte von ihm ab, sickerte in den Boden, wie eben noch der Rest des Gebirges versickert war. Er blickte erst wieder auf, als Jan ihm versöhnlich gegen die Schulter knuffte.

»Na komm, ist schon okay. Ich schätze, wir wären weiter geklettert als der verdammte Mount Everest hoch ist, wenn du nicht so gebrüllt hättest, und wären trotzdem nie ganz oben angekommen. Es gab kein Oben. Ich hab mich halt ein bisschen erschreckt.«

»Es tut mir Leid«, murmelte Max.

»Ist abgegessen.« Jan sah nach vorn. Sein Gesicht war bleich, unter seinen Augen lagen dunkle Ringe. »Was ist, gehen wir weiter?«

»Willst du wirklich? Du siehst nicht besonders gut aus. Wir könnten eine Pause machen, wenn du willst.«

»Quatsch. Komm jetzt.«

Jan ging auf die gelbe Straße zu. Nach ein paar Metern stolperte er kurz, fing sich sofort wieder, ging weiter. Max sah ihm mit gerunzelter Stirn nach. Jan mochte das Gegenteil behaupten, aber irgendetwas stimmte nicht mit ihm. Er zuckte die Achseln.

Folge dem gelben Steinweg ... Die Melodie des Liedes aus dem Film fiel ihm endlich ein. Er begann, sie leise vor sich her zu pfeifen und rannte Jan über die gelbe Straße nach, dem Wald entgegen.

»Das ist ja wohl so was von eklig!« Jan verzog das Gesicht und spuckte angewidert auf den Boden.

Er hatte sich rasch wieder erholt. Oder er wirkte deshalb so wohlauf, überlegte Max, weil der Wald, den sie vor fünf Minuten betreten hatten, so offenkundig krank war. Zuerst hatte das Gras am Wegrand sich verändert. Je weiter sie gegangen waren, umso angegriffener hatte es ausgesehen. Die Halme waren geknickt und mit rostbraunen Flecken übersät, wie von der roten Sonne verbrannt. Dann waren die ersten Lücken im Weg aufgetaucht. Sobald sie zwischen den Bäumen hindurchgetreten waren, hatte die Zahl der gelben Backsteine sich verringert, als wären wahllos Teile eines Puzzles entfernt worden, bis schließlich keiner mehr zu sehen gewesen war. Binnen weniger hundert Meter war die eben noch so großzügige Straße zu einem schmalen Trampelpfad verkommen.

Und jetzt standen sie inmitten des dichten Waldes und vor ihnen lag das verfaulte, unter kriechenden Würmern begrabene Obst auf dem Weg. Die aufgeplatzten, birnenförmigen Früchte waren braun und schwarz angelaufen. Ihr Inneres war nicht weich, sondern fest, ein muskelartiges, von bläulichen Adern durchzogenes Gewebe. Sie glichen verwesendem Fleisch. Die Würmer waren fett und glänzend, wie Maden. Ein Übelkeit erregender Geruch stieg davon auf. Als atmeten sie diese Ausdünstungen ein, waren die Kronen der umstehenden Bäume traurig nach unten geneigt. Die Früchte, erkannte Max, faulten bereits am Stamm. Das Laub an den mageren Zweigen, nicht grün, sondern von einem blassen Blau, war vertrocknet. Die wenigen Blätter, in denen noch Leben steckte, waren bis tief in ihr Aderwerk zerfressen.

»Gehen wir weiter«, sagte Max. »Mir gefällt's hier auch nicht, aber irgendwo werden wir schon rauskommen.«

Eine Stunde später war er sich dessen nicht mehr so sicher. Der Wald nahm kein Ende. Überall starrten ihnen Krankheit und Verfall entgegen. Viele Bäume waren geknickt wie zerbrochene Streichhölzer. Bei anderen war die Rinde von tiefen Striemen gezeichnet, als hätten heftige Peitschenhiebe sie bersten lassen. Eiterfarbene, stinkende Flüssigkeit quoll aus den Wunden und rann träge an den Stämmen herab.

Jan hatte einmal mehr die Führung übernommen und marschierte wachsam voran. Ohne ihn, überlegte Max, hätte er längst die Nerven verloren und würde heulend zwischen diesen fiesen Bäumen sitzen. Die garantiert nur darauf warteten, dass man eine Rast einlegte, um mit ihren halb toten Zweigen nach dir zu greifen und dich langsam zu erdrosseln. War doch möglich, dass diese kranken Riesen miteinander in Kontakt standen, oder? Dass sie sich unterhielten und Pläne ausheckten, wie sie ihn und Jan am besten erledigen konnten. Er konnte hören, wie sie flüsterten, indem sie ihr totes Laub zum Rascheln brachten. Nur dass es nicht wirklich ein Rascheln war, sondern ein Summen, genau, diese Mistbäume summten, das hörte doch ein Taubstummer, wie sie summten, es wurde immer lauter und –

Jan war stehen geblieben und lauschte ebenfalls. »Da stimmt was nicht. Das kommt von dort.«

Er zeigte nach vorn. Einen guten Steinwurf von ihnen entfernt lagen die umgestürzten Stämme mehrerer Bäume kreuz und quer übereinander und versperrten den Weg. Sie bildeten eine Art großen Kreis, über dem es flimmerte und flirrte, wie Sommerluft über einer erhitzten Straße. Die kraftlose rote Sonne konnte unmöglich eine solche Hitze erzeugen. Und der Wald war kühl.

»Was kann das sein, dieses Geflimmer?« Max stand neben Jan, den Blick angestrengt auf die auffällig gestapelten Stämme gerichtet. Das Summen war jetzt laut und deutlich zu hören. »Ist das eine Art Wolke, oder was?«

Jan hatte nachdenklich die Unterlippe vorgeschoben. Er starrte einige Sekunden wortlos nach vorn, und dann tat er etwas, wofür Max ihn noch im Nachhinein am liebsten verprügelt hätte: Er bückte sich, hob einen zerbrochenen Ast vom Boden auf und warf ihn in weitem Bogen über den Weg.

Ob gezielt oder ungezielt, der Wurf war ein Volltreffer. Mit einem spröden Knacken landete der Ast inmitten des Baumkreises. Als hätte er sie aufgestört, geriet die flimmernde Luft, diese merkwürdige Wolke, ins Zittern und stieg empor. Sie verdichtete sich von unten her, sank wieder herab, erhob sich erneut, drehte sich um sich selbst. Dann löste sie sich von den umgestürzten Baumstämmen und glitt auf sie zu – und sie kam schnell.

»Scheiße«, sagte Jan tonlos. »Ich glaube, das sind –«

»O nein!«, keuchte Max.

Seine Worte gingen im Summen der angreifenden Wespen unter. Der eben noch gestaltlose Schwarm formierte sich bereits um, streckte einen langen Arm nach ihnen aus, entsandte zwei weitere Ausläufer zwischen die umstehenden Bäume. Max stand wie erstarrt. Ihnen blieben nur Sekunden. *Sie greifen von drei Seiten an! Das ist nicht fair, das ist nicht fair, ich hab meinen Teil an Wespen gehabt!* Neben ihm warf Jan schützend die Arme über den Kopf, stürzte panisch davon und ließ sich nach wenigen Metern zu Boden fallen.

»Tu was!«, brüllte er. »Benutz ein Herzfinster!«

Max ließ Trauerklinge fallen. Sich einem Schwarm angriffslustiger Wespen mit einem Schwert entgegenzustellen, war sinnlos. Mit fliegenden Fingern zerrte er seinen Rucksack von den Schultern, griff hinein, wühlte darin herum. Die silberne Phiole aus Nimmerland sprang ihm förmlich in die Hand. Hitze ging davon aus wie von einem Taschenwärmer. Ein Kribbeln jagte über seine Hand und über den Arm hinweg bis tief in die Schulter, als hätte er einen Stromschlag erhalten. Bis er die Flasche entstöpselt hatte, war der erste lang gestreckte Ausläufer des Schwarms über ihnen, ein Gewitter aus aufgebrachten, schwarzgelben Blitzen, die in der nächsten Sekunde in sie einschlagen würden. Das Sirren der Wespen brachte die Luft zum Brennen. *Bitte*, dachte Max flehentlich, *bitte, lass mich das richtig machen!*

Er riss die Hand hoch, in der sich die Phiole befand, schüttelte sie blindlings … und noch während seine Muskeln arbeiteten, spürte er für einen kurzen, jubelnden Moment, dass er das Richtige getan hatte. Die Magie des *Mare Lacrimarum* umspülte ihn wie ein Schwall kühlen, klaren, tiefblauen Wassers. Die Tränen aus dem Fläschchen spritzten, nein, sie *schossen* förmlich daraus hervor, rasten in die unterschiedlichsten Richtungen davon, wie mit einer suchenden Intelligenz ausgestattet. Ihre Wirkung war verheerend. Wo sie auf einen der winzigen angreifenden Torpedos trafen, wirkten sie wie alles zersetzende Säure. Unzählige schwarzgelbe Leiber wurden aus der Luft gerissen, verbrannten in einer zuckenden blauen Aura, trudelten zu Boden – viel mehr Wespen, stellte Max irritiert fest, als er mit diesen wenigen Tropfen hatte treffen können. Die Phiole war zu klein, ihr Inhalt viel zu gering. Das Rätsel löste sich, als eines der Insekten ihm über die Hand kroch. Erschreckt kippte er einen Tropfen darauf. Die Träne war kaum mit dem giftig glänzenden Panzer in Berührung gekommen, als sie auch schon in zehn kleinere Tropfen zerplatzte, die sternförmig loszischten, Kurven schlugen, die nächsten Opfer attackierten, erneut zerstoben, um als mikroskopisch feiner Nebel weiter suchend durch die Luft zu eilen.

Die Wespen hatten keine Chance. Der ganze Spuk dauerte keine halbe Minute, dann waren Wald und Weg übersät von toten, dampfenden Insekten. Hier und dort ertönte ein letztes wütendes Summen, zuckten letzte blaue Flammen auf. Schließlich herrschte Stille.

»Mann, das war cool!« Jan hatte die Arme vom Kopf genommen. Er rappelte sich auf und kam langsam auf Max zu. Wo er auftrat, erklang ein feines Knirschen. Er zeigte auf die silberne Phiole. »Woher hast du gewusst, was du damit machen musst?«

Max zuckte die Achseln. »Keine Ahnung. Ich hab's einfach gewusst.« Seine Stimme zitterte. Er verstöpselte das Fläschchen und steckte es in die Hosentasche, um es im Fall der Fälle schnell zur Hand zu haben. Wie vielen solcher Angriffe konnten sie noch standhalten, wie viele Tränen waren übrig? Bestenfalls ein paar Tropfen, dachte er resigniert. »Gehen wir weiter. Bevor der nächste Schwarm oder sonst was auf uns losgeht.«

Sie umrundeten den Baumkreis in großzügigem Abstand und setzten ihren Weg fort. Die Vegetation wurde zusehends kränker. Manche Bäume standen gekrümmt, als würden sie geschlagen. Andere hatten einzelne Äste in die eigenen Stämme gebohrt, wie um sich selbst zu erdolchen. Schwarzes Harz sickerte aus den Wunden. Das fahlblaue Laub in den Zweigen sah aus wie von Mehltau oder von Schimmel befallen. Grotesk geformte Insekten krabbelten darüber hinweg, labten sich an der Fäulnis, senkten blitzende Legestacheln in die letzten gesunden Zellen. Einige Bäume hatten kräftige Ranken nacheinander ausgestreckt. Wo die Sprosse sich berührten, waren sie zu dicken Knoten verwachsen, die feucht und klebrig rot wie unverbundene Wunden glänzten. Der Gestank war kaum noch zu ertragen. Der Pfad wurde immer unwegsamer. Doch wann immer Max glaubte, er sei zu Ende, fand sich hier wieder ein schmaler Durchlass, dort eine Öffnung, die er zur Not mit ein paar kräftigen Schwerthieben erweiterte. Zumindest, stellte er mit mehrfachen Blicken über die Schulter fest, wuchs der Wald hinter ihnen nicht zusammen.

»Mann, sieht das alles kotzig aus«, sagte Jan. »Hier sollte mal einer mit 'nem Flammenwerfer aufräumen.«

Er macht weitere Vorschläge, wie man dem Wald beikommen könnte, die von Kettensägeneinsätzen bis zu Amokfahrten mit Planierraupen reichten, verstummte aber, als sie zwischen zwei dicken Stämmen hindurch auf eine Lichtung traten. Einmal mehr fühlte Max sich an das Salve Caruso erinnert, nur stand das Gras hier weniger hoch, und es war nicht grün und saftig, sondern geknickt und verblichen. Völlig vertrocknet. Tot.

»Was issen das jetzt?«, sagte Jan überrascht.

Im verstaubten Gras lag ein schlafender Junge. Er war dünn, geradezu mager. Unter einem völlig verschmutzten, ehemals weißen T-Shirt zeichneten sich einzelne Rippen ab. Sein zerstrubbeltes blondes Haar leuchtete wie Sommerweizen. Seine linke Hand umklammerte eine zerbrochene Brille.

»Wer ist das? Kennst du den?«

Max schüttelte stumm den Kopf. Das war nicht möglich. Der Junge musste ein Trugbild sein, ein weiterer Trick des Prinzen. Er konnte nicht, er *durfte* nicht hier sein. Jedes Kartenkind durchwanderte seine eigenen Refugien, andere Kartenkinder hatten darin nichts verloren. Dann fiel ihm ein, was Elfie erwähnt hatte: wie sie in einem ihrer Refugien überraschend auf einen Jungen gestoßen war, von dem sie angenommen hatte, seine Probleme hätten den ihren geglichen. Dieselbe Angst, dasselbe Refugium. War dieser Junge hier womöglich eine Art Doppelgänger seiner Angst? Er trat näher an die schlafende Gestalt. Die Haare klebten verschwitzt in der Stirn, das Gesicht war eingefallen, die Lippen verkrustet und rissig. Auf den dünnen Händen lagen geschwollene Venen wie kräftige blaue Schnüre.

»Sieht aus, als wäre er am Verrecken, was meinst du?« Jan zog lautstark die Nase hoch, hob einen Arm und zeigte auf den Rand der Lichtung. »Schon gesehen? Hier führen sechs Wege raus – sieben, wenn man den mitzählt, über den wir gekommen sind. Ich wette, der hat sich verlaufen.«

Als hätte er die Worte gehört, begann der Junge zu ihren Füßen sich zu regen. Eine Hand wurde angehoben und fiel matt zurück ins Gras. Der Kopf drehte sich von links nach rechts. Der verkrustete Mund öffnete sich.

»… ust …«

»Was sagt er?«

»Ich glaube, er hat Durst. Wir müssen ihm was zu trinken geben.«

»Na, dann mach ich mich doch mal auf den Weg zum nächsten Getränkeautomaten«, sagte Jan. »Oder ich schwitze mir einfach 'ne Cola aus der Achselhöhle.«

Der Kleine stöhnte erneut, wie im Fieber. Max ging neben ihm auf die Knie. Er spürte seinen eigenen Durst. Und Hunger. Er hatte seit Stunden weder gegessen noch getrunken. Mitleidig betrachtete er den blonden Jungen. Der hatte vermutlich seit Tagen nichts gehabt.

»Ich geb ihm was«, sagte er entschlossen. Er griff in die Hosentasche und zog die silberne Phiole heraus. Diesmal spürte er keinen Stromschlag. Eher ein schwaches Kribbeln, als stachen ihn haarfeine Nadelspitzen. Als er das Fläschchen öffnen wollte, schoss Jans Hand vor wie ein zuschnappender Köter und hielt ihn fest.

»Sag mal, bist du übergeschnappt! Was willst du machen, wenn noch mehr Wespen kommen? Das Zeug ist unsere einzige Waffe.«

»Vielleicht kommen ja keine Wespen mehr.«

»Vielleicht kommen zehn gottverdammte Schwärme!« Jan schüttelte fassungslos den Kopf. »Und wer sagt dir überhaupt, dass der Zwerg diese Brühe verträgt? Womöglich verbrennst du ihn damit, ätzt ihm Löcher in die Zunge oder was.«

»Nein.«

»Was heißt nein?«

»Dass es sich richtig anfühlt.«

»Oh, wir haben mal wieder eins unserer Gefühle! Na dann …«

Aber das war es, Stromschlag und Kribbeln hin oder her: Der Gedanke, dem Jungen vom Wasser des *Mare Lacrimarum* zu trinken zu geben, fühlte sich richtig an. Und wo stand geschrieben, überlegte Max, dass ein Herzfinster nur der Zerstörung diente? Er wusste, dass die Tränen den Durst des Jungen lindern würden. Sollte Jan schimpfen, so viel er wollte. Das Herzfinster war *sein* Eigentum, er allein entschied, wofür er es benutzte. Er öffnete das Fläschchen.

»Das geht in die Hose«, hörte er Jan flüstern. »Du machst einen großen Fehler.«

»Nein, mache ich nicht.« Er schob dem Jungen die linke Hand unter den Kopf, um ihn anzuheben – und zuckte so erschreckt zurück, dass ihm beinahe die Phiole entglitten wäre.

»Was ist?«

»Ich … ich versinke in ihm.«

»Was?«

»Ich versinke in ihm«, wiederholte Max verblüfft. »Er ist … Irgendwie ist er nicht wirklich.«

»Echt? Lass mal sehen.«

Jan beugte sich interessiert über den Jungen und berührte dessen schmächtige Brust. Seine Fingerspitzen verschwanden darin, als griffen sie in einen flauschigen Teppich. Nicht tief, nur etwa einen Zentimeter. Er drückte nach, aber offensichtlich, bemerkte Max, stieß er dabei auf Widerstand.

»Mann, ist das abgefahren!« Jan zog die Hand zurück und studierte neugierig ihre Unterseite und die Finger. »Hoffentlich ist nix dran kleben geblieben.«

Max hatte genug gesehen. Er hob den Kopf des Jungen erneut an. Das Gefühl des Versinkens war nicht besonders angenehm, aber auszuhalten. Er setzte die Phiole an die vertrockneten Lippen. Die ersten Tränen sickerten die Mundwinkel herab. *Verschwendung*, schoss es ihm durch den Kopf. Er beugte sich weiter vor, damit Jan nicht sah, wie die kostbare Flüssigkeit wirkungslos versickerte. Immerhin verbrannte es den Jungen nicht. Endlich öffneten sich die Lippen. Die nächsten – die letzten – Tränen des *Mare Lacrimarum* fanden ihren Weg in den ausgetrockneten Mund. Max ließ die leere Phiole achtlos fallen. Bildete er sich das nur ein, oder kehrte bereits Farbe in die bleichen Wangen zurück?

Der Junge schlug die Augen auf. »Hi«, sagte er. Seine Stimme, ein dünnes Krächzen, klang wie vibrierendes dünnes Glas.

»Auch hi.« Max lächelte ihn an. »Wie fühlst du dich?«

»Besser«, sagte der Junge. »Danke.«

»Wie heißt du?«

»Sprudel.«

»Ich bin Max, und das ist Jan.«

»Ich weiß.«

»Du weißt?« Jans hartes, kurzes Lachen klang, als zerknackte er eine Nuss zwischen den Zähnen. »Du kennst doch nicht mal deinen eigenen Vornamen. Kein Mensch heißt Sprudel, du Idiot! Du phantasierst noch rum, weil du so lange nichts zu trinken hattest.«

Mit einem Kopfschütteln wandte er sich ab und schlurfte durch das raschelnde Gras davon. Max sprang auf und hastete ihm nach. »Wo willst du hin?«

»Wohin wohl? Einen Weg hier raus finden.« Jans Stimme senkte sich zu einem Flüstern. »Keine Panik, ich geh nicht weit weg. Aber pass auf diesen komischen Zwerg auf! Quatsch ihn ein bisschen aus. Womöglich hat dir der Prinz ein Kuckucksei ins Nest gelegt.«

Ohne eine Antwort abzuwarten, strebte er auf eine der Lücken zwischen den Bäumen zu. Max hätte ihm gern nachgerufen, dass er sich absolut nicht panisch fühlte. Jan konnte nichts zustoßen. Er war nicht dafür geschaffen, dass ihm etwas zustieß. Er ging zu Sprudel zurück, der sich eben aufgesetzt hatte und seine kaputte Brille untersuchte.

»Schon wieder im Eimer«, sagte er mit seiner gläsernen Stimme. Er kniff die Augen zusammen und sah Max fragend an. »Warum guckst du so komisch?«

»Ich überlege, was du hier tust. In meinem Refugium.«

»Na ja.« Sprudel versuchte ein Lächeln. »Vor fünf Minuten wäre ich noch beinahe verdurstet.«

»Das meinte ich nicht.« Jans Worte hatten sich Max wie mit Widerhaken versehene Stacheln ins Gehirn gebohrt. Sprudel war harmlos, das sagte ihm sein Gefühl. Misstrauen ihm gegenüber war vollkommen überflüssig. Aber nachfragen und ein wenig Vorsicht waren ja wohl erlaubt. »Was ich meinte, ist, wie du hierher kommst. Warum du überhaupt hier bist.«

Sprudel legte den Kopf schräg. »Du denkst, der mechanische Prinz hätte mich geschickt, oder?«

Fast schämte Max sich dafür, dass er nickte. »Es geht nicht gegen dich, weißt du«, sagte er. »Aber eine Frau, die auch mal in den Refugien unterwegs war … Sie sagte, der Prinz wäre verschlagen. Und als ich bei ihm war, da hat er auch wirklich versucht –«

»Warte, warte.« Sprudel hatte eine schmale Hand gehoben. »So einfach ist das nicht. Du hältst den Prinzen für deinen Feind, hab ich Recht? Weil du glaubst, dass er in dein Schicksal eingreift. Dich wie eine Marionette an unsichtbaren Fäden durch die Refugien führt, um irgendwann, aus einer Laune heraus, diese Fäden zu kappen. Richtig?«

»So ähnlich«, gab Max verblüfft zu. Wie konnte ein so kleiner Junge so erwachsen sprechen?

»Aber das tut er nicht«, fuhr Sprudel fort. »Der Prinz macht nur seine Arbeit. Er legt dir dein Schicksal zu Füßen, aber er hat keinen Einfluss darauf. Das hast ganz allein du in der Hand. Niemand sonst.«

»Das stimmt nicht«, widersprach ihm Max. »Er wollte mich zum Beispiel gegen zwei Jungen kämpfen lassen, er hat mich richtig angefeuert, sie fertig zu machen! Wollte ich aber nicht. Und dann kam raus, dass er genau das von mir erwartet hatte! Es war ein mieser Trick. Fast hätte er mich reingelegt.«

»Fast hättest *du dich* reingelegt«, gab Sprudel zurück. »Der Prinz prüft dich, Max. Aber er benutzt dazu nur das, was er in dir vorfindet. Deine Verschlagenheit steckt in dir selbst. Du stellst dir selber ein Bein, verstehst du?« Seine Stimme wurde leiser, nachdrücklicher. »Genau wie mit Jan.«

»Was ... was willst du damit sagen?«

»Ich sage gar nichts. Aber du solltest dir überlegen – wirklich überlegen –, warum du Jan mitgenommen hast! Der Prinz hat dir das nicht umsonst gestattet. Irgendwas stimmt nicht mit Jan, das kann ich spüren.«

Max wandte sich ab, das wollte er nicht hören. Aber jetzt waren die Worte ausgesprochen und sie hallten in ihm nach wie ein nur zögernd verklingendes Echo. Hatte der mechanische Prinz nicht tatsächlich etwas Ähnliches gesagt? Etwas darüber, dass jeder das Gewicht seiner Prüfungen sich selbst auferlegte? Hatte er einen Fehler begangen, als er sich Jan zum Begleiter wünschte? *Nein*, dachte er. *Das kann nicht sein. Er ist mein einziger Freund, ohne ihn –*

»Sackgasse!«

Jan war zwischen den Bäumen hervorgetreten und kam auf sie zu. Der von ihm gewählte Weg in den Wald musste der falsche gewesen sein.

»Du hättest ihn niemals mitnehmen dürfen«, wiederholte Sprudel hartnäckig. »Du hättest deinen Weg ohne ihn zurücklegen sollen.«

»Ach ja, und warum?«, schnappte Max leise zurück. »Damit ich so ende wie du? Ich hab keine Ahnung, wie du hierher gekommen bist, aber wie kann man so doof sein, sich in einem Refugium zu verlaufen? Es führt immer irgendein Weg nach draußen, irgendwohin. Alle Kartenkinder wissen das.«

Jan, der die letzten Worte gehört haben musste, gesellte sich zu ihnen. Sprudel sah zu ihm auf, als bemerkte er ihn zum ersten Mal. Sein ohnehin schon blasses Gesicht hatte noch mehr Farbe verloren. Es war jetzt weiß wie frisch gefallener Schnee. Er schloss die Augen, öffnete sie wieder.

»Ich bin kein Kartenkind.«

»Was?«, entfuhr es Max.

»Und ich sag noch …«, murmelte Jan.

Sprudel fuhr sich mit einer Hand durch die Haare. In seinen Augen flackerte das Licht der Sonne. Sie ging unter, bemerkte Max abwesend, sie lag bereits wie ein roter Ball auf den Spitzen der Baumkronen. Wie auf ein geheimes Kommando hin wechselte der Himmel die Farbe, mit einer geradezu unglaublichen Geschwindigkeit. Das eben noch purpurn angehauchte Blau verwandelte sich in ein wie mit Rußpartikeln bestäubtes Grün.

»Ich *war* ein Kartenkind, aber ich habe versagt«, fuhr

Sprudel tonlos fort. »Hab aufgegeben, schon in meinem zweiten Refugium. Hab geweint und gebetet. Hat alles nichts geholfen.« Seine Finger glitten hilflos über die zerbrochene Brille. »Irgendwann holte ein Eisenvogel mein Herz. Seitdem bin ich nur noch ein Traumläufer.«

»Ein was?«, sagte Jan.

»Ein Traumläufer.« Sprudel wandte sich an Max. »Du hast schon Recht, ich gehöre nicht hierher. Ich bin nur in diesem Refugium, weil du hier bist.«

Gleich, dachte Max, *dreh ich durch.*

»Es gibt Schlimmeres, als einen Arm oder ein Bein zu verlieren, verstehst du? Das Pfand, das der mechanische Prinz von mir zurückbehalten hat, sind meine Träume. Ich bin leer. In der Welt, aus der wir kommen, existiere und funktioniere ich, aber meine Seele ist dunkel, so gut wie tot. Wirklich leben kann ich nur noch in den Träumen anderer Kartenkinder.«

»Aber Max schläft gerade nicht«, warf Jan ein. »Weder hier noch in der wirklichen Welt. Und du bist trotzdem aufgekreuzt.«

»Man muss nicht schlafen, um zu träumen. Man muss nicht schlafen, um aufzuwachen.« Sprudel schenkte Jan keine weitere Beachtung, er sah nur Max eindringlich an. »Wenn du mich fragst, solltest du so schnell wie möglich von hier verschwinden. Geh nach Hause.«

»Aber ich kann nicht!«, erwiderte Max heftig. »Und ich will nicht! Für mich ist noch nicht alles zu spät, ich kann mein Herz noch retten! Falls wir hier je wieder rauskommen, meine ich«, fügte er mit einem Blick auf den ausweglosen, kranken Wald gedämpft hinzu.

»Wenn es nur das ist …« Sprudel legte seine Brille ins Gras, stand mühsam auf und streckte ihm fordernd eine Hand entgegen. »Ich bin dir etwas schuldig. Gib mir das Herzfinster. Das Fläschchen.«

»Was willst du damit?«, sagte Max stirnrunzelnd. »Es ist leer.«

»Nein, ist es nicht.«

Max entdeckte die Phiole im Gras, hob sie auf und überreichte sie Sprudel, der sie mit einer beinahe feierlichen Geste entgegennahm, als handelte es sich um ein kostbares Geschenk.

»Was soll der Quatsch?«, knurrte Jan.

»Du hältst den Mund«, gab Sprudel ruhig zurück. »In Träumen kann man tun und lassen, was man will. *Ich* kann tun und lassen, was ich will.«

Er hielt die Phiole wie einen Kelch zwischen den Händen und hob langsam die Arme, wie ein Priester, der ein uraltes Ritual durchführte. Er schloss die Augen.

Nichts geschah.

Aber es kommt etwas, dachte Max, *ich spüre es kommen …*

»Der Typ hat nicht alle Tassen im Schrank«, zischte Jan. »Ich schwör dir, wenn der uns verarscht, dann träumt er bald im nächsten Krankenhaus!«

Er hatte den Satz noch nicht beendet, als es geschah. Weiche Magie, stellte Max verzaubert fest, ganz und gar anders als die harte, mechanische Magie des Prinzen. Am Rand der Phiole hatten sich feine, saphirblau schimmernde Tropfen gebildet. Jetzt schwollen sie an, rollten den schlanken Hals hinunter, lösten sich … und fielen nicht zur Erde, sondern glitten seitwärts davon. Schwebten langsam und funkelnd, funkelnd und langsam nach oben. Teilten sich und teilten sich erneut, aus hundert Tropfen wurden tausende, aus tausenden zehntausende, bis die Luft um Sprudel gänzlich von ihnen erfüllt war und Max befürchtete, der Junge könnte in seiner Traummagie ertrinken. Dann, mit einem einzigen machtvollen Aufbrausen, donnerten Kaskaden schimmernden klaren Wassers in die Höhe. Sie jagten dem Himmel entgegen, teilten sich wieder und wieder, um endlich zu einem sprühenden blauen Feuerwerk zu zerbersten. Frischer, kühler Regen schoss in die verwachsenen Kronen der Bäume, Regen wirbelte gegen die aufgeplatzten, harzig blutenden Stämme, er spritzte auf die kranken Blätter. Ein hörbares Aufatmen ging durch den Wald. Zweige, die eben noch in starrer Umklammerung miteinander gelegen hatten, lösten sich voneinander, Wunden und Geschwüre schlossen sich. Das Laub änderte seine Farbe, in Millionen von Blättern wich staubiges Grau einem leuchtenden Blau, das rasch abdunkelte, als löste der Sommer blitzartig den Frühling ab. Am Boden richtete verdorrtes Gras sich auf, Stängel mit rosettenförmigen Blättern schossen in die Höhe. Während all diese Wunder geschahen, stand Sprudel regungslos im Gras, die Augen geschlossen, die Arme hoch über dem Kopf, die silberne, sprühende Phiole in den schlanken Händen, ein heiliger Wasserspeier, dachte Max, ein verletzlicher Junge, der ein ganzes Refugium und vielleicht die ganze Welt, aber nicht seine eigene Seele heilen konnte.

Schließlich versiegte der Regen. Max strich sich mit beiden Händen die nassen Haare aus der Stirn und strahlte Jan an. Der nickte, in einer Art mürrischer Anerkennung.

Wie ein begossener Pudel. Als hätte es ihm in die Suppe geregnet. Max konnte sich ein Grinsen nicht verkneifen. Dann fiel sein Blick, über Jans Schulter hinweg, auf einen der Waldwege und sein Herz machte einen überraschten Sprung. *Hallo, Dorothy, wir sind wieder da!* Der Weg war mit glänzenden gelben Backsteinen gepflastert. Er drehte sich zu Sprudel um.

Drehte sich im Kreis.

Einmal.

Zweimal.

Blinzelte ungläubig.

Sprudel war verschwunden, genauso wie die Phiole aus Nimmerland und die zerbrochene Brille. Bestimmt war er zu Hause in seinem Bett aufgewacht. Ohne Seele. Ohne eigene Träume.

»Jan?«, rief Max. »Hast du gesehen, wie er –«

Jan zupfte an seinem klatschnassen Shirt. »Nee, ist mir auch kackegal! Hauptsache, wir kommen endlich aus diesem Dreckswald raus.« Aus seiner Stimme sprach pure Verachtung. »Der Typ war ein kleiner Hosenscheißer, mehr nicht, also heul ihm gefälligst nicht nach.«

»Mann, was ist los? Bist du neidisch auf ihn, oder was?«

»Auf einen, der zu blöd und zu feige ist, sein eigenes Leben zu leben? Der sich stattdessen lieber in die Träume von anderen Leuten einmischt? Auf so einen Penner?«

Mit wütenden, schweren Schritten stapfte Jan in Richtung des gelben Steinwegs. Als wäre es ihm inzwischen völlig gleichgültig, ob noch jemand ihm folgte oder nicht.

EISENVOGEL: RÜCKWÄRTS SEHEN

Wie die rote Sonne kaum Wärme ausgestrahlt hatte, so fehlte es der Nacht des Refugiums an Schwärze. Max konnte keinen Mond am Himmel entdecken, dennoch war das Land in fahlgrünes Licht getaucht. Der gelbe Steinweg strahlte wie von unsichtbaren Laternen beleuchtet. Die Bäume mit dem blauen Laub wichen zunehmend meterhohen Pflanzen mit kurzen Stämmen, aber gewaltigen, farnartigen Blättern – ähnliche Pflanzen, erinnerte sich Max, hatte er bei der Vision des Tempels im Thronsaal des mechanischen Prinzen gesehen. Regentropfen, ein letztes Andenken an die entfesselte Magie des *Mare Lacrimarum,* glitzerten wie winzige Diamanten auf den langen Blättern … und perlten an apfelgroßen Früchten herab, die sich dunkel und glänzend unter den Blattoberflächen drängten wie angeklebte Christbaumkugeln.

Jan hatte die letzte halbe Stunde schlechte Laune geschoben. Beim Anblick der Früchte hellte sein Gesicht sich merklich auf. Er leckte sich die Lippen. »Ich wette, die Dinger kann man essen!«

»Also, ich probier sie bestimmt nicht«, erwiderte Max. »Die könnten giftig sein.«

Jan verdrehte die Augen – *du bist ein hoffnungsloser Fall,*

Alter! Im nächsten Moment hatte er eine der Früchte abgerissen und biss gierig hinein. Honigartiger Saft tropfte von seinem Kinn. »Hey, das ist richtig gut!«, rief er schmatzend. »Das ist sogar verdammt noch mal großartig!«

O Mann, gepfiffen auf die Vorsicht!

Max griff ebenfalls zu. Das Fruchtfleisch war reif, erfrischend herb und saftig. Das Obst hatte kein Gehäuse, man konnte es am Stück aufessen. Er pflückte begeistert eine Frucht nach der anderen, kaute und schluckte, stopfte sich damit voll, bis er nicht mehr konnte.

»Das kam gerade noch rechtzeitig.« Jan leckte sich den klebrigen Saft von den Fingern. »Ich hatte vor lauter Kohldampf echt schon überlegt, dir ein Stück aus dem Bein zu beißen.«

»Noch sauer?«, sagte Max zaghaft.

»War hier jemand sauer?«

Sie zogen lachend weiter, nachdem sie eine Hand voll Früchte in den Rucksack gesteckt hatten. Der Wald war voll davon, Hunger und Durst konnten ihnen auf absehbare Zeit nichts mehr anhaben.

»Ich muss dauernd über was nachdenken«, sagte Max eine Weile später. »Im Tempel der Seelen befinden sich jede Menge Herzen und jedes einzelne gehört einem Kartenkind. Da ist es doch ziemlich unwahrscheinlich, dass ich gerade das einzige sein soll, das unterwegs ist, um seines zu retten. Aber als der Prinz mir die Halle der Seelen gezeigt hat, war sie völlig menschenleer.«

Jan gab ein Grunzen von sich. »Na und?«

»Also hab ich mir überlegt, dass der Tempel so eine Art

Schnittstelle zwischen allen Refugien sein könnte. Tausend Tempel liegen sozusagen übereinander, weißt du. Nur befindet sich jeder von ihnen in einer anderen Dimension. Dann könnten sich dutzende von Kartenkindern darin aufhalten, ohne dass wir sie sehen. Weil die Dimensionen raumzeitlich jeweils ein Stück verschoben sind.«

»Ist mir zu hoch«, sagte Jan knapp. »Ich verstehe auch nicht, wie man sich über so was den Kopf zerbrechen kann. Wir sind hier, um dein Herz zu holen, und genau das werden wir jetzt tun. Mehr interessiert mich nicht.«

»War ja auch nur so eine Idee«, murmelte Max.

»Träum weiter.«

Während der nächsten halben Stunde wechselten sie kaum ein Wort miteinander. Es nagte an Max, dass Jan seiner Idee nichts abgewinnen konnte. Ihm machte es Spaß, über solche Dinge nachzudenken. Und im Gegensatz zu Jan interessierte es ihn brennend, wie die Refugien aufgebaut waren und nach welchen Gesetzen sie funktionierten. Vielleicht gab es in Tanelorn Antwort auf seine Fragen. Er stieß einen unterdrückten Seufzer aus. Tanelorn … Das klang wie ein uneinlösbares Versprechen.

Ab und zu suchte er zwischen den Kronen der Bäume nach einem Anzeichen für den wolkenstürmenden Tempelbau, doch die Laubdächer waren so dicht, dass man selbst den Himmel meistens nur erahnen konnte. Einmal schüttelte er sich wie im Fieber, vom dem sicheren Gefühl erfüllt, dass es nicht mehr weit sein konnte – und dann traf es ihn doch völlig unvorbereitet, als der Tempel sich tatsächlich vor ihnen materialisierte. Der Steinweg beschrieb einen scharfen Knick, hinter dem die Bäume sich unvermittelt teilten, um ihn und Jan auf eine gewaltige Lichtung zu entlassen. Plötzlich, als wären sie gegen eine weiße Wand gelaufen, standen sie vor dem wie aus dem Nichts gewachsenen Turm.

»Wow!«

»Doppelwow!«

Die Maße des Tempels waren gewaltig. Allein die Seitenlänge des Sockels – er sah nach links und rechts abschätzend daran entlang – musste an die achtzig Meter betragen. Schlank und schmucklos verlor das gewaltige Bauwerk sich in den Himmel, wie ein vom Refugium selbst entsandter heller Lichtstrahl, ein Fingerzeig für unbekannte, weit entfernte Götter. Die glattwandigen Mauern reflektierten matt das grünliche Licht des Nachthimmels.

Max legte den Kopf weit in den Nacken. »Der ist bestimmt fast einen Kilometer hoch!«, flüsterte er ehrfürchtig. »Er ist wunderschön, findest du nicht?«

»Na ja …« Jan hob eine Augenbraue. »Ein Balkon und ein paar Fenster oder so wären ganz nett.«

Der Eingang zur Halle der Seelen, ein mannshohes schwarzes Rechteck, befand sich in der Mitte der ihnen zugewandten Mauerseite. Max widerstand dem Impuls, sofort darauf zuzulaufen und hineinzustürmen. Den majestätischen Anblick des Tempels wollte er, wenigstens für einen Moment, auskosten. Er konnte sich nicht erinnern, wann ihn das letzte Mal eine solche Ruhe erfüllt hatte. Bald würde er sein Herz in den Händen halten, alles würde gut werden – solange dieses Gefühl ihn erfüllte, das spürte er, konnte ihm kein Eisenvogel etwas anhaben.

Er nahm den Rucksack ab, warf ihn ins weiche Gras, legte Trauerklinge daneben und setzte sich. Andächtig betrachtete er den Turm. Hier waren sie also, am Ziel ihres Weges. Er rief sich das Bild des mechanischen Prinzen vor Augen und dachte: *Ich wette, das hättest du mir nicht zugetraut.* Keine Sekunde später glaubte er, ein fernes Klicken und Surren zu hören, als hätte ein Räderwerk sich in Bewegung gesetzt. Er fröstelte und wünschte sich, seinen angeberischen Gedanken für sich behalten zu haben.

»Was ist, willst du da Wurzeln schlagen?« Jan hatte sich vor ihm aufgebaut, die Hände in die Hüften gestützt. Aus irgendeinem Grund war seine schlechte Laune zurückgekehrt, vermutlich ging ihm alles wieder nicht schnell genug. »Gehen wir nun rein oder nicht?«

»Ich wollte nur eine Weile gucken.«

»Dann guck halt, du Lahmarsch. Ich seh mir das jedenfalls schon mal aus der Nähe an.«

Er marschierte los. Mit einem müden Seufzer setzte Max den Rucksack wieder auf, griff nach Trauerklinge und folgte ihm. Er hielt das schwarze Schwert fest in der rechten Hand. Jans schlechte Laune hin oder her, diesmal würde er sich nicht auf irgendwelche überstürzten Handlungen einlassen. Bevor er diesen Eingang nicht genauestens von außen untersucht hatte, würde er keinen Fuß in den Tempel setzen.

Das Schwindelgefühl griff nach ihm, noch während er sich dem hellen Turm näherte. Es war nur schwach, gerade so, als hätte eine unsichtbare Hand ihm einen leichten Klaps versetzt. Aber mit ihm kam, wie um ihn in seiner Vorsicht zu bestätigen, ein erneutes Klicken und Surren und die

Antwort des mechanischen Prinzen: **Du glaubst, deine Prüfungen seien beendet? Sie fangen gerade erst an.**

Es war, als hätte ein Eishauch ihn gestreift. Max hielt kurz inne, schüttelte das Schwindelgefühl entschlossen ab und stapfte weiter, dankbar dafür, dass Jan vorausging und von der kleinen Attacke nichts mitbekommen hatte. Besser, er erwähnte sie ihm gegenüber nicht. Jan würde sich nur unnötig aufregen.

Der schlichte Eingang erwies sich als der Beginn eines in die Tempelmauern getriebenen, etwa zehn Meter langen Tunnels. Die Länge ließ sich einigermaßen gut abschätzen, weil am Ende des geraden Durchgangs ein schwächliches rotes Licht glühte. *Herzrot,* dachte Max. Es musste direkt aus der Halle der Seelen kommen.

»Bist du bereit?«, sagte Jan.

Max starrte angestrengt in den Tunnel. »So dicke Mauern habe ich noch nie gesehen«, sagte er zögernd. »Meinst du, es gibt irgendwelche Fallen, so wie in den Pyramiden der alten Ägypter? Wir sollten jedenfalls aufpassen, wenn –«

»O Mann, ich kann es bald nicht mehr hören!«, zischte Jan verärgert. »Du bist ein solcher Angstschisser!«

»Ist ja schon gut!« Am liebsten hätte Max sich selbst in den Hintern getreten. Noch vor einer Minute hatte er sich vorgenommen, besser aufzupassen, um Jan nicht zu reizen, und jetzt passierte ihm das. »Aber das ist ja wohl kein Grund, gleich wieder so sauer zu sein.«

»Ach, hör doch auf, ich bin es echt leid!«

»Was denn?«

»Dein dämliches, mädchenhaftes Getue! Bis du dich für

oder gegen was entschieden hast, ist dreimal der Tag rum!«
Jans Gesicht war dunkel angelaufen. Wutentbrannt streckte
er einen Arm aus. »Gib das Ding her. Los, mach schon!«

»Was?«

»MANN, DAS BESCHISSENE SCHWERT!«

Ein blitzschneller Griff, und Jan hatte ihm Trauerklinge
entwunden. Das Schwert schwingend, stürmte er in den
vorderen Teil des Tunnels und stach mit der Klinge nach der
Dunkelheit. Er brüllte und tobte. Seine Umrisse zeichneten
sich scharf vor dem roten Leuchten aus der Halle der Seelen
ab, es war ein groteskes Schattenspiel. Unmöglich, ihm zu
folgen, wenn man nicht riskieren wollte, von dem tödlichen
Herzfinster getroffen zu werden.

»Da, siehst du?«, schrie Jan. »Da ist *nichts,* gar nichts!
Kein Schwein wartet hier drin auf uns, wir sind allein! Das
ist *dein* Refugium, den ganzen Dimensionsscheiß kannst du
vergessen, es ist *dein* Tempel, *dein* Herz!«

Den Schwertknauf fest in beiden Händen, drosch er
Trauerklinge mit jedem Wort gegen die Tunnelwände, nach
oben, nach links, nach rechts. Das Schwert glimmte schwach
auf und gab ein leises, hungriges Sirren von sich. Max riss
entsetzt die Augen auf. »Hör damit auf!«

Jan war zwei Schritte zurückgesprungen. Unmittelbar
unter dem Tunneleingang schlug er Trauerklinge mit einer
einzigen fließenden Bewegung gegen den oberen Mauer-
rahmen. Noch im Schwung begriffen, fauchte das Schwert
plötzlich wie ein von der Kette gelassenes Raubtier. Dann
biss es sich, gierig und tief, in den hellen Stein. Einmal,
zweimal …

Max sprang nach vorn. »Jan, bist du verrückt geworden? Was soll –«

Der Rest seiner Worte ging in einem ohrenbetäubenden Krachen unter. Das Geräusch setzte sich in den Tempel hinein fort. Grobkörniger Staub schoss wie der Atem eines Drachen aus dem Tunnel und hagelte ihm ins Gesicht. Er spürte, wie Jan sich über ihn warf und mit sich zu Boden riss.

»Runter!«

Nach einer halben Minute war alles vorbei. Max löste sich aus Jans Armen, stand auf und rieb sich die Augen. Ungläubig betrachtete er die sich langsam lichtenden Staubwolken. Der Tunnel musste komplett verschüttet sein.

»Ups«, machte Jan.

Er hatte sich ebenfalls aufgerappelt, blickte abwechselnd von dem vor ihm liegenden Schwert auf den verschütteten Tunnel, von den Trümmern zurück auf Trauerklinge. Gesicht und Haare waren mit Staub bedeckt, aber in seinen Mundwinkeln lag ein Lächeln. Wieder fühlte Max sich an ein kleines Kind erinnert. An ein Kind, das ein Spielzeug zerbrochen hatte, aber hey, was war daran so schlimm, die Welt hielt genügend andere Spielzeuge bereit, *no problem*. So ein Arsch! Das Maß war endgültig voll. Er war so wütend, dass er am liebsten geplatzt wäre – was er nur deshalb nicht tat, weil jeder einzelne Muskel seines Körpers sich anfühlte, als wäre er von einer Stahlklammer umschlossen. Seine Stimmbänder funktionierten allerdings tadellos. Er begann zu schreien.

»Bist du völlig übergeschnappt? Du blöder Vollidiot! Wie sollen wir jetzt in die Halle kommen, he?« Er versetzte Jan einen heftigen Schubs gegen die Brust. »Wie soll ich jetzt mein Herz retten?«

»Krieg dich wieder ein, Alter.« Jan hatte beschwichtigend die Hände gehoben. »Tut mir Leid, dass ich Mist gebaut habe, aber das ist doch kein Weltuntergang. Wir kommen da schon rein. Vielleicht irgendwie von oben.«

»Irgendwie von oben?« Max war weit davon entfernt, sich abzuregen. Was ihn anging, *war* soeben die Welt untergegangen. Sie standen vor dem Tempel, standen direkt vor der Halle der Seelen, und waren doch weiter von seinem Herzen entfernt als je zuvor. »Wie denn von oben? Mach mal einen intelligenten Vorschlag!«

»Stabhochsprung«, sagte Jan trocken.

Stabhochsprung.

Hervorragende Idee.

Max fühlte, wie seine Wut von einer auf die andere Sekunde verpuffte. Ein Glucksen stieg in seiner Kehle auf. *Stabhochsprung!* Er ging in die Knie, ließ sich zur Seite kippen, und dann wälzte er sich im Gras. Er lachte, bis sein Bauch schmerzte und ihm Tränen über die Wangen liefen. Neben sich hörte er Jan grölen, der sich ebenfalls im Gras wand.

»Stabhochsprung!«, japste Max.

Irgendwann war der Anfall vorbei. Sie blieben beide erschöpft auf dem Rücken liegen. Jan stützte sich auf einen Ellbogen und zeigte auf den Rucksack. »Jetzt mal im Ernst. Wir könnten wirklich versuchen, von oben in den Tempel zu kommen. Durch die Öffnung für die Eisenvögel. Probier die Herzfinster aus. Vielleicht ist eine kleine Wunderwaffe dabei.«

Max öffnete den Rucksack. Jans Idee war nahe liegend, aber keines der Herzfinster reagierte. Weder der unverändert kühle Eisklumpen noch die Spindel mit der aufgewickelten Spinnenseide lösten das vertraute Kribbeln in Hand und Arm aus. Ebenso wenig die Taubenfeder der alten Marlene, die ohnehin vielleicht nur zufällig in seinem Rucksack gelandet war. Trauerklinge blieb stumm – das Schwert hatte, seiner Ansicht nach, auch genug Schaden für heute angerichtet –, und als er das Ticket aus der Hosentasche zog, hielt er nichts in den Händen als ein Stück abgegriffenes, altes Papier.

»Aussichtslos«, sagte er. Eben hatte er sich noch halb totgelacht, jetzt war ihm wieder zum Heulen zumute. *Verdammt, Jan!* Sollte Sprudel Recht behalten haben, hätte er ihn sich wirklich nicht zum Begleiter wünschen dürfen? Aber wer, wenn nicht Jan, sollte sie jetzt noch aus diesem Mist rausholen? Er selbst war mit seinem Latein am Ende.

»Vorschlag«, sagte Jan ruhig. »Wir sind beide völlig erledigt, also lass uns erst mal ein Nickerchen machen. Vielleicht fällt uns später irgendwas Schlaues ein, wenn wir ausgeruht sind. Lass uns eine Runde schlafen, was meinst du?«

Max gefiel diese Idee nicht besonders. Mit jeder Minute, die verstrich, kam der Eisenvogel näher. Andererseits *war* er müde, hundemüde, und an Jans Worten war etwas dran: So erschöpft, wie er war, konnte er kaum noch einen klaren Gedanke fassen.

Jan legte ihm eine Hand auf die Schulter. »Mach dir keine Sorgen, Alter. Wir finden einen Weg, um da reinzukommen. Ich bin bei dir. Dir passiert nichts.«

Max nickte unsicher. Wo war die Zuversicht, die ihn

sonst erfüllte, wenn Jan so etwas zu ihm sagte? Was war, wenn es ihnen gelingen sollte, doch noch in den Tempel zu gelangen, nur damit sein Freund dort wieder irgendwelchen Mist bauen konnte?

Jan versetzte ihm einen Knuff, dann drehte er sich auf die Seite. »Gute Nacht.«

»Nacht.«

Drei Minuten später hörte er neben sich tiefe, ruhige Atemzüge. Auf dem Rücken liegend, die Hände im Nacken, starrte er in den sternenlosen, phantastisch gefärbten Himmel. Plötzlich wünschte er sich nichts sehnlicher, als wieder in der wirklichen Welt zu sein. Mit der U-Bahn zu fahren, aufs Geratewohl die Stadt zu erkunden, am Marheinekeplatz die Tauben zu beobachten … und nie von den Refugien erfahren zu haben. *Heul jetzt nur nicht los,* befahl er sich. Er rollte sich zu einer Kugel zusammen und schloss die Augen.

In seinem unruhigen Halbschlaf stiegen Bilder wie Nebelfetzen vor ihm auf, rasch und in wechselnder Folge. Er sah von Wasser umspülte, uralte versunkene Städte, zwischen deren Ruinen Schwärme von blutrot gefleckten Fischen schwammen. Er hörte geisterhaftes Weinen und das Lachen eines Kindes. Er sah sich selbst, wie er riesenhafte, übereinander gelagerte Scheiben drehte und sperrige Hebel bediente, schweißüberströmt und mit ölbefleckten Händen, im Takt eines entfernten Tickens, nur um irgendwann entsetzt festzustellen, dass er zu einem Bestandteil des mechanischen

Prinzen geworden war. Jemand rief nach ihm, über das Ticken hinweg, eine Stimme, die er kannte, Max, Max, wach auf, *Max, wach …*

»… auf!«

Er schreckte hoch. Dicht an seiner Seite, als wollte er sich an ihn kuscheln, lag Jan, tief und ruhig atmend. Und zu seinen Füßen stand –

»Tanita!«

»Da staunste, was?« Ihr Grinsen reichte bis unter beide Ohren. Hinter ihr erhob sich, blassgrün schimmernd, der Tempel. »Was glaubst du wohl, wie ich hierher gekommen bin?«

»Bestimmt nicht mit der U-Bahn, oder?« Max stützte sich benommen auf und starrte sie an. »Was suchst du in meinem Refugium?«

»Dich natürlich.« Sie drehte sich zur Seite und zeigte auf den verschütteten Tempeleingang. Max bemerkte ein längliches Objekt in ihrer rechten Hand. Es sah aus wie ein kurzer Stock. »Und scheinbar habe ich dich gerade noch rechtzeitig gefunden. Du steckst in der Patsche, hm?«

»Wie bist du hierher gekommen?« Er war jetzt glockenwach. Er konnte es immer noch nicht glauben. Tanita … War sie eine Traumläuferin? Nein, das konnte nicht sein, unmöglich. Dazu hätte sie in den Refugien versagen müssen, so wie Sprudel. Aber sie hatte nicht versagt, sie durfte nach Tanelorn …

»Fass mich an«, sagte sie.

»Was?«

»Fass mich an.«

Er streckte eine Hand nach ihr aus, darauf vorbereitet,

dass sie ein Stück weit versinken würde – und zog sie verblüfft wieder zurück. Er hatte in Luft gegriffen.

»Du bist gar nicht wirklich hier, stimmt's?«

Als Antwort hielt Tanita ihm das längliche Objekt entgegen. Es glänzte messingfarben. Was er für einen Stock gehalten hatte, war ein in sich zusammengeschobenes Fernrohr.

»Ich bin in Tanelorn, Max. Aber das hier wirkt wie ein Transporter. Es zeigt mir jedes Bild, das ich sehen will. Und wenn ich mich konzentriere, projiziert es mein Abbild dorthin.« Sie stülpte bedauernd die Unterlippe vor. »Funktioniert leider nur in den Refugien, sonst würde ich eine Weltreise nach der anderen machen.«

»Wahnsinn!« Max pfiff leise durch die Zähne. »Das ist ja wohl das Coolste, was ich –«

»Schon gut«, unterbrach sie ihn. »Wir haben nicht allzu viel Zeit, fürchte ich. Man weiß nämlich nie, wann dieses blöde Teil den Geist aufgibt. Irgendwas stimmt mit einer der Linsen nicht. Ich hab Stunden gebraucht, um dich damit zu finden.« Wie um ihre Worte zu bestätigen, rauschte ein kurzes, zitterndes Flackern über ihr Abbild.

»Es ist ein Herzfinster, oder?«, sagte Max.

»Das einzige, das ich behalten habe.«

»Geklaut, hm?«

»Dauerleihgabe klingt netter.«

»Warum ein Fernrohr?«

Tanita zuckte mit den Achseln. »Du weißt doch, jedes Herzfinster hat etwas mit einem selber zu tun. Ich hab mich immer weit weg von zu Hause gewünscht. Vermutlich hab ich es deshalb bekommen.«

»Warum hast du dich weggewünscht?«

»Weil meine Eltern mich so oft verprügelt haben.«

Die Worte kamen nüchtern und ohne Bitterkeit. Es gab kein Warum und Wieso, kein Weshalb und Weswegen. Tanita hatte ihr Herz längst aus der Halle der Seelen gerettet, ihr konnte niemand mehr etwas anhaben. Und falls doch, dachte Max, gab es für sie immer noch Tanelorn. Er fühlte, wie neue Hoffnung ihn durchströmte. Er hatte schon beinahe vergessen, dass es Kartenkinder gab, die den schwierigen Weg durch die Refugien erfolgreich zu Ende gegangen waren.

»Jedenfalls hab ich im dritten Refugium das Fernrohr bekommen«, fuhr Tanita fort. Sie – ihr Abbild – setzte sich neben ihn in das feuchte Gras. »Du weißt doch, wie so ein Ding funktioniert, oder?«

»Für wie doof hältst du mich?« Max zeigte auf die Linse am verjüngten Teil des Fernrohrs. »Logisch weiß ich das. Man guckt da rein und holt damit Sachen, die weit weg sind, näher zu sich ran.«

Tanita schüttelte ungeduldig den Kopf. »Siehste, du hast es nicht verstanden.«

»Was habe ich nicht verstanden?«

»Es geht nicht immer darum, etwas näher zu holen. Manchmal geht es darum, *Distanz* zwischen sich und die Dinge zu bringen.« Ein erneutes Flackern huschte über sie hinweg. Für einen Augenblick sah Max ein paar Bäume, die von Tanitas Abbild verdeckt gewesen waren, dann stabilisierte sich ihre Projektion wieder. Sie drehte das Fernrohr um und hielt ihm die Linse mit dem größeren Durchmesser entgegen. »Wenn du von *dieser* Seite aus reinschaust, ist alles weiter weg als in Wirklichkeit.«

»Ja, ja, das weiß ich auch. Und?«

»Süßer, manchmal bist du echt schwer von Verstand.« Tanita grinste ihn an und schnippte mit zwei Fingern. »So bringe ich euch da rauf, auf den Tempel. Ich sehe euch einfach rückwärts, sozusagen.«

Max strahlte Tanita an. Am liebsten wäre er ihr um den Hals gefallen.

»Es gibt zwei Möglichkeiten«, erklärte sie. »Entweder ich projiziere zuerst Jan und dich mit dem Fernblick nach oben und komme anschließend mit dem Nahblick hinterher. Oder wir machen es umgekehrt, dann gehe zuerst ich rauf und hole euch nach.«

»Warum willst du überhaupt mitkommen?«

Sie senkte die Stimme. »Weil ich Jan nicht traue. Ich habe euch ein paar Mal beobachtet, während ihr unterwegs wart, und ich finde, er –«

Als hätte er seinen Namen gehört, begann Jan sich zu bewegen. Aus seinem Mund kam ein undeutliches Murmeln. Seine Wimpern flatterten.

»Jedenfalls traue ich ihm nicht«, flüsterte Tanita schnell weiter. »Und deshalb halte ich es für besser, euch in den Tempel zu begleiten, okay?«

Max schluckte. Das war das zweite Mal, dass er gewarnt wurde. Was sollte er davon halten? Gut, Jan war launisch und aufbrausend. Seine Ratschläge waren nicht immer die besten. Im Sumpf hatte er sie mit seiner Unbedachtheit in Schwierigkeiten gebracht, der Angriff durch den Wespenschwarm ging ebenfalls auf sein Konto und er hatte, was am schwersten wog, den Eingang in den Tempel verschüttet. Aber so war Jan nun mal. Er machte das schließlich nicht mit Absicht.

»Außerdem«, fuhr Tanita jetzt lauter fort, »müsst ihr vom Dach irgendwie runter in die Halle der Seelen kommen. Ihr könnt ja schlecht einfach in das Loch springen, oder?« Sie erhob sich aus dem Gras und zog das Fernrohr auseinander. »Und dann wäre da noch die Frage, wie ihr am Schluss wieder aus der Halle rauskommt. Deshalb gehe ich mit.«

Jan öffnete die Augen. Er blinzelte Max und Tanita verschlafen an, dann sagte er: »Verstehe.«

Als hätte er ihrem Gespräch von Anfang an gelauscht … von Anfang an, dachte Max unbehaglich. War er längst wach gewesen, hatte er gar nicht mehr geschlafen? *Nein, völliger Quatsch. Was ich weiß, weiß auch er. So war das schon immer, und so ist es auch jetzt. Ist ja nicht meine Schuld, wenn andere ihn nicht mögen.*

Während Jan sich räkelte, stand er auf, hängte den Rucksack über eine Schulter und ergriff Trauerklinge. Tanita hantierte schweigend weiter an ihrem Fernrohr herum. Ab und zu schaute sie hindurch, erst von einer Seite, dann von der anderen. Zwischendurch blickte sie immer wieder am Tempel empor, und jedes Mal verschob sie danach millimeterweise die drei teleskopischen Röhren. Mehrfach flackerte ihr Abbild, verschwand aber nicht ganz.

»Ich muss mir das erst mal angucken«, erklärte sie. »Ihr braucht genug Platz, wenn ihr da oben landet. Das Schwierigste ist, die Größenverhältnisse richtig einzuschätzen. Aber es sieht ganz gut aus, glaube ich.«

So ernst, wie sie gerade war, wirkte sie älter als noch vor einer Minute. Max musterte sie nachdenklich. »Wie ist es eigentlich, wenn man sein Herz gefunden hat? Ich meine, was passiert dann? Flutscht es … flutscht es irgendwie in einen rein, oder was?«

»Du wirst es schon merken«, wich sie seiner Frage aus.

»Sag doch mal!«

Sie schüttelte entschieden den Kopf. »Max, es gibt Gesetze in den Refugien – die Gesetze des Prinzen. Selbst wenn man wollte, könnte man hier über manche Dinge nicht reden. Man muss sie erfahren. Durchmachen.«

»Hey, Frau –« Jan unterbrach sich und gähnte. »Frau, wenn du wüsstest, *was* wir schon alles durchgemacht haben –«

»Ich kann's mir vorstellen«, kanzelte Tanita ihn ab. Das Fernrohr war jetzt komplett ausgezogen. Sie richtete es ein letztes Mal auf den Tempel und spähte hindurch. »Fertig, so müsste es funktionieren. Am besten, ihr stellt euch einfach davor.«

Jan machte keine Anstalten, sich aus dem Gras zu erheben. »Und wenn es in die Hose geht?«, sagte er. »Wer weiß, wo wir rauskommen, wenn du –«

»Zum Diskutieren bleibt uns keine Zeit, also krieg endlich den Hintern hoch!«, zischte Tanita zurück. »Weiß der Geier, -ann dem -eil wie-er die -uste ausg--t.«

Sie begann zu flackern. Kleine, diagonale Blitze huschten über ihr Abbild. Es war wie die Bild- und Tonstörung in einem Fernseher. Jan bequemte sich immer noch nicht. Kurz entschlossen ergriff Max seine Hand und zog ihn hoch. Jan leistete keinen Widerstand.

»Los, Tanita.«

»Kri--t ke--en Schrec- -enn ihr obe- --id.«

Ihr Abbild rauschte immer stärker. Er sah, wie sie das Fernrohr umdrehte, es sich vor das rechte Auge hielt und kurz ausrichtete, als sie ihn und Jan fixierte. Dann, das Fernrohr immer noch fest vor das Auge gepresst, warf sie mit einem Ruck den Kopf in den Nacken.

Es war wie die Fahrt in einem außer Kontrolle geratenen Aufzug. Max spürte, wie sein Magen ihm förmlich in die Knie rutschte, die Geschwindigkeit war übelerregend. Tanitas flackernde Gestalt, die Bäume, der Nachthimmel, alles verwischte vor seinen Augen. Im nächsten Moment rauschte ihm kalter Wind um die Ohren und er hörte Jan ächzen: »Mann, das war vielleicht eine heftige Nummer!«

Wind zerrte an seinen Haaren. Sein Blick klärte sich. Da war heller, glatter Boden zu seinen Füßen. Jans Hand in seiner. Er ließ sie los. Alles ging so schnell. Neben ihm brachten winzige statische Entladungen die Luft zum Knistern, als Tanita sich zu materialisieren begann. Zuerst tauchten ihre Füße und Beine auf, als Nächstes der Unterkörper, ihr Brustkorb – und als ihre Schultern sichtbar wurden, brach das Abbild von den Füßen her nach oben blitzartig in sich zusammen. Tanita erlosch, ehe noch ihr Gesicht zu sehen gewesen war.

Dann nichts mehr.

Sie warteten.

Eine Minute lang.

Lauschten dem jammernden Wind.

Zwei Minuten.

Jan begann leise ein Lied zu pfeifen.

Max stieß ein stilles Flehen aus.

Drei Minuten.

Für Jan war die Sache erledigt. »Deine kleine Freundin kommt nicht mehr. Das Fernrohr hat endgültig den Geist aufgegeben.« Er trat an den Rand einer der Außenmauern und sah daran herab. »Das ist *seeeehr* tief«, stellte er fest. »Wenn's nicht so dunkel wäre, hätten wir wenigstens einen phantastischen Ausblick.«

Max hatte kein Interesse an einem Ausblick. Er schluckte seine Enttäuschung hinunter und sah sich um. Tanita hatte richtig gelegen mit ihrer Einschätzung, diese Plattform war ausreichend groß. Die Außenmauern bildeten ein Quadrat von gut fünf Metern Seitenlänge, die Öffnung, die von den Eisenvögeln zum Einflug benutzt wurde, schätzte er auf drei mal drei Meter. Man konnte bequem hier oben übernachten. Aber falls es Tanita nicht gelang, ihr Fernrohr zu reparieren – wie lange würden sie dann hier ausharren müssen? Stunden? Tage? Eine Woche? Ihr Vorrat an Palmfrüchten war gering, irgendwann würden sie verdursten. Oder abstürzen, falls der Wind stärker wurde oder womöglich ein Sturm aufkam. Sicher gab es hier Stürme. Und nichts, woran man sich festhalten konnte. Sie würden von den spiegelglatten Mauern gefegt werden wie Papier. Sie würden in die Tiefe stürzen und sich dabei jeden einzelnen Knochen im Leib brechen. Mehrfach. Und vorher, dachte Max verzweifelt, vorher würde er dabei zusehen müssen, wie ein Eisenvogel mit seinem Herzen aus der Halle der Seelen kam und an ihm vorbeiflog, auf dem Weg zum Turm der Gesänge.

»Max?«

»Hm?«

»Hörst du das auch?« Jan trat neben ihn und suchte den flaschengrünen Himmel ab. »Da kommt irgendwas. Durch die Luft. Wenn das wieder diese bescheuerten Wespen sind –«

Es waren keine Wespen. Max hörte es jetzt auch, über das Pfeifen des Windes hinweg. Aus dem Sirren wurde ein Flattern. Ein *metallisches* Flattern. Es klang, als flitschte man Spielkarten aus hauchdünnem Blech durch die Finger.

»Halte das Schwert bereit«, flüsterte Jan.

Max hob Trauerklinge abwehrend in die Höhe. Das Flattern kam näher, aber rundum war nichts zu sehen, sosehr er seine Augen auch anstrengte. Und dann war er da, ein kaum faustgroßer Schatten, der zwischen ihnen hindurchschoss und sich durch die Öffnung in der Plattform nach unten schwang. Der Eisenvogel war so schnell, dass man ihm mit dem Blick kaum folgen konnte.

»Mann, war der winzig.« Jan spähte in die Einflugöffnung. »Das war hoffentlich nicht der Piepmatz, der es auf dein Herz abgesehen hat.«

Max hatte Trauerklinge gesenkt. Er biss sich auf die Lippen. »Wenn's nicht meiner ist, dann holt er das Herz von einem anderen Kartenkind.«

»Na und, was kümmern dich andere Kinder? Hier geht es nur um dich, vergiss das nicht.«

Wie könnte ich das vergessen? Jan mochte Recht haben, aber Max fand seine Haltung nur egoistisch. Mit jedem Herzen, das ein Eisenvogel zum Turm der Gesänge brachte, gab es einen unglücklichen Menschen mehr auf der Welt. Unwiderruflich. Er dachte an den Einarmigen und an Sprudel, die beide ein schreckliches Leben lebten, ausweglos in sich selbst gefangen. Und wieder wünschte er sich, er hätte mehr Zeit für Fragen an den mechanischen Prinzen gehabt. War der Herrscher über die Refugien wirklich so unbarmherzig, oder kam es vor, dass er einem Menschen eine zweite Chance gab? Was war mit den Erwachsenen, die niemals Kartenkinder gewesen waren, weil sie erst viel später in ihrem Leben Angst oder Traurigkeit kennen gelernt hatten? Gab es goldene Tickets für Erwachsene?

»Man sieht immer noch ein bisschen rotes Licht da unten, obwohl es so tief ist.« Jan sah prüfend nach unten. »Kommt wahrscheinlich von den vielen Herzen – hey, da ist er wieder!«

Keinen Meter von ihnen entfernt flatterte der Eisenvogel aus der Öffnung. Diesmal flog er langsamer; das Gewicht zwischen seinen silbernen Krallen machte ihm zu schaffen. Eine leuchtend rote Aura umgab das Objekt, das größer war als er selbst und noch verhalten pochte. Die Bronzeflügel klapperten hart, die Messingfedern waren gesträubt. Jedes Bauteil des Vogels brach den erlöschenden Glanz des zum Sterben verurteilten Herzens. Seine smaragdgrünen Augen musterten Max, unglaublich, wie lebendig sie wirkten. Der graue Schnabel war leicht geöffnet, als wollte der Vogel sagen: *Gedulde dich, du bist auch bald dran, sehr bald.* Und wie schon beim Prinzen, so suchte er auch bei dem Vogel automatisch dessen eigenes Herz, und er fand es: einen von feinsten goldenen Stäbchen gehaltenen, heftig pulsierenden Glaskörper. Mit einer gewaltigen, von Klappern und Rasseln begleiteten Kraftanstrengung stemmte der Eisenvogel sich gegen den Wind und verschwand in den düsteren Himmel. Sie sahen ihm so lange nach, bis das rote Herzglühen nicht mehr war als ein Funke in der Nacht, der schließlich erlosch. Selbst Jan hielt ausnahmsweise den Mund.

»Spinnenseide«, sagte Max ruhig.

»Was?«

»Die Spinnenseide. Wir können nicht fliegen, aber damit kommen wir in die Halle. Wir lassen uns daran runter.«

Jan sah ihn aus großen Augen an. »Hättest du da nicht früher drauf kommen können?«

»Nein.«

»Wer sagt dir, dass es funktioniert?«

Max griff in den Rucksack. Als er die Spindel berührte, schoss das bekannte, einem schwachen Stromschlag gleiche Prickeln durch seinen Arm. Und mit dem Prickeln kam noch etwas anderes, erfüllte ihn von Kopf bis Fuß: neue Zuversicht.

»Keine Sorge, es funktioniert. Schau.«

Er hielt Jan das Herzfinster entgegen. Der Nachthimmel ließ die feine Spinnenseide grünlich schimmern. Er wickelte einen Meter davon ab, ging in die Hocke und drückte das Ende des kaum sichtbaren stählernen Fadens an den Rand der Einflugöffnung. Etwas zischte. Silberne Funken sprühten auf, die sofort vom Wind mitgerissen wurden. Max wickelte den Faden einmal um die Faust und zerrte daran. Das Gewebe war in den Boden geschmolzen und hielt, als wäre es einbetoniert. Stabil wie ein Drahtkabel. Er richtete sich wieder auf und zeigte in die Öffnung.

»Wir seilen uns jetzt ab. Sobald wir mein Herz gefunden haben, klettern wir wieder rauf, und dann geht es an einer der Außenmauern runter.«

Jan zupfte skeptisch an dem hauchdünnen Faden. »Der wird uns die Hände zerschneiden.«

»Kann sein.«

»Ist er überhaupt lang genug?«

»Keine Ahnung.«

»Trägt er unser Gewicht?«

»Weiß ich nicht.«

»Na dann … Gibt es irgendwas, das du weißt?«

»Ich weiß, dass ich meinem Gefühl trauen kann, wenn es um die Herzfinster geht«, schnappte Max. »Meinem Gefühl, auf das du so wenig Wert legst.«

»Okay, okay, ein Punkt für dich.« Jan hob besänftigend die Hände. Offensichtlich war ihm die Streitlust vergangen. »Klettern wir gleichzeitig oder nacheinander runter?«

»Nacheinander«, entschied Max. Er schob sich Trauerklinge in den Gürtel und zog die Laschen des Rucksacks fester. »Selbst wenn die Seide hält, könnten wir trotzdem abstürzen. Wenn derjenige, der oben am Seil hängt, dabei den anderen mit sich reißt –«

»Schon überzeugt«, unterbrach ihn Jan. »Du zuerst?«

Max nickte. Eine merkwürdige Beklommenheit hatte sich in seiner Brust breit gemacht, zu schwach, um in Angst auszuarten, zu stark, um sie als bloße Aufregung abzutun. »Du passt doch auf, oder?«, sagte er eindringlich. »Du machst nicht wieder irgendwelchen Quatsch?«

Jan presste zwei Finger auf sein Herz, wie bei einem

Schwur. Mit der anderen Hand fuhr er Max durch die Haare und versetzte ihm einen Knuff, *no problem.* »Versprochen, Alter. Du kannst dich auf mich verlassen. Viel Glück!«

Es war das letzte Mal, dass Max seinen Freund lächeln sah.

Schweigen lag über meinem Arbeitszimmer, dick und schwer wie eine Wolldecke. Ich sah Max immer noch vor mir stehen, ihn und Jan, zwei winzige Gestalten auf dem riesigen Tempel der Seelen, Scherenschnitte vor dem trüben grünen Himmel, bereit zu ihrem gefährlichen Abstieg.

»Und das war's«, sagte Max nüchtern.

»Wie bitte?«

»Das war's für heute, meine ich.« Er erhob sich aus seinem Sessel. »Ich muss nach Hause. Meine Eltern warten auf mich.«

»Deine Eltern?«

»Wir gehen ins Kino.«

»Sie kümmern sich also endlich um dich?« Ich lächelte. »Das höre ich gern. War sicher ein hartes Stück Arbeit, sie davon zu überzeugen, dass sie einen Sohn haben, hm?«

»Es ist immer noch harte Arbeit«, erwiderte Max, »wenigstens ab und zu. Aber ich bin ihnen nicht mehr egal.« Er zupfte stolz an einem Bein seiner Hose. »Guck mal, die ist zum Beispiel nagelneu. Und sie passt!«

»Das freut mich für dich, Max. Dann hat also im Tempel der Seelen alles geklappt – aber so viel war ja klar, sonst wärst du wohl kaum hier.«

»Wie man's nimmt.« Er wiegte den Kopf hin und her. »Es war verdammt knapp. Und es hätte auch anders ausgehen können. Nach der ganzen Plackerei in dem namenlosen Refugium hatte ich gedacht, das Schlimmste wäre überstanden. Ich meine, ich musste schließlich nur noch mein Herz holen, richtig?«

»Richtig.«

»Denkste«, sagte er. »Das Schlimmste kam erst noch.«

»Jan?«, sagte ich.

Max nickte. Ein Glitzern trat in seine Augen. Er legte nachdenklich einen Finger an sein Kinn, als wollte er verbergen, dass es zu zittern begonnen hatte. »Ich habe ihn verloren.«

»O nein!«, entfuhr es mir.

»O doch.« Max blinzelte kurz und zog seine Jacke glatt. »Aber das erzähle ich dir morgen. Fünfzehn Uhr?«

»Du bist so ein mieser kleiner Zwerg!«, schimpfte ich los. »Erst machst du mich neugierig, und dann haust du ab, für einen schnöden Kinofilm!«

»Mit meinen Eltern«, gab er zu bedenken. »Gönn mir das gefälligst. Also, wo treffen wir uns?«

»Im Tiergarten, wie bei unserem Kennenlernen«, grummelte ich, immer noch beleidigt. »Wir müssen ja nicht unbedingt ins Café gehen, auch wenn die dort gute Bananenmilch machen. Ich gehe auch ganz gern einfach mal spazieren, weißt du.«

Mein Mund klappte zu. Ich muss ziemlich belämmert ausgesehen haben. Max prustete los. Nana klappte ein Ohr hoch und winselte leise.

»Max!« Ich spürte, wie in mir selber ein Gluckern aufstieg. »Wenn du nicht sofort aufhörst zu lachen, muss ich dir eine scheuern.«

»*Ich weiß!*«, grölte er und prustete wieder los.

Ich verrate euch einen guten Trick: Wenn über euch gelacht wird, lacht einfach mit. Sonst ist es nicht auszuhalten. In diesem Fall war es sehr einfach. Ich lachte, wie ich seit einer Ewigkeit nicht gelacht hatte. Ich lachte, bis ich Bauchschmerzen hatte und Nana erschreckt unter dem Tisch verschwunden war.

»Okay«, sagte Max, als wir uns endlich wieder eingekriegt hatten. Er wischte sich eine Träne von der Wange. »Also, um fünfzehn Uhr am Neuen See. Wir gehen spazieren und ich erzähle dir die Geschichte zu Ende. Außerdem möchte ich dich dann um was bitten.«

»Das kannst du auch jetzt tun.«

»Ich warte lieber, bis du auch den Schluss kennst, okay?« Er bleckte die Zähne zu einem falschen Grinsen. »Schalten Sie auch nächste Woche wieder ein, wenn es heißt: *Dein Herz oder meines*. Guten Abend!«

Mit diesen rätselhaften Worten ließ er mich zurück. Die Tür fiel hinter ihm zu. Nana robbte unter dem Tisch hervor und schleppte sich zu ihrem roten Teppich. Sie fiepte auf, wie eine Welpe, und ein Zittern lief über ihr altes Fell.

EISENVOGEL:
WAS VOM HIMMEL FIEL

Die fließende Abwärtsbewegung war wie Schweben. Obwohl er der Magie der Herzfinster vertraute, hatte Max insgeheim befürchtet, Jan könnte mit der Befürchtung Recht behalten, die Spinnenseide würde ihnen die Haut zerschneiden. Doch sobald er den stählernen Faden lose um seine Handgelenke und Beine geschlungen hatte, war das Gewebe zwischen seinen Fingern weich und praktisch unspürbar geworden. Gleichzeitig fühlte es sich an, als umfassten seine Finger ein dickes Tau. Und eigentlich, überlegte er, während er langsam daran herabglitt, war das auch das Mindeste, was man nach den bisher überstandenen Schrecken und Anstrengungen als Belohnung erwarten durfte.

Der Turm ist bestimmt fast einen Kilometer hoch.

Er sah nicht nach unten, weil er befürchtete, ihm könnte schwindelig werden. Je tiefer er rutschte, umso weiter strebten die Wände des Tempels auseinander, umso intensiver reflektierten die Mauern das rote Leuchten aus der Halle der Seelen. Gleichzeitig vernahm er ein leises, sich vielfach überlagerndes Trommeln und Klopfen – das Stakkato abertausender pochender Herzen. Dann erblickte er die ersten aus den Wänden wachsenden Regale, diese abwärts führende Treppe aus mehr als zwanzig steinglatten Stufen. Hier und dort erinnerte eine Lücke zwischen den dicht an dicht darauf gereihten Herzen an die Existenz der Eisenvögel. Fasziniert betrachtete er die schwach pulsierenden Organe. Eins davon gehörte ihm – welches? Und wie sollte er es finden, dieses eine unter zehntausenden? Er hoffte, eines der Herzfinster würde ihm dabei helfen. Oder vielleicht eine andere, noch unbekannte Art von Magie. Er durfte nicht scheitern.

Eine Hand, ein Auge, ein Arm … meine Träume.

Er kam nahezu exakt über dem Zentrum der Halle herab. Kaum hatten seine Füße den Boden berührt, machte er sich von der Spinnenseide los und sah sich um. Der Anblick war überwältigend. Die in tiefes Rot getränkte Halle glich einer für Riesen erbauten Kathedrale. In einer der entfernten Wände entdeckte er eine Aussparung zwischen den Regalen, dort befand sich der eingebrochene Tunnel. Metergroße Felsbrocken waren bis in den Raum gerollt. Sich durch diese Geröllhalde nach draußen zu kämpfen, konnten sie vergessen. Kein Durchkommen.

Neben ihm geriet die Spinnenseide in Bewegung. Er legte den Kopf in den Nacken. Hoch oben schwebte eine winzige schwarze Gestalt vor dem grünen Ausschnitt im Tempeldach, die schnell größer wurde – logisch, dass Jan sich den Spaß nicht nehmen ließ und den Faden herabgesaust kam wie im freien Fall. Und dort …

Ein punktförmiger Schatten löste sich aus der Luft. Ein Eisenvogel tauchte tief in die Halle ein, er musste direkt an Jan vorbeigeflogen sein. Max spürte, wie ihm der Schweiß ausbrach. Der Vogel schoss auf ihn zu. Er drehte sich um und hetzte los, die metallischen Flügelschläge im Rücken. Vielleicht war das *sein* Vogel, vielleicht suchte er *sein* Herz, und wenn er es ihm entreißen konnte …

Der Eisenvogel überholte ihn und flatterte zielstrebig auf eines der obersten Regale zu. Drei Meter davon entfernt blieb Max stehen. Er war nicht schnell genug gewesen, er würde es niemals schaffen, so schnell nach dort oben zu klettern. Der Vogel hatte noch im Flug die Krallen ausgestreckt. Jetzt ergriff er eines der Herzen und schwang sich blitzschnell damit empor. Offensichtlich war er stärker als sein Artgenosse, den sie vorhin auf dem Dach beobachtet hatten, denn das traurige Gewicht zwischen seinen Silberkrallen schien ihm keine Probleme zu bereiten.

»Hey, war das deins?«, hörte er Jan hinter sich rufen.

Erleichtert drehte Max sich zu ihm um. Er rannte auf die Mitte der Halle zu und schüttelte während des Laufens den Kopf. »Fühlt sich nicht so an … falls es sich überhaupt irgendwie anfühlt, wenn ein Vogel es holt.«

»Hast du es schon gefunden?«

»Ich hab noch gar nicht angefangen zu suchen.« Er blieb heftig atmend vor Jan stehen, hinter dem die Spinnenseide wie ein kaum sichtbarer, glänzender Schnitt die Luft zerteilte. »Wollte auf dich warten.«

»Jetzt bin ich da.«

Ja, jetzt war er da. Und vielleicht lag es am Herzlicht, dass seine Augen so seltsam funkelten. Rot und fremd … Max schob den Gedanken beiseite. Er zeigte auf eine Wand und die treppenartigen Regale. »Ich hab allerdings keine

Ahnung, wie ich das anstellen soll. Wie *wir* das anstellen sollen. Ich meine, das sind mindestens –«

Ein kaum hörbares Klicken ertönte. Jan wirbelte herum. Ein silberner Streifen schoss vom Boden der Halle senkrecht bis hinauf unter das Tempeldach. Max starrte ungläubig nach oben. Sein Mund war auf einmal wie ausgetrocknet.

»Verglüht«, stellte Jan nüchtern fest. »Hat sich ausgezaubert. Mehr Magie war da wohl nicht drin.«

»Na toll! Und wie sollen wir –«

»Reg dich ab, okay?«

Max stöhnte gequält auf. »Aber wir kommen hier nicht mehr raus! Scheiße, Mann!«

»Wir kommen hier raus. Kann sein, Tanita taucht doch noch auf. Kann sein, wir werden, was weiß ich, aus der Halle teleportiert oder was, sobald wir hier fertig sind. Es geht immer irgendwie weiter.«

»Und wenn nicht?«

»Herrgott noch mal!«, zischte Jan. »Jetzt fang nicht wieder mit dem Geheule an! Wir haben nicht den ganzen Tag Zeit, also such endlich dein verdammtes Herz!«

Max zog unwillkürlich den Kopf zwischen die Schultern. Er bemerkte, dass seine Hände zitterten. Nein, nicht nur seine Hände. Sein ganzer Körper vibrierte vor Erschöpfung. Der kurze Schlaf vor dem Tempel hatte ihn nicht erfrischt. Hinter ihnen lag der anstrengende Weg durch die Refugien, vor ihnen nichts als Ungewissheit. Warum hatte die Spinnenseide verglühen müssen? Warum warf ihm der mechanische Prinz, sobald ein Hindernis aus dem Weg geräumt war, den nächsten Knüppel zwischen die Beine? Erfreute sein seelenloser Verstand sich daran, wenn ein Kartenkind immer mutloser wurde, immer schwächer?

Ich bin ein Weichei. Kein Wunder, dass Jan langsam ausrastet. Wie lang wird es noch dauern, bis ich endgültig zusammenklappe? Durchhalten, ich muss durchhalten! Ich muss mich einfach besser zusammenreißen!

»Entschuldigung.« Max fuhr sich mit einer Hand erschöpft über die Augen. »Kannst ja suchen helfen, wenn du magst. Vielleicht sieht es irgendwie anders aus als die anderen. Ich probiere jedenfalls irgendwo die Herzfinster aus.«

»Gut, beeilen wir uns.« Jan hatte sich bereits abgewandt. »Ich geh nach da drüben, wo der Tunnel verschüttet ist.«

Vermutlich war er immer noch sauer, aber wenigstens schrie er nicht weiter herum. Max sah ihm kurz nach, dann zog er Trauerklinge aus dem Gürtel und lief auf die ihm gegenüber liegende Wand zu. Dort angekommen, betrachtete er das nächstbeste Regal. Es befand sich auf Schulterhöhe. Es war lang, sehr lang, und es war nur eines von mehr als einhundert ebenso langen Regalen, und die meisten davon waren so hoch angebracht, dass er von einem auf das andere würde steigen müssen, um sie alle abzusuchen. Um dort – wie viele? – zehntausend, zwanzigtausend Herzen zu betrachten, die alle mehr oder minder gleich aussahen? Von denen er ein einziges *eventuell* erkennen würde, als Spiegelbild des Herzens in seiner Brust, das inzwischen von einer solchen Mutlosigkeit erfasst war, dass er es kaum noch in sich schlagen spürte?

Unmöglich.

Völlig unmöglich.

Er berührte eines der pumpenden Organe sacht mit der Fingerspitze. Obwohl es feucht glänzte, fühlte es sich trocken an. Trocken und warm. Unheimlich. Er legte die ganze Handfläche darauf. Das Pochen fand den Weg durch seine Haut und seine Finger, er spürte es bis hinauf in die Schulter, aber es war nicht mehr als das, nur ein pochendes Herz. Verspürte in diesem Moment irgendwo auf der Welt ein Kartenkind ein Stechen in der Brust? Zuckte irgendwo ein Junge oder ein Mädchen zusammen unter der Wärme seiner Hand?

Er streichelte ein letztes Mal das Herz, dann nahm er den Rucksack ab. Der Eisklumpen und die Taubenfeder waren, neben Trauerklinge, die einzigen ihm verbliebenen Herzfinster. Er scheute davor zurück, nur um irgendeine Reaktion auszulösen, das kalte Eis mit dem warmen Herzen in Kontakt zu bringen. Aber er hielt es, nachdem er einmal tief durchgeatmet hatte, dicht vor das pulsierende Organ. Nichts geschah. Selbst die darin eingeschlossenen roten Fäden zeigten sich nicht lebendiger als gewöhnlich. Dasselbe Resultat mit der Taubenfeder, die er auf den dunkelroten Muskel legte. Nichts, nächster Versuch. Er bewegte Trauerklinge im Abstand von mehreren Zentimetern von rechts nach links über eine Reihe von Herzen.

Absolute Fehlanzeige.

Nicht aufgeben, nur nicht aufgeben.

Ein Teil von ihm wollte nichts anderes als sich fallen lassen und weinen. Und warum auch nicht? Was war am *Mare Lacrimarum* so schlimm? Was war daran schlimm, ein Traumläufer zu sein oder seinen Lebensunterhalt mit Betteln zu verdienen? Der Einarmige und Sprudel konnten wenigstens schlafen. Das war es, was er jetzt am liebsten tun würde: sich fallen lassen und weinen und schlafen.

Reiß dich zusammen. Dieses eine Mal noch.

Nur um sicherzugehen, zog er auch das goldene Ticket aus der Hosentasche, aber schon sein Gefühl sagte ihm, dass er damit nichts ausrichten würde. Und so war es auch. Er steckte das Ticket zurück und atmete tief durch. Also gut, die Herzfinster reagierten nicht. Nicht auf die direkt vor ihm liegenden Herzen, und wahrscheinlich auch auf kein anderes in der Halle. Auf gewisse Weise machte das sogar Sinn. Mit seiner Vorgehensweise würde er Tage für die Suche brauchen, wenn nicht Wochen. Das war Zeit, die er nicht hatte. Der mechanische Prinz musste sich etwas anderes für ihn ausgedacht haben.

So ein Mist!

Max rieb sich müde die Stirn. Wie fand man sein eigenes Herz, ein Gleiches unter Gleichen? Der Prinz hatte angekündigt, dass die letzte Prüfung zugleich die schwerste wäre. Aber die Frage musste zu lösen sein. Andere vor ihm hatten sie schließlich auch gelöst.

Konzentrier dich!

Er betrachtete noch einmal die Regale und deren Inhalt. Versuchte, was vor ihm lag, mit Abstand zu sehen, wie im Biologieunterricht. Was war ein Herz? Ohne den dazugehörigen Körper war es nichts weiter als ein faustgroßes Organ. Es pochte und lebte, mehr sah die Natur nicht für es vor. Es reagierte auf äußere Einflüsse. Anstrengung ließ es schneller schlagen, Entspannung langsamer. Angst ließ es ins Stolpern geraten, ein plötzlicher Schrecken konnte es zum Stillstand bringen. Liebe brachte es dazu, heftig zu klopfen, und ein unerwartetes, durch irgendetwas Schönes ausgelöstes Glücksgefühl ließ es aufblühen wie eine Blume, dann erfüllte es den ganzen Körper.

Angst und Schrecken.

Liebe und Glück.

Etwas Schönes ...

Wenn es ganz schlimm wird oder du irgendwann nicht mehr weiterweißt, dann denk an etwas Schönes. Denk an das Schönste, was du je erlebt hast, denk an einen Moment, in dem du glücklich warst.

Diesmal kam der Stromstoß völlig unerwartet. Er kam *von innen*, und er traf ihn nicht als das bekannte, schwache Kribbeln, sondern wie ein Faustschlag. Max stürzte auf die Knie. Hitze schoss durch seinen Körper, sie erfüllte ihn von den Zehenspitzen bis unter die Haarwurzeln. Er stützte sich mit beiden Händen auf dem Boden ab, und als er den Kopf anhob, Tränen im Blick, strahlte die Erinnerung in ihm auf, hell und klar wie ein Leuchtfeuer. Sonnenstrahlen fielen warm und blendend hell auf sein Gesicht. Regentropfen perlten über seine Wangen. Wasser blitzte golden in einem Rinnstein, es trug ein Papierschiffchen davon. Ein kleiner, klatschnasser Junge rannte lachend und schreiend vor Begeisterung nebenher. Das Schiffchen geriet ins Trudeln, neigte sich bedrohlich zur Seite, fing sich wieder. Der nächste Gully würde es verschlucken, doch es würde weiterfahren, durch die dunklen Abwasserkanäle der Stadt, über einen Bach, einen Fluss, ins endlose blaue, funkelnde Meer.

Eines Tages werde ich das Meer sehen.

Ich werde das Meer sehen.

Das blaue Meer.

Max hörte sich selbst aufschluchzen. Warum hatte er nie wieder an dieses Erlebnis gedacht, wie hatte er es vergessen können? Es war am selben Tag gewesen, an dem er sich vor dem heftigen Regen in den Kiosk gerettet hatte. An diesem Tag hatte er für ein paar kostbare Sekunden dem Atmen der Welt lauschen dürfen, in diesen wenigen Sekunden hatte sein Herz so frei geschlagen wie nie zuvor. Und jetzt erfüllten sie ihn noch einmal, diese glücklichen Herzschläge, er spürte ihr Pochen bis tief in seine Seele, sie ließen seinen Körper erbeben, sie drohten ihm die Brust zu sprengen.

»Da drüben ist es!«, schrie Jan, »da ist es, ich kann es sehen! Ich kann es sehen!«

Max sprang auf und stürmte los. *Das Schönste, was du je erlebt hast* … Elfies Hand hatte auf seinem Arm gelegen, als sie das gesagt hatte. Er erinnerte sich an das Gefühl beruhigender Wärme, von dem er für ein paar kurze Sekunden völlig erfüllt gewesen war und von dem er gewünscht hatte, es würde ihn nie verlassen. In diesem Augenblick hatte Elfie ihm ein Herzfinster geschenkt, und er hatte es die ganze Zeit in sich getragen, von Refugium zu Refugium, unsichtbar, unangreifbar – das mächtigste Herzfinster von allen.

Elfie …

Jan kam kurz vor ihm dort an. Es lag im neunten Regal von oben, an der Wand gegenüber dem verschütteten Tunnel, und es pulsierte und leuchtete, als hätte es beschlossen, sein Dasein als Herz aufzugeben, um zu einer alles überstrahlenden Sonne zu werden.

»Beeil dich!« Jan war schon drauf und dran, die untersten Regale zu erklimmen. Max legte ihm eine Hand auf die Schulter und hielt ihn zurück.

»Warte! Ich will es selber holen.«

»Mann, ich … Na gut, wenn du meinst.«

»Hier, halt mal, bitte.«

Er drückte Jan Trauerklinge in die Hand und kletterte los. Bloß aufpassen, dass er in seiner Aufregung keines der anderen Herzen berührte oder gar darauf trat. Ein Regal, noch eines, das nächste … Vorsichtig stieg er weiter nach oben, den Blick fest auf sein strahlendes Herz gerichtet. Das nächste Regal, jetzt das letzte … Er streckte die Hände aus. Mit zitternden Fingerspitzen berührte er das Herz. *Sein* Herz. Es leuchtete jetzt weniger stark, aber immer noch deutlich heller als irgendein anderes in der Halle der Seelen. Es pulsierte nur schwach, aber es war warm und fest. Max nahm es behutsam hoch und drückte es sich gegen die Brust. Er spürte es zwischen seinen Fingern schlagen. Lauschte in sich hinein. Spürte, wie ihm von innen im selben Rhythmus geantwortet wurde. Ja, das war sein Herz. Bloß …

Er wusste nicht, womit er gerechnet hatte. Vielleicht damit, dass es sich, tausend Farben versprühend, in Luft auflöste, sobald er es berührte. Dass es mit ihm verschmolz, irgendwie wieder eins mit ihm wurde. Aber nichts dergleichen geschah. Unsicher betrachtete er es genauer. Es *war* doch seines, oder nicht? Sein Gefühl versicherte ihm, dass es so war, aber warum passierte dann nichts? Vielleicht musste er dazu erst die Halle verlassen, o Mann, und wenn *das* kein ermutigender Gedanke war …

Er bedeckte das Herz schützend mit beiden Händen und kletterte zurück nach unten. Jan, das schwarze Schwert in der linken Hand, sah ihm misstrauisch entgegen. »Das ist es doch tatsächlich, oder nicht?«

»Ja.«

»Ganz sicher?«

»Ja. Aber ich weiß nicht, was ich jetzt damit –«

»Ich weiß es.«

Max hörte sich selber aufkeuchen. »*Was?*«

»Ich weiß es«, wiederholte Jan ruhig. Er streckte die rechte Hand aus. »Was meinst du, warum ich bei dir bin? Warum der Prinz erlaubt hat, dass ich dich begleite? Ich habe es von Anfang an gewusst. Gib es mir.«

»Gewusst? Aber, aber wo … woher denn?« Max stotterte vor Aufregung, er fühlte sich völlig überrumpelt. Ein Teil von ihm wollte zusammensinken vor Erleichterung, ein anderer Teil war maßlos enttäuscht. »Hättest du das nicht früher sagen können? Ich hab mir stundenlang den Kopf zerbrochen –«

»Ich kann dir das erklären. Aber nicht jetzt.« Jan legte den Kopf in den Nacken und sah nach oben. »Ich fürchte, dazu fehlt uns die Zeit.«

Jetzt hörte auch Max das metallische Flattern. Und wagte nicht, den Blick zu heben. »Das ist er, oder?«, flüsterte er. »Das ist mein Eisenvogel.«

Jan senkte den Kopf und sah ihn eindringlich an. Seine freie Hand war immer noch ausgestreckt. »Gib mir das Herz, Max. Vertrau mir!«

Max stand wie betäubt. Etwas löste sich aus Rot und Dunkel. Der Eisenvogel flog auf ihn zu, kam rasch näher und immer näher. Max spürte einen Stich in der Brust. Spürte ein Zucken zwischen seinen Händen. Er streckte sie seinem Freund entgegen. »Mach schnell! Schnell!«

Was auch immer Jan mit seinem Herzen anstellte, er schenkte ihm keine Beachtung. Konnte nicht. Er hatte nur Augen für den Eisenvogel. Jetzt war er dicht über ihnen, strich auf metallischen Schwingen über ihre Köpfe hinweg, zog einen Kreis, als suchte er etwas. Es klickte und rasselte, es rotierte und surrte. Max hielt die Luft an. Er würde nie wieder atmen. Gleich würde der Vogel sich aus der Luft nach unten fallen lassen, seine silbernen Krallen ausstrecken, und …

Er tat es nicht! Er flog weiter! Max wirbelte herum. Der Eisenvogel schoss auf dasselbe Regal zu, in dem bis vor kaum einer Minute noch sein Herz gelegen hatte. Er drehte eine weitere elegante Kurve, flatterte suchend ein Stück höher, entdeckte, wonach die in seinen Schädel gebetteten glitzernden Smaragdsplitter Ausschau hielten. Sekunden später schwang er sich zum Dach der Halle empor, ein Herz in den Krallen, ein fremdes Herz, *nicht meines*, dachte Max, *nicht meines*.

»Das war er nicht«, sagte er aufatmend. »Es war ein anderer Vogel, hast du gesehen?«

»Ich bin ja nicht blind. Hast Glück gehabt, ich dachte auch schon –« Jan stockte. »Hey, ist irgendwas?«

Max hatte die Stirn gerunzelt und sich ein Stück vorgebeugt. War es da nicht eben wieder gewesen, dieses fremde Funkeln in Jans Augen? Nein, das musste das Licht sein. Jan sah völlig normal aus. Er schüttelte den Kopf. »Alles in Ordnung.«

»Gut«, sagte Jan ruhig.

Und ließ sein Herz fallen.

Und Max schrie.

Und das Herz auf dem Boden setzte aus.

Und das Herz in seiner Brust setzte aus.

Und Jan riss das Schwert empor.

Im nächsten Augenblick durchschnitt Trauerklinge fauchend die Luft, die tödliche Spitze nach unten gerichtet. *Wir sterben,* schoss es Max durch den Kopf, *ich werde nie das blaue Meer sehen, ich –*

Es war, als hätte jemand einen Film angehalten. Trauerklinges Fauchen verwandelte sich in ein markerschütterndes Kreischen. Der Ton war so gellend, dass Max schützend die Hände über die Ohren riss. Das Schwert hätte sein Herz durchbohren müssen, aber es war mitten aus der Bewegung heraus zum Stillstand gekommen. Es sah aus, als tanzte seine Spitze auf dem rohen Fleisch, tanzte zu dem eigenen, alles durchdringenden Schrei, der von Sekunde zu Sekunde lauter wurde. Jans Augen hatten sich ungläubig geweitet. Mit einer unwilligen Kopfbewegung schüttelte er seine Verwirrung ab, stellte sich auf die Zehenspitzen, umfasste mit beiden Händen den Knauf und lehnte sich mit all seinem Gewicht auf das Schwert. Das Kreischen brach abrupt ab.

Etwas klickte, einmal, zweimal.

Dann zerbarst Trauerklinge in tausend Stücke.

Später überlegte Max, dass dies tatsächlich der Moment gewesen war, in dem er eigentlich hätte sterben müssen. Die unzähligen Bruchstücke des Schwerts rasten wie ein Schrapnell durch die Luft. Weniger zielgerichtet, aber dafür schneller und tödlicher, als jede Wespe es hätte sein können. O ja, die Geschosse hätten ihn treffen müssen, ihn und Jan und einige der Herzen in der Halle. Was sie jedoch, von einer winzigen Ausnahme abgesehen, nicht taten. Es war, als hätte die Magie des Herzfinsters den Befehl erhalten, keinen Schaden anzurichten, nichts und niemanden – nun, fast niemanden – zu verletzen. Ein Befehl vom mechanischen Prinzen vielleicht …

Um sie herum zerfetzte der Splitterhagel die Luft. Max stürzte instinktiv auf sein Herz zu, warf sich schützend darüber und schloss die Augen. Ein Regen aus schwarzen Metallstücken ging auf die Halle der Seelen nieder, fiel zu Boden und verglühte. Wo der kräuselnde Rauch sich verzog, blieben tiefe Brandmale zurück.

Das Erste, was er sah, als er die Augen vorsichtig wieder öffnete, waren zwei Palmfrüchte, die aus seinem Rucksack gekullert waren. Der ganze Inhalt war kopfüber ausgekippt, als er sich hingeworfen hatte. Unmittelbar neben ihm lag der Eisklumpen aus Nimmerland, zur Hälfte darunter versteckt Marlenes Taubenfeder. Die Hände fest um sein Herz geklammert, versuchte er sich zu erheben. Keine Kraft mehr. Er kippte zur Seite weg. Zwei tiefe Atemzüge, und er rollte sich stöhnend auf den Rücken. Auf eine Hand gestützt, gelang es ihm mit Mühe, sich endlich aufzusetzen.

Vor ihm stand Jan. Er hatte sich nicht von der Stelle gerührt. Ein einziger Splitter hatte ihn getroffen. Von seiner linken Wange tropfte Blut, das er sich mit einer achtlosen Handbewegung quer über das Gesicht wischte. Jetzt zog eine dunkle Schliere sich über seinen Mund. Die Lippen glänzten wie frisch lackiert. Glänzten wie seine Augen …

Max starrte ihn fassungslos an. »Warum hat du das getan?«, flüsterte er. Bis jetzt hatte er alles ertragen. Aber dieser Betrug, dieser *Verrat!* Ein bitterer Geschmack füllte seine Kehle.

»Frag nicht so blöd!«, zischte Jan böse. »Als ob du das nicht von Anfang an gewusst hättest.«

»Hab ich nicht.«

»Hast du nicht?« Jan beugte sich zu ihm herunter. Ein Finger schoss auf ihn zu, als wollte er ihn aufspießen. »Dann lies es mir jetzt von den Lippen ab: Dein verdammtes Herz ist mir im Weg!«

Genug davon, das reichte, auf weitere Erklärungen legte er keinen Wert. Max schloss die Augen. Wenn er sie wieder öffnete, würde alles vorbei sein.

Ob es dir im Weg ist oder nicht, dachte er, *du kannst ihm nichts anhaben. Du kannst ihm nichts anhaben, weil du gar nicht existierst. Du bist nur –*

»Ich kann dich hören, Max. Was du weißt, das weiß ich auch, erinnerst du dich? Das ist schon immer so gewesen.«

Verschwinde!

»Verschwinden? Kurz vorm Ziel aufgeben? Das würde vielleicht zu dir passen, du Schwächling. Aber ich gebe nie auf. Und wenn ich mich recht erinnere, hast du undankbarer kleiner Sack das bisher auch immer zu schätzen gewusst.«

Du bist nur meine Erfindung, weiter nichts.

»Großer Fehler, Max. Ich bin mehr. Ich war von Anfang an viel mehr als nur das! Seit dem Tag …«

… an dem er im Kiosk der dicken Frau in Neukölln auf den Jungen gestoßen war, diesen älteren Jungen, der sich als

Halbvollwaise bezeichnet hatte. Der immer wieder in dem kleinen Laden auftauchte, um dort Comics zu lesen. Mit den Comics hatte, auf gewisse Weise, alles angefangen. *Du liest sie,* hatte der Junge zu ihm gesagt, *und denkst dir dabei, dass du jemand anders wärst. Einer aus den Comics. Danach tust du so, als wärst du er. Und dann pisst dir kein Schwein mehr ans Bein, Kleiner, verstehst du?*

Und er hatte sehr gut verstanden. Vermutlich hatte er sogar besser verstanden, als es die Halbvollwaise ahnen konnte. Denn er hatte sich nicht etwa in einen Helden aus einem der Comics verwandelt, o nein. Er hatte seinen eigenen Helden erschaffen. Einen Freund, der älter und stärker war als er selbst. Einen Kumpel, dem er Dinge anvertrauen konnte, die er sonst niemandem anvertraute. Einen Jungen, der aus Traurigkeit Wut destillierte, der bockig wurde und austrat, wenn ihm etwas nicht passte. Der ihm Kraft verlieh.

Anfangs war das wunderbar gewesen. Jan hatte für alles einen passenden Spruch auf den Lippen gehabt. Wenn die Gleichgültigkeit seiner Eltern unerträglich wurde, wenn er in der Schule verprügelt oder gedemütigt worden war, dann war Jan unsichtbar bei ihm gewesen, dann hatte er geflüstert: *Hey, Alter, alles halb so wild, da stehen wir drüber. Die kriegen alle noch ihr Fett weg. Eines Tages machen wir sie fertig, du und ich.* Und wenn seine Angst und seine Niedergeschlagenheit ihn auf die Stelle genagelt hatten, war es Jan gewesen, unsichtbar und immer, der tröstend die Arme um ihn gelegt und gesagt hatte: *Wart's ab, du stehst hier nicht ewig rum, bald rennen wir. Wir rennen so schnell, dass keiner uns mehr kriegen kann. Irgendwann laufen wir deiner Angst davon, du und ich.*

Jan hatte ihn beruhigt.

Jan hatte ihn vertröstet.

Du hast mich belogen, Jan.

Von wegen eines Tages. Von wegen irgendwann. Max hatte gewartet. Auf den Tag, an dem sie alle ihr Fett wegkriegten, Eltern und Lehrer und Schlägertypen, weil er ihnen endlich die Meinung sagte. Weil er zurückschlug, sich nichts mehr gefallen ließ. Auf den Tag, an dem er einfach losstürmte, schneller als seine Angst. Stunde um Stunde waren so vergangen, Tag für Tag, Woche für Woche. Aber nichts war geschehen, nichts. Also hatte er weiter gewartet und geweint, geweint und gewartet … und in einem weit entfernten Refugium war das salzige Wasser des *Mare Lacrimarum* langsam zu Eis erstarrt.

Jan war immer stärker geworden, gemeiner und fieser und schließlich … *hasserfüllt.* Hass bedeutete, dass die Wut erblindete und sich ihr Ziel wahllos aussuchte. Dass du nicht mehr unterscheiden konntest zwischen gerecht und ungerecht. Hass bedeutete, im Vorgarten nach einer roten Dahlie zu treten, die du tags zuvor noch geliebt hattest. Dir vorzustellen, Messerhände in eine verrückte, aber harmlose alte Frau zu schlagen, die Flügel für einen niemals auftauchenden Engel bastelte. Ein Mädchen, das dich eben noch freundlich angelächelt und dir seine Hilfe angeboten hatte, auf die Gleise der U-Bahn zu stoßen, zwei hilflosen Jungen das Leben nehmen zu wollen, einen Verdurstenden dem sicheren Tod zu überlassen. Hass waren die zuckenden roten

Fäden, die das gleißende Eis von Nimmerland mit schrecklichem Leben erfüllten.

»Warum bist du mitgekommen?« Nur seine Augen zu öffnen kostete Max beinahe mehr Kraft, als er hatte. Jan stand immer noch vor ihm, die Hände zu Fäusten geballt. »Bis hierher, meine ich. Du hättest mich schon viel früher fertig machen können, irgendwo unterwegs.«

»Na ja, weißt du, ich konnte dich schlecht umbringen – das wäre schließlich so eine Art Selbstmord gewesen.« Jans kurzes Lachen klang wie zersplitterndes Holz. »Aber ich konnte dafür sorgen, dass du die Hoffnung verlierst. Ein Herz schlägt nicht ohne Hoffnung. Deshalb habe ich dir immer wieder Steine in den Weg geworfen. Hab darauf gewartet, dass du unterwegs schlapp machst und der Eisenvogel die Sache für mich erledigt, bevor wir hier ankommen.«

»Das hat nicht funktioniert.«

»Weil du stärker warst, als ich dachte.« Jan gab sich keine Mühe, seine Verachtung für ihn zu verbergen. »Du hast immer wieder neuen Mut geschöpft. Im Sumpf hast du dich deiner Angst gestellt, das Gebirge mit deiner Wut zerbrüllt.«

»Und ich habe Sprudel geholfen.«

»Unverzeihlich! Dein Mitleid hat mich, mit Verlaub gesagt, angekotzt. Als Nächstes habe ich den Eingang zum Tempel verschüttet. Wenn *das* nicht deprimierend war … aber dann musste ja deine kleine Freundin mit ihrem blöden Fernrohr auftauchen!«

Dass Jan nach solchen Situationen schweigsam und gereizt gewesen, es ihm sogar körperlich schlecht gegangen war, hatte Max sich bisher mit dessen versteckter Angst oder

Unsicherheit erklärt. Tatsächlich aber, begriff er jetzt, hatte jeder Beweis seiner eigenen Stärke Jan entkräftet. Der seinerseits immer dann zu voller Form aufgelaufen war, wenn Max selbst sich kraftlos und elend gefühlt hatte. So wie jetzt. Sie standen auf unsichtbaren Waagschalen: Ging es dem einen gut, litt darunter der andere. Nur dass, im Gegensatz zu ihm, Jan dies die ganze Zeit gewusst und versucht hatte, die Waagschalen zu seinen Gunsten zu beeinflussen. Und nun waren sie endgültig gekippt.

Deine Verschlagenheit steckt in dir selbst.

Du stellst dir selber ein Bein.

Sprudel hatte die Wahrheit gesagt. Den mechanischen Prinzen traf keine Schuld. Der Prinz hatte nicht mehr getan, als ihn vor die Wahl zu stellen. Man hatte immer eine Wahl. Aber er hatte sich von seiner Angst und Schwäche leiten lassen. Er hatte sich für Jan als Begleiter entschieden und, als er tatsächlich an seiner Seite aufgetaucht war, dies der Macht und Magie des Prinzen zugeschrieben. Aber nicht der Prinz, er selbst hatte Jan ins Leben gerufen. Ganz allein er selbst.

»Wenn du mich fertig machst, kommst du hier nicht raus«, sagte er schwach. »Der Tunnel ist verschüttet.«

»*Der Tunnel ist verschüttet*«, äffte Jan ihn nach. »Weißt du, wie egal mir das ist? Zur Not trage ich jeden Stein einzeln ab! Aber vorher«, seine Stimme wurde unerwartet sanft und süß wie Honig, »vorher werde ich dafür sorgen, dass du dein Herz verlierst, Max. Das musst du verstehen. Es wäre mein Ende, wenn du es behältst.«

»Vielleicht wäre es auch ein neuer Anfang.«

Jan schüttelte entschieden den Kopf. »Nicht für mich.«

»Wir gehören zusammen. Du bist ein Teil von mir.«

»Mit einem Unterschied«, sagte Jan scharf. »Du kannst nicht ohne mich leben. Aber ich sehr gut ohne dich.«

»Was hast du vor?« Obwohl er saß, konnte Max sich kaum noch aufrecht halten. Das Herz in seinen Händen wog so schwer, als wären unsichtbare Gewichte daran befestigt. Er würde es nicht loslassen, er würde es niemals mehr loslassen. Aber es wog so schwer …

»Bist du so blöd oder tust du nur so? Ich muss nur warten, bis dein Herz von alleine stirbt. Die Chancen stehen nicht schlecht, ich meine, guck dich mal an, du bist doch völlig alle! Dein Eisenvogel wird gleich hier sein. Und wenn er sich wieder verzogen hat, werde ich deine Stelle einnehmen, während du an dem blöden kleinen Lare Macrimarum –«

»Mare Lacrimarum.«

»– vor dieser bescheuerten Pfütze hockst und für den Rest deines Lebens wie ein Mädchen ins Wasser heulst!« Jan wurde immer lauter. »Du feiger kleiner Pisser! Ich war alles, was du immer sein wolltest, ich hab dir die Kraft gegeben, dein gleichgültiges Leben zu ertragen. Aber du hast weiter jeden Tag Trübsal geblasen, hast graue Löcher in die Welt geglotzt und mich damit stärker gemacht. Und jetzt, mein Lieber, jetzt bin ich alles, was du nie werden wolltest.«

Jan beugte sich zu Max herab und kam seinem Gesicht so nahe, dass er den warmen Atem spürte. »Ich bin der Fuchs und ich bin der Luchs, Max. Ich bin das Pfand, das der Prinz von dir fordert. Ich bin dein Sprung in den Abgrund.«

Irgendwo über ihnen erklang ein metallisches Flattern. Wenn er jetzt den Kopf hob, das wusste Max, würde er sei-

nen Eisenvogel sehen. Er versuchte, das Herz fester zu um-
klammern, aber es fehlte ihm an Kraft. Seine Hände glitten
langsam zu Boden, das Herz lag schutzlos in seinem Schoß.
Das war nicht gut, gar nicht gut. Jan oder der Vogel, einer
der beiden würde gleich zugreifen.

Die Finger seiner rechten Hand tasteten suchend über
den Boden. Da lag der ausgekippte Rucksack, irgendwo in
der Nähe die letzten Herzfinster. Sein kleiner Finger berührte die Taubenfeder, schob sich darüber. Keine Reaktion.
Er tastete weiter. Da, trockene Kälte, das war der Eisklumpen. Er schloss die Hand darum. Nichts, keine –

Klick.

Der Stromstoß traf ihn mit einer so ungeheuren Kraft,
dass sein Körper sich aufbäumte und seine Zähne schmerz-
haft aufeinander schlugen. Die Energie des Herzfinsters
durchflutete seinen ganzen Körper wie kaltes Wasser, aber
die das Eis umklammernde Hand schien in Flammen zu stehen. Er spürte das wütende Zucken der darin tobenden roten Fäden bis in die Fingerspitzen.

»Was soll der Scheiß?«, flüsterte Jan angespannt. »Du
kannst mir mit einem Herzfinster keine Angst machen.«

Aber er konnte. Er sah es an dem Schweiß auf Jans Stirn.
Er hörte es aus dem Zittern in seiner Stimme. Er fühlte es in
der drängenden Kraft, mit der das Eis in seiner Hand vibrierte, weil es von ihm wollte … von ihm wollte … *ahhh, es
ist so einfach! Warum ist plötzlich alles so einfach?*

»Du bist nur das hier, Jan«, flüsterte er, öffnete die Faust
und drückte den Eisklumpen auf das in seinem Schoß liegende Herz. »Du bist nicht mehr als das.«

»TU DAS NICHT!«

Ein Schatten flatterte, ein protestierender, heiserer Schrei ertönte. Unmittelbar vor seinem Gesicht, so nah, dass ein Luftzug seine Stirn streifte, drehte der Eisenvogel enttäuscht ab. Aber das war nicht mehr wichtig. Wichtig war nur Jan, wichtig war nur das Eis. Es zersprang mit einem spröden Knacken. Die roten Fäden schossen gierig daraus hervor, und jetzt erkannte Max, dass es keine Fäden oder Würmer waren, o nein, das waren sie nie gewesen, es waren –

»ES BRENNT, MAX, ES BRENNT! NIMM ES WEG!«

Die roten Flammen schossen wie Messerklingen durch die Ritzen zwischen seinen Fingern, verbrannten ihm die Haut mit ihrer unmöglichen Kälte. Der Schmerz war fast unerträglich, trotzdem presste er das Eis weiter fest gegen das Herz in seinem Schoß. Die Flammen zuckten gierig über die Oberfläche seiner Hand, leckend und suchend, krochen weiter, nach unten und zu den Seiten, und wo immer sie einen Weg zu seinem Herzen fanden, nahmen sie ihn, und unter jeder Feuerzunge, die darüber hinwegzuckte, glühte sein Herz heller auf, und je heller es glühte, umso schwächer wurde der Schmerz.

Sein Schmerz.

»MAX, WARUM TUST DU DAS? ICH WAR IMMER FÜR DICH DA, NIMM ES WEG, MAX …!«

Jans Gesicht und die flehend ausgestreckten Hände zerflossen. Sein Shirt, *no problem*, verlor an Farbe, ebenso seine Jeans, die Turnschuhe. Alles war eins, alles war schmelzendes Eis. Max konnte den Anblick kaum ertragen, aber er sah Jan weiter fest in die Augen – oder in das, was davon noch übrig war. Sie wurden transparent, wurden zu Tränen, weinten sich selbst, strömten als helle Schlieren die schneeweißen Wangen herab. Selbst die Stimme wurde wässrig, sie war nur noch ein Gurgeln. »*Ich wi-glll-llll … nig-glll stlll-erben … glll-ax!*«

»Du stirbst nicht. Ich bleibe bei dir und du bleibst bei mir. Wir gehören zusammen.« Max schluchzte auf. »Keiner kann uns trennen. Auch kein mechanischer Prinz.«

Die Flammen schrumpften und erloschen. Sekunden später war es vorbei. Wo Jan eben noch gestanden hatte, war jetzt nichts und niemand mehr. Nicht einmal Nässe bedeckte den Boden. Max öffnete die Faust. Seine Hand war leer. Kühl und trocken. Er hob das glühende Herz an seine Brust. Etwas Warmes, Lebendiges schien sich zwischen seine Rippen zu drängen, er nahm es kaum wahr.

Allein, ich bin allein.

Er schlang die Arme um die Knie und begann zu weinen. Das Pochen der Herzen erfüllte den riesigen Raum. Eine Träne löste sich von seiner Wange, fiel zu Boden und benetzte die Taubenfeder. Und es fiel helles Licht in die Halle der Seelen, und ein Rauschen wie von mächtigen Flügelschlägen erfüllte die Luft.

Nun ja … Ich würde euch wirklich gern, sehr gern erzählen, was genau in den nächsten Minuten in der Halle der Seelen geschah. Aber ich müsste es mir aus den Fingern saugen. Max hat keine Erinnerung mehr an das, was über jenen Moment hinausging, als er in sich zusammengekauert auf dem kalten

Boden in der Halle der Seelen saß und bitterlich weinte. Da war das Licht, da war das Rauschen. Dann nichts mehr.

Er erwachte im Krankenhaus am Urban in Kreuzberg. Das ist ein hässlicher grauer Betonklotz, nahe der U-Bahn-Station Prinzenstraße und gar nicht weit entfernt vom Marheinekeplatz. Zwei Kneipenbummler hatten den bewusstlosen Jungen auf einem Uferweg am Landwehrkanal gefunden, kurz vor Mitternacht von Samstag auf Sonntag. Das Krankenhaus liegt praktisch um die Ecke, also trugen sie ihn dorthin. Er wurde zur Beobachtung auf der Station behalten. Am ersten Tag schwieg er und starrte blicklos die Wand an. Am zweiten Tag erschien eine Polizeibeamtin, der er seinen Namen, seine Adresse und die Telefonnummer seiner Eltern nannte; diesen Teil der Geschichte werdet ihr gleich lesen können. Doch zuvor möchte ich eure Aufmerksamkeit auf einen Ausschnitt aus der *Berliner Morgenpost* lenken, den ich mir gestern im Zeitungsarchiv besorgt habe. Es ist eine bescheidene Todesanzeige. Sie erschien, kurz nachdem man Max aus dem Krankenhaus entlassen hatte:

MARLENE

*1922   †2003

**Unvergessen von ihren Freunden
in aller Welt**

Et unus angelorum cecinit

Federsammler e. V.

Er fühlte sich frisch und ausgeruht, aber er war unruhig. Diese Polizistin, die vor einer halben Stunde gegangen war, hatte ihm keinen Ärger gemacht. Im Gegenteil, sie war richtig nett gewesen, nachdem er ihr erzählt hatte, dass er vorgestern von zu Hause abgehauen, irgendwann einfach müde geworden und mitten im Gras eingeschlafen war. Hey, es war Sommer, und wo lässt es sich in einer Sommernacht besser schlafen als an einem Fluss? Aber jetzt konnten jeden Augenblick seine Eltern hier auftauchen. Es entzog sich seiner Vorstellungskraft, wie sie reagieren würden. Zu der Polizistin hatte er gesagt: »Geben Sie sich keine Mühe, meine Eltern kommen sowieso nicht hierher. Ich bin ihnen egal.«

»Da hab ich aber was anderes gehört«, hatte sie erwidert. »Dein Vater telefoniert seit vorgestern Nacht im Minutentakt mit jeder Dienststelle in Berlin. Und deine Mutter campiert vor dem Polizeipräsidium und nervt unseren Chef.«

Max hatte es mehr als schwierig gefunden, das zu glauben. *Dreißig Minuten,* dachte er jetzt. Wie lange brauchten seine Eltern von Zehlendorf bis nach Kreuzberg, von zu Hause bis ins Krankenhaus? Wie viel Gnadenfrist blieb ihm noch?

Obwohl er damit gerechnet hatte, zuckte er heftig zusammen, als es leise klopfte und die Tür aufschwang. Seine Finger wollten sich selbständig machen und ihm die Bettdecke über den Kopf ziehen. Waren sie das schon? Ein Kopf wurde ins Zimmer gestreckt. Eine regenbogenfarbige Haarspange blitzte.

»Wow, ein Einzelzimmer! Bist du privat versichert?«

Tanita strahlte, als wäre sie eine speziell für ihn einge-flogene Überraschung. Um ihre rechte Schulter hing eine Tragetasche. Hinter ihr ging die Tür etwas weiter auf, dann schob Elfie sich mit wogendem Busen in das Zimmer.

»Das glaub ich nicht«, flüsterte Max.

Sie setzten sich zu ihm auf den Bettrand. Elfie hielt ihm eine Tafel Ritter Sport entgegen – unverpackt. »Hab ich aus dem Kiosk, unten. Die wollten sie mir nicht einwickeln.«

»Ehm, danke.« Max sah von ihr zu Tanita. »Ich weiß gar nicht, was ich sagen soll! Ich meine, ihr … Woher kennt ihr euch überhaupt?«

»Na, woher wohl?«, sagte Elfie. »Aus Tanelorn natürlich. Die Kleine hat das halbe Refugium verrückt gemacht. Hat Hinz und Kunz gefragt, ob er dich kennt, nachdem ihr Fern-rohr gestreikt und sie den Kontakt zu dir verloren hatte. Glücklicherweise auch mich.«

»Den Rest wissen wir auch«, sagte Tanita. »Dass du dein Herz wiederhast, und das mit Jan … und so.« Eine kurze, bedrückte Pause entstand. »Jedenfalls, so was spricht sich schnell rum. Eine Menge Leute sind neugierig auf dich.«

»Kartenkinder«, sagte Max.

Sie nickte.

»Woher habt ihr gewusst, dass ich im Krankenhaus bin? Ich meine, wie habt ihr mich gefunden? Das Fernrohr?«

»Nee.« Tanita verzog entnervt das Gesicht. »Das ist im-mer noch im Eimer.«

»Wir hatten freundschaftliche Unterstützung.« Elfie klappte die Tafel Ritter Sport auseinander und biss ohne viel

Aufhebens in eine Ecke. »Du ahnst ja nicht, wie viele Leute das eine oder andere hilfreiche Herzfinster besitzen.«

»Ah, verstehe … Na ja, ich hab keins mehr«, sagte Max verdrossen. »Nur noch das Ticket.«

»Wo ist das Problem? Man kommt auch ohne die Dinger in der Welt zurecht.«

Er grinste. »Das glaub ich dir, wenn du dich heute noch bei den Stadtwerken anmeldest. Dann kannst du nämlich ab morgen für den Strom bezahlen, den du mit deiner Imbissbeleuchtung verplemperst!«

»Hast du etwa was gegen meine Beleuchtung?« Elfie ließ die Schokolade sinken. Die Empörung trieb ihr rote Flecken auf die Wangen.

»Nee, lass mal. Die ist klasse.«

»Meine Rede«, brummte Elfie.

»Max?« Tanita war neben ihn getreten. »Tut mir Leid, das mit dem Fernrohr. Seit ich dich – euch – also, seit ich sozusagen vom Tempel geflogen bin, ist es reif für den Müll. Und ich kann's ja schlecht zu einem Optiker bringen, stimmt's?«

»Aber jetzt bist du wirklich hier, oder?«

Sie legte eine warme Hand auf seinen Arm. »Fühlt sich das echt an?«

Max spürte, wie er rot wurde. »Echt genug«, murmelte er.

»Es funktioniert sowieso nur innerhalb der Refugien, weißt du doch.« Sie nahm ihre Tragetasche von der Schulter, zog ein schweres, in Geschenkpapier eingeschlagenes Päckchen heraus und drückte es ihm in die Hände. »Hier, hab ich dir mitgebracht.«

Er riss das Papier auf. »Bücher?«

»Nein, getarnte Pralinenschachteln. Natürlich sind es Bücher, du Knallkopp!«

Es waren vier Stück, drei davon schmal, eines etwas dicker. Er betrachtete die abgegriffenen Einbände.

»Pflichtlektüre«, sagte Tanita. »Die sind alle von meinem Lieblingsautor. Er wohnt hier, in Berlin. Vielleicht solltest du ihn mal treffen. Ihm deine Geschichte erzählen. Er könnte sicher was damit anfangen.«

»*Unsere* Geschichte«, verbesserte Max.

»Hauptsächlich deine. Was hältst du von der Idee, hm? Wenn er ein Buch über dich schreibt, werdet ihr beide womöglich stinkreich.«

»Ich brauche kein Geld«, sagte er, was von Elfie mit einem zufriedenen Grunzen quittiert wurde. »Warum gehst du nicht selber zu ihm, mit deiner Geschichte?«

»Kein Interesse«, winkte Tanita ab. »Ich bin keine gute Erzählerin. Außerdem gibt es da ein paar Sachen, an die ich mich nur ungern erinnern würde.«

»Na ja, die Idee ist nicht schlecht«, murmelte er. »Vielleicht gibt's ein paar Kartenkinder, die so was ganz schick fänden.«

»Meinen Segen hast du.« Die leere Schokoladenverpackung wurde zerknüllt. Elfie strich ihren Strickpulli glatt und entfernte mit spitzen Fingern zwei braune Krümel. »Eine Art Wegweiser zum mechanischen Prinzen. Wäre sicher brauchbar, für den einen oder anderen.«

»Wie kommt man an so einen Autor ran?« Der Vorschlag gefiel Max immer besser. Er las den Namen auf einem der Buchdeckel. »Steht der im Telefonbuch?«

»Nee.« Tanita schüttelte den Kopf. »Aber er hat mal bei uns in der Schule vorgelesen, und irgendwer hat ihn gefragt, was er in seiner Freizeit so macht. Da sagte er, er ginge ab und zu ins Café am Neuen See, im Tiergarten.«

Sie griff nach einem der Bücher und schlug es auf. Die Innenseite zierte das Foto eines grimmig dreinblickenden Mannes. Max schätzte ihn auf Ende dreißig oder Anfang vierzig. Steinalt.

»Guck dich halt mal dort um. Zeit genug hast du ja demnächst wieder. Ansonsten lies einfach die Bücher. Ich meine, sogar Tanelorn kann auf Dauer ein bisschen eintönig werden.«

Tanelorn!

»Wann fahren wir dahin? Ich kann es kaum abwarten.«

»Sobald du entlassen bist.« Sie klappte das Buch wieder zu und legte es zu den anderen. Es klopfte an der Tür.

»Moment!«, brüllte Max. Er war zusammengezuckt. »Das müssen meine Eltern sein!«, flüsterte er.

»Viel Spaß damit«, sagte Tanita grinsend und ging zur Tür.

Elfie senkte den Kopf. Ihr Doppelkinn schlug eine zusätzliche Falte. »Warum klopfen die an?«

»Keine Ahnung«, sagte Max. In seinem Magen war die Hölle los. »Vielleicht ist es für sie, als würden sie einen Fremden besuchen.«

»Wer den Prinzen und seine widerlichen Handschuhe überlebt hat, steht so was locker durch.« Sie wuchtete sich aus dem Bett, das ein gehöriges Stück nach oben wippte. »Also dann, wir treffen uns in drei Tagen bei mir. Curry, Pommes, Tanelorn.«

»Tanelorn«, flüsterte Max.

Elfie folgte Tanita zur Tür. Dort angekommen, zwinkerte sie ihm aufmunternd zu und drückte die Klinke herunter. »Dann lassen wir jetzt mal die Artisten in die Manege, was?«

Max nickte und atmete tief durch.

Ein und aus.

Ein … und aus.

Viel besser.

Die Tür schwang auf.

Ja, o ja.

Wenn alles schief ging, blieb ihm immer noch Tanelorn.

EPILOG:
EIN TANZENDER SCHATTEN

»Weißt du, was ein Anagramm ist?«, fragte ich Max.

»Nee.«

»Es ist ein Wort, das aus einem oder mehreren anderen Wörtern gebildet wird. Aus *Salve Caruso* wird *selva oscura*, erinnerst du dich? Man muss nur die Buchstaben vertauschen.«

»Klar erinnere ich mich. Und?«

»Ich habe herausgefunden, was *Egal-Tore* bedeutet. War nicht weiter schwer, es sind schließlich nur acht Buchstaben.«

»Ach, es bedeutet was?«

»Zumindest ergäbe es einen Sinn. Es könnte die verschlüsselte Bezeichnung für das namenlose Refugium sein.«

»Mann, nun sag schon!«

Ich grinste. »Werde älter. Lerne Latein. Löse es selbst.«

»Saftsack!«

»Jep, ich liebe dich auch.«

Es war unser viertes Treffen. Auf Anregung von Max fand es auf der Museumsinsel statt; am Telefon hatte er das Pergamonmuseum vorgeschlagen. Seit wir uns auf dem Spielplatz im Tiergarten verabschiedet hatten, waren zwei Wochen vergangen. Inzwischen lag der Sommer in den letzten

Zügen, der Sonne fehlte es bereits an Kraft. Auf dem Laub in den Zweigen der Bäume lag ein kaum wahrnehmbarer goldener Glanz.

»Was ist dadrin?«, fragte Max. Er zeigte auf die lederne Aktentasche, die ich unter dem Arm trug. Seine Augen leuchteten neugierig. Er wusste es.

»Es ist deine Geschichte. Das fertige Manuskript. Du kannst es lesen, wenn du willst.«

»Wie hört sie auf?«

»Der letzte Satz lautet: *Wenn alles schief ging, blieb ihm immer noch Tanelorn.*«

»Ah, das ist ein Zitat von mir!«

»Freut mich, dass du weißt, was ein Zitat ist.«

»Mann, du kannst echt so was von doof sein!« Er streckte ungeduldig die Hände aus. »Zeig endlich her.«

Ich öffnete die Tasche und gab ihm das Manuskript. Er studierte das Deckblatt. »*Der mechanische Prinz* – das klingt schick. Ist das der Titel?«

»Gefällt er dir? Du kannst dir natürlich einen anderen ausdenken, wenn du willst, aber ich dachte –«

»Ist völlig okay.«

Er setzte sich auf eine der Steinbänke im Vorhof des Museums und begann zu lesen. Zwei, drei Stunden lang, vielleicht noch länger. Ohne die kleinste Unterbrechung. Ich war so nervös, dass ich nicht bemerkte, wie die Zeit verflog. Ab und zu kamen Leute aus dem Museum oder gingen hinein, Erwachsene, die sich ernsthaft unterhielten, und lachende Kinder.

Irgendwann hob Max endlich den Kopf. Er lächelte. »Sie

ist gut. Sogar besser als deine anderen Bücher. Und du hast dein Versprechen gehalten. Nichts ausgelassen.«

»Einige Eltern werden mich dafür hassen. Sie wollen nicht, dass ihre Kinder so etwas lesen.«

»Ach, die sollen sich nicht so haben.« Er tippte mit einem Finger auf das Manuskript. »Zwei Dinge muss ich aber noch wissen.«

»Die wären?«

»Warum sagst du darin so eklige Sachen über Kinder? Ich meine, es ist völlig okay, dass an manchen Stellen ich es bin, der es abkriegt. Aber es passt nicht zu dir. Wer solche Bücher schreibt wie du, der mag Kinder. Da lass ich mir nichts vormachen.«

»Das hast du schon einmal gesagt.«

Er nickte. »Ja, als wir uns kennen gelernt haben. Und?«

Diesmal war ich es, der lange überlegte. Sehr lange. Es war, als wollte mein Mund sich nicht öffnen. Aber ich war Max eine Erklärung schuldig. *Mindestens* eine.

»Manchmal«, begann ich zögernd, »manchmal ist die Liebe zu etwas so stark, dass man so tut, als würde man es hassen. Wenn ihm dann etwas Schlimmes zustößt, lässt sich das besser ertragen. Bilde ich mir wenigstens ein.«

»So was Ähnliches«, sagte Max, »hab ich mir beinahe gedacht.«

Ich konnte nichts erwidern.

»Ich hab nicht viel Ahnung von Liebe, weißt du.« Ein kleiner rötlicher Schimmer färbte seine Wangen. Wahrscheinlich dachte er an Tanita. »Aber ich glaube, ohne Liebe sind wir alle aufgeschmissen, oder?«

»Das glaube ich auch.«

Ich lächelte ihn unsicher an. Aus irgendeinem Grund fühlte ich mich besser als zuvor. Besser als seit Jahren. Max kratzte sich verlegen an der Nase. Ich konnte ihm ansehen, dass er befürchtete, ich würde ihn nach Tanita ausfragen.

»Okay, weiter im Text«, sagte ich. »Was ist die zweite Sache, die du wissen willst?«

»Was? Ah, die!« Offensichtlich erleichtert, schlug er das Manuskript auf, blätterte wahllos darin herum, las hier eine Stelle erneut, dann dort. »Weißt du –«

»Max!«

»Was denn?«

»Dein ewiges *weißt du* geht mir echt auf den Senkel!«

»Ich wollte sagen: Weißt du, was ich nicht finden kann?«

»Was denn?«

»Die Stelle, die du eingebaut hast.«

Ich verstand nicht. »Welche Stelle?«

»Na, ich hatte doch gesagt, du sollst alles so aufschreiben, wie es passiert ist. Und du sagtest, ist gut, aber dass du dafür eine Sache in die Geschichte einbauen dürftest, die du dir ausdenken wolltest. Eine einzige.«

»Ach, *die* Stelle. Die ist drin.«

Er runzelte die Stirn und blickte wieder auf das Manuskript. »Wo denn, verdammt?«

»Auf der allerersten Seite.«

Max sah mich verblüfft an. Dann grinste er. »Mann, bist du gerissen!« Er schlug die erste Seite auf. Sein Blick glitt rasch über die Zeilen. Er nickte langsam. »Hab sie gefunden, glaube ich. Tut mir Leid für dich.«

»Und mir erst.«

»*Ich selbst möchte in einem kuscheligen Bett sterben, nach einem erfüllten Leben, im Kreise meiner Lieben*«, las er laut vor. »Das ist die Stelle, oder?«

»Ja, das ist sie.«

Er sah zu mir auf. »In Wirklichkeit hast du niemanden, der dich liebt, hab ich Recht?«

»Na ja … Da war diese Frau, du weißt schon. Aber das ist sehr lange her.«

»Hey, aber du hast Nana!«

Ich gab ihm keine Antwort.

»Was ist los? Warum guckst du denn so komisch?«

»Nana ist gestorben«, sagte ich. »Vorgestern.«

»O nein.« Max sah mich erschreckt an. »War es schlimm?«

»Sie ist auf dem roten Läufer eingeschlafen und nicht mehr aufgewacht. Ich glaube, es war okay für sie.«

Wir schwiegen beide für eine Weile. Dann sagte Max: »Du hast jetzt mich.«

Ich konnte nichts erwidern. Ich blickte zu Boden, auf meine Schuhspitzen. Ich glaube, ich hörte das weit entfernte Rauschen des *Mare Lacrimarum.*

Max stand auf, griff nach meiner Aktentasche und steckte das Manuskript hinein. »Die Geschichte ist noch nicht fertig.«

»Wie meinst du das?«

»Komm mit.« Er nahm mich bei der Hand und zog mich hinter sich her. »Komm schon, ich will dir was zeigen. Ich hab dich schließlich nicht umsonst hierher bestellt.«

Umsonst war für ihn der Eintritt ins Pergamonmuseum.

Natürlich ließ er mich, ohne den geringsten Anflug eines schlechten Gewissens, bezahlen. Er schleppte mich kreuz und quer durch das Gebäude, von einer großen Halle in die nächste, am berühmten Pergamonaltar vorbei, entschuldigte sich damit, er sei noch nicht allzu oft hier gewesen und fände sich nicht immer gleich zurecht, und lotste mich schließlich in einen der seitlichen Ausstellungsräume. Wir waren allein. Überall standen Vitrinen herum, in denen Fundstücke aus verschiedenen Epochen von Ausgrabungsarbeiten auf der ganzen Welt zur Schau gestellt waren.

»Die da«, er deutete auf eine aus Eisen gegossene Pfeilspitze und, zwei Vitrinen weiter, auf eine kleine, von der Zeit fast glatt geriebene Münze, »und diese da auch, das sind Herzfinster.«

»Im Ernst?«

»Uralt. Man kann es spüren, weißt du. Ihre Besitzer starben und keiner wusste was mit den Herzfinstern anzufangen. Sie gerieten in Vergessenheit.« Er legte beide Hände flach auf den Glasdeckel der zweiten Vitrine, als wollte er Kontakt mit der darin eingeschlossenen Münze aufnehmen. Was er vielleicht auch tat.

»Ich schätze, den mechanischen Prinzen gibt es schon sehr lange«, fuhr er fort. »Er vergeht, er ersteht. Vielleicht ist er schon zehntausend Jahre alt. Vielleicht eine Million.« Jetzt musterte er mich lauernd von der Seite. »Damit ist er zwar eine ganze Ecke älter als du. Aber du hast dich auch ganz gut gehalten, finde ich.«

Ich versuchte, möglichst unbeteiligt zu wirken. »Wie meinst du das?«

»Na ja, wie alt warst du, als du Nimmerland verlassen hast? Hundert Jahre, zweihundert?«

Erwischt. Er hatte mich reingelegt. Verdammt.

»Wie hast du es rausgefunden?«

Er zuckte die Achseln. »Das schwarzweiße Foto auf der Fensterbank. Das von der Frau. Wendy, richtig?«

Ich nickte. »Wie hast du sie erkannt?«

»Als ich neulich bei dir war … Du gingst aufs Klo, weißt du noch? Da hab ich das Foto auf der Fensterbank aus dem Rahmen genommen und –«

»Schnüffler!«

»– und hinten war was draufgeschrieben.«

»*Wendy, Kensington Gardens*«, sagte ich leise. »*1924.*«

»Genau. Ich gebe zu, dass ich nicht von selbst drauf gekommen bin, sondern Tanita. Sie liest viel, weißt du. *Peter Pan* ist eines ihrer Lieblingsbücher.«

»Hmpf. Schlaues Mädchen. Wenn ich gewusst hätte, dass du alles austratschst, was ich dir erzähle –«

»Außerdem war da noch *das da.*«

Er zeigte an mir vorbei, auf den Boden hinter mir. Ich stand ganz ruhig, aber mein Schatten hob einen Arm und winkte. Hob ein Bein und hüpfte auf der Stelle herum. So richtig habe ich ihn nie unter Kontrolle halten können, diesen vermaledeiten Schatten, obwohl ich mir seit Jahrzehnten Mühe gebe.

»Den meisten Leuten fällt es nicht auf«, sagte ich. »Es rechnet ja auch keiner damit. Ich kann mich noch so sehr anstrengen, aber wenn ich mich freue oder aufgeregt bin, macht er, was er will. Wann hast du es bemerkt?«

»Als wir uns kennen gelernt haben, im Café am Neuen See, und ich dir von MERLAN erzählt habe – du hast sofort gewusst, dass es Nimmerland bedeutet, nicht wahr?«

»Ich hatte so ein Gefühl.«

»Siehst du. Und da hat dein Schatten gezuckt.«

»Ich weiß. Ich hoffte, du hättest es nicht bemerkt. Es war schließlich nur ein ganz kleines Zucken.«

»Bemerkt hab ich's trotzdem.«

Wir schlenderten weiter durch das Museum. In einer der größeren Hallen zeigte ich auf die dort komplett aufgebaute Fassade eines gewaltigen alten Gebäudes. Das zweigeschossige Tor leuchtete warm in den honiggelben Strahlen der durch das Oberlicht fallenden Sonne.

»Das ist das Markttor von Milet. Vor ein paar Jahren sollte es geklaut werden. Aber ein paar Kinder kamen dahinter und haben es verhindert.« Ich steckte die Hände in die Hosentaschen, betrachtete das Tor und erinnerte mich. »War eine gute Geschichte. Spannend. Fast so gut wie deine.«

»Die kenne ich. Du hast sie geklaut und ein Buch draus gemacht. Tanita hat es mir geliehen.«

»Hey, geklaut kann man das nicht nennen! Es war … nennen wir es eine dramatische Bearbeitung realer Ereignisse.«

»Ihr Erwachsenen findet aber auch immer irgendwas, womit ihr euch rausreden könnt, was?«

Es war später Nachmittag, aber die Sonne schien immer noch, als wir das Pergamonmuseum verließen. Auf dem Kupfergraben lag ein Glitzern und Funkeln, als hätte es Sterne geregnet. Max stellte sich neben mich ans Geländer und wir genossen den Ausblick über das Wasser.

»Ich muss bald gehen«, sagte Max nach einer Weile.

»Tanelorn?«, sagte ich.

Er schüttelte den Kopf.

»Nee. Currywurst bei Elfie.«

»Aber du warst schon dort, oder?« Wann immer ich daran dachte, dass das letzte Refugium Max nun offen stand, spürte ich einen kleinen, neidischen Stich in der Nähe meines Herzens.

»Zweimal«, sagte Max. »Erst mit Tanita, beim zweiten Mal hat Elfie uns begleitet. Sie kann nicht oft, weil sie immer so viel mit dem Imbiss zu tun.«

»Wie ist es dort?«

Er schüttelte den Kopf, ohne den Blick vom Kupfergraben und von den glitzernden Wellen zu wenden. »Das darf ich dir nicht sagen.«

»Gesetz des Prinzen?«

»Mhm. Aber eines darf ich dir sagen: Es ist schöner als alles, was du dir vorstellen kannst. Vielleicht ist es sogar schöner als das blaue Meer.« Ein einzelnes Ahornblatt wehte heran, trudelte auf das Wasser und ließ sich davontreiben. Max sah ihm nach.

»Alles hat sich für dich verändert, oder?«, sagte ich leise.

Keine Antwort.

»Vermisst du Jan?«

Er zog die Schultern hoch, als ob er fröstelte, und dachte eine Weile nach. »Jan ist nicht tot. Er ist immer noch ein Teil von mir. Wenn ich wütend bin und das rauslasse, dann weiß ich, er ist bei mir. Nur nicht mehr so fies. Er ist jetzt eine gute Wut, verstehst du?«

»Glaube schon.«

»Na ja. Ich muss jetzt los.«

»Dann bis bald, oder?«

»Klar.« Er löste sich vom Geländer, griff in die Innentasche seiner neuen, passenden Jacke und zog einen Umschlag daraus hervor. »Bevor ich es vergesse – der ist für dich. Aber mach ihn erst auf, wenn du zu Hause bist.«

»Was ist dadrin?«

»Wirst schon sehen.« Er grinste. »Gut gegen ausgetriebene Herzen. Benutze es weise.«

Ich nahm den Umschlag entgegen. *Für Peter P. oder Andreas St.* stand in Druckschrift auf dem Umschlag. *Ganz nach Beliben.*

Ich zog die Nase kraus. »Max, du Idiot! *Belieben* schreibt man mit ›i-e‹. Hast du das nicht gewusst?«

»Offensichtlich nicht, oder? Aber ich weiß, wie man *Klugscheißer* schreibt – mit einem scharfen ›ß‹.«

Ich steckte den Umschlag ein, dann hielt ich ihm die rechte Hand entgegen. »Es ist mir eine Ehre, dich zu kennen, Max.«

Er nahm meine Hand, schüttelte sie und sagte: »Gleichfalls.«

Ich sah ihm nach, wie er über den Damm davonging, ein kleiner Junge, der seine Angst besiegt hatte. Der mutigste Junge, dem ich je begegnet bin.

Von draußen fallen die letzten goldenen Strahlen der untergehenden Sonne durch das Fenster meines Arbeitszimmers, aber sie spenden keine Wärme. Die Wohnung ist leer und kalt ohne Nana. Ich habe, nachdem ich von der Museumsinsel zurückkam, diesen kleinen Epilog geschrieben, und – Also gut, ausnahmsweise: Ein Epilog ist ein Nachwort. Man setzt ihn ans Ende einer Geschichte, als eine Art abschließende Zusammenfassung. So, und das muss reichen. Mehr Erklärungen gibt es in diesem Buch nicht. Ab dem nächsten gebe ich mir etwas mehr Mühe, aber betrachtet das nicht als Aufforderung zur Faulheit oder zum Abschalten des eigenen Denkvermögens. Aus Büchern, die alles erklären, kann man nichts lernen.

Ich habe also diesen kleinen Epilog geschrieben, hauptsächlich deshalb, weil Max Recht hatte: Seine erfolgreiche Rückkehr aus den Refugien war noch nicht das Ende der Geschichte. Das wirkliche Ende der Geschichte ist der Beginn einer neuen, und deren erste Sätze könnten so lauten:

Ich habe den Umschlag geöffnet.
Für Peter P. oder Andreas St. Ganz nach Belieben.
Was für ein Geschenk!

Ja, so könnte eine neue Geschichte beginnen.
Und, wer weiß, vielleicht wird sie das auch.
Mein Schatten tanzt vor lauter Freude ausgelassen durch das Zimmer. Er tanzt durch die ganze Wohnung, zur Tür hinaus und wieder hinein. Huscht über Nanas leeren roten Teppich, klettert die Wände hinauf, tanzt unter der Zimmerdecke